蘇我氏の研究

Miyaji Kyakuno

客野宮治

文芸社

序

飛鳥は、六世紀中葉から七世紀中葉に至る約百年間、この国の宮都が多く置かれた地域である。むろん飛鳥には、大和国高市郡の遠飛鳥と、河内国石川郡の近飛鳥があり、両者は分けては論じがたいのだが、とりあえず今ここで言う飛鳥とは、遠飛鳥のことである。欽明天皇の磯城島金刺宮、崇峻天皇の倉梯宮、孝徳天皇の難波長柄豊崎宮、そして天智天皇の近江大津宮は別として、推古天皇の豊浦宮・小墾田宮、舒明天皇の前岡本宮、皇極天皇の飛鳥板葺宮、斉明天皇の後岡本宮、天武天皇の飛鳥浄御原宮など多くの宮都がこの地に置かれた。敏達天皇の語訳田宮や用明天皇の磐余双槻宮も、この領域から大きく外れるものではない。敏達天皇の百済大井宮、舒明天皇の百済大宮は、以前は河内国錦部郡百済郷（大阪府河内長野市太井）や大和国葛城（奈良県北葛城郡広陵町百済）が候補地となっていたが、近年の吉備池廃寺発掘調査の結果、これが舒明天皇の建立した百済大寺の有力候補となると、百済大宮もその西隣付近にあった可能性が浮かび上がり、敏達天皇の百済大井宮もその付近にあった可能性が高くなった。舒明天皇は敏達直系の孫であり、自分の宮を祖父の宮近くに造った可能性が高いからである。これらの地も、飛鳥から大きく離れてはいない。

飛鳥には多くの寺院や宮が置かれた。橘寺、川原寺、岡寺などは天皇家によって創建された寺院であるし、伝板葺宮遺跡（前岡本宮、飛鳥板蓋宮、後岡本宮、飛鳥浄御原宮の重層遺跡）という宮都の跡も見ることができる。

だが、飛鳥はそれ以上に蘇我氏の痕跡が色濃く残る地である。飛鳥寺、山田寺、奥山久米寺（小治田寺）、豊浦寺などは蘇我氏の建立した寺院であり、石舞台古墳も蘇我氏の関係者の墓であることは確実である。さらに、西隣の橿原市南東部には、和田廃寺、田中廃寺、軽寺、久米寺などがある。これらも全て蘇我氏とその枝族や関係氏族が建立した寺院であった。当時の姿を夢想してみれば、飛鳥と軽の狭い地域に多数の宮や寺院がひしめき合っていたはずで、それは現代の標準から見ても、都市と呼びうるものであったろう。

六世紀中葉から七世紀中葉に至る約百年間、飛鳥時代史は、蘇我氏の存在と分かちがたく結びついている。

日本の古代史上、蘇我氏の果たした役割は巨大である。蘇我氏は、飛鳥時代の約百年間、この国の政治を主導し、皇室の財政基盤の強化、政治権力の集中化、官僚制の導入、外交・外征、仏教の受容など、政治のみならず外交・経済・文化などに大きな功績をあげた。総括すればその働きは、古代天皇制の運営と発展に大きく寄与したと言える。そして七世紀中葉、権勢の絶頂にあった蘇我本宗家は、専横の限りを尽くしたあげく、皇位を窺う簒奪者として中大兄と中臣鎌足を中心とする改新派に粛正され、残った一族もやがて歴史の中に埋没していった、と『日本書紀』（以下『書記』）その他の史書は主張する。

近年、その蘇我氏に対する関心が増しているらしい。蘇我氏について書かれた最近の関係書物は、学術書に限らず、一般書も含めかなりの数にのぼる。

社会的関心の原因は、いくつか推測される。

蘇我氏は長年、皇位簒奪をねらった逆臣とされてきたが、逆臣という言葉がかつてのように絶対悪を意味しないという時代的な風潮がある。足利尊氏や田沼意次の再評価とも通じ、勧善懲悪史観の色眼鏡がなくなったともいえ、ある意味で歴史観の健全化の成果でもある。

また、国史学・考古学上の研究の積み重ねにより、蘇我氏の果たした役割が、単なる逆臣という枠組みに括りきれないことも分かってきた。近年の様々な発掘成果などの考古学的業績の積み重ねによって、蘇我氏のイメージが変貌しつつあることにもよる。謀反人とされてきた蘇我氏の評価に変化が及んできたのである。

もう一つ、蘇我氏の来歴についての関心の深さには、どうやら、蘇我氏の祖とされる満智が実は百済から渡来した木羅満致《もくらまち》と同一人物ではないかという、門脇禎二の説が大きな役割を果たしているらしい。これについては、反響も大きいが反論も多く、最近はかなり批判にさらされ、以前ほどの勢いはなくなっているようである。問題が国内で解決できず、国外に解決策を求めたという点では、騎馬民族説に近い。

このような説が出てくるのは、蘇我氏の素性が実はいまだに特定されていないことによる。その意味では、蘇我氏はいまだに『謎の豪族　蘇我氏』（水谷千秋）なのである。その出自は、現在の常識的な見方では、「祖先はさほど有力でもない土豪であろう」（山尾幸久『蘇我氏と古代国家』黛弘道編、三三頁）と出自の低い新参の成り上がり者か、没落した古代豪族葛城氏の生き残りか、または海の彼方から渡来した外国勢力かと論議されている。

だが、それらの説は本当に正しいのだろうか。そのような血統的に卑しい家系が、現代とは比較にならないほど血筋を重視した古代日本で、突然国政のトップに立ち、ほぼ一世紀にわたって政治を主導するようなことができただろうか。

イザヤ・ベンダサンは、『日本人とユダヤ人』で、処女懐胎によって誕生した神の子キリストの存在をもっとも受け入れられない民族は、ユダヤ人と日本人であろうとした。ユダヤには神の子という概念そのものが存在し得ない。そして、極度に血統を重んじる日本では、誰の子か分からないような卑しい血筋の者は決して受け入れられないからである。事実、この国の権力者は源平藤橘いずれかの出でなければならず、また、そうでない者は、養子縁組や系図操作によって必死にそうあろうとした。源平藤橘の時代を約一世紀遡るとはいえ、蘇我氏一人がそうではなかったというのは、考えてみれば非常に奇妙なことである。

筆者は、この国の歴史を正しく理解するためには、蘇我氏の素性を知ることが不可欠であると考え、正史その他の文献を再検討した。その結果、得た結論は、先の諸説とは全く異なるものであった。本当なら、「驚くべき」とでも言うべきなのだろうが、残念ながらその内容は極めて常識的なものであり、特に驚愕に価するようなものではなかった。蘇我氏は、卑賤の成り上がり者でも、没落豪族の末裔でも、そしてまた半島からの渡来人でもなかったのである。

では、なぜそのような説が闊歩しているのか。それは、我が国最初の正史である『日本書紀』が、様々な捏造と隠蔽によって読む者をそういう方向に誘導しているからである。正史とは、所詮勝者による歴史の押しつけにすぎない。歴史の負の部分は、敗者にそのまま押しつけられるのが常である。蘇我氏の場合も、そのありふれた一例にすぎない。

正史とはどういうものであったか。お隣の中国で、それまで史官の個人的仕事であった正史編纂を初めて国家事業としたのは、唐の二代皇帝太宗李世民である。太宗は、「貞観の治」と呼ばれる唐の繁栄期を現出させ、中国史上最高の名君の一人とされているが、皇太子であった長兄建成を自ら殺害し、皇帝であった父高祖（李淵）を幽閉して、クーデターによって皇帝の座を獲得した簒奪者であった。その太宗にとって、自らの事績がそのまま正史に書き記され後世に悪名が喧伝されることは、看過しがたい恥辱だったのだろう。太宗は編史への徹底した介入で、自らの事績を正当化しようと図ったのである。特に、唐の母体となった隋の正史『隋書』と、その隋が簒奪した北周の正史『周書』の編纂責任者には、自らが最も信頼する股肱の謀臣を起用した。さらに太宗は、父高祖の同時代記録『高祖実録』と、自らの行動記録『太宗実録』の記録者に、許敬宗という当時から利に聡く歪曲を行うと評価されていた史官（『新唐書』許敬宗伝）を起用した。意図は説明する必要もあるまい。『旧唐書《くとうじょ》』『新唐書』の両正史の建国記には、李世民の功績は彼の名入りで麗々しく書かれているが、彼以外の業績には誰がその功労者であったか判然としないものが多い。父淵も兄建成も相当優秀な政治家であり軍人であったと考えられるが、それらのものと思しき事績からは主導者の名が削られ、率いた将軍の名を欠く「唐軍」という主語の作戦行動が列記された。かくして最終的には、高祖が「起事汝、成敗惟汝（決起したのはお前だ、成るも成らないもお前に任せよう）」と言ったとされる（『新唐書』太宗本紀）ほど、李朝唐帝国は太宗が父親を叱咤激励して建国した国とされ、兄皇太子の死は太宗を殺害しようとした彼自身の自業自得の結果となり、太宗の汚名は大幅に薄められた。努力は報われたのである。

『書紀』編纂者が、為政者から我が国最初の正史編纂を命じられて真っ先にしたことは、唐の正史編纂事業の研究であったのは間違いない。何しろ、編纂者は、まず正史とは何かということから学ばなければならなかったはずである。『書紀』の文章に、『尚書』『漢書』『後漢書』『三国志』『文選』その他の中国史書の文章が多く引用されているのは、よく知られている事実である。また当時、『周書』や『隋書』などがすでに完成しており、参考文献とされたのは間違いあるまいし、『高祖実録』『太宗実録』も参考にされたであろう。だが、『書紀』編纂者が唐から正史について学んだ最大のものは、その意義と編纂哲学、すなわち為政者をいかに正当化するかという理念とその方法だったはずである。我が国でも皇位をめぐる抗争は多く、勝者と敗者の差が紙一重であったような事例はいくらもあった。その紙一重の差が、裁く者と裁かれる者とを分けた。したがって、正史といえども、いや、正史であるからこそ様々な事情を抱えているため、そのまま信用することはできないのである。むろん、『書紀』もその例外ではなく、むしろその典型例といえる。徹底した史料批判が必要なのは、一つにはそのためである。

蘇我氏についても同様である。蘇我氏の出自も隠蔽改竄甚だしい。『書紀』編纂を命じた為政者にとって、蘇我氏の出自は何が何でも隠蔽しなければならない醜聞（為政者にとっての）であった。そのため、後世読む者を誤った方向に導くための様々な造作が施された。そのトラップを見破り、迷路をかき分け正しい路を見つけて進まない限り、真相にはたどり着けない。蘇我氏の出自が研究者によって大幅に異なり、諸説紛々となっているのはそのためである。そもそも、『書紀』に書いてあることが全て真実であれば、諸説がこれほど入り乱れることはなかったであろう。

だが、『書紀』とは非常に不思議な書物で、正史としての表面上の主張のすぐ隣に、全く正反対の内容を描き出して平然としている。その厚顔さもまた呆れるほどである。蘇我氏の来歴についても同様で、実は『書紀』は蘇我氏の正体についてかなりはっきりと提示し、その証拠もあちこちに残しているのだが、読む方にはそれが全く理解されていない。理解の邪魔をしている最大の要素は、固定概念、すなわち先入観である。以下の論説では、固定概念を排除して蘇我氏の来歴を分析し、今までの定説とは全く違う出自を持つことを証明する。

お断りしておくが、以下の論説は「証明」であって「仮説」ではない。蘇我氏の出自に関しては、特に『書紀』に相当なデータが収載されており、そのデータを適切に処理すれば、相当確度の高い証明が可能である。仮説などという曖昧なものではない。というより、その出自を証明するための必要データを、わざわざ『書紀』文中にそっと埋伏した者が編纂者の中にいたのであって、筆者のすることは、それをそのまま抽出して陽の下に披瀝するだけにすぎない。

蘇我氏の出自については、正しく認識されねばならない。なぜなら、蘇我氏が皇位簒奪を狙って国政を左右し、様々な陰謀を企み、中大兄と中臣鎌足に誅滅されたという、『書紀』編纂者の仕掛けた偏見が、古代史研究に多大なバイアスをかけ、その正確な分析を妨げているからである。明らかな誤りは正しておかねば、誤った基盤の上にいくら研究を積み重ねても、できあがってくるものは砂上の楼閣にすぎない。

蘇我氏がいなければ、この国の歴史は現在とかなり異なる経緯をたどり、場合によっては相当異なる姿を持つに至ったのではないか。蘇我氏とは、いったい何者だったのか。彼らはどこから来て、何をし、そしてどこへ消えていったのか。それが分からなければ、この国の歴史は理解できない。

世に馬子天皇論というものがある。坂口安吾の説が有名で、その他にも多くの提唱者がいるが、いずれも蘇我氏が専横の果てに事実上皇位を得たという主張である。また、蝦夷天皇説もある。前田晴人が提唱者だが、こちらは蘇我氏が皇統の中から生まれ、最後に蝦夷にいたって皇権を我がものとしたという説である。

だが、本稿を読み終える頃には理解されるだろうが、事実は全く逆である。蘇我氏は皇統の中から生まれ、定められた枠から一歩も踏み出ることなく、そして皇権の完成とともに自ら姿を消した。その誕生も消失も、ある意味必然だったといえる。

蘇我氏に関する論説は、まさに今何でもありの状況だが、その混沌とした状況が、有力な定説がないことを示している。また、今あるどの説も論理的に人を満足させるだけの根拠を有していないのは明らかである。本稿が、この現状解消の一助となれば幸いである。

なお、本題に入る前にいくつかの前提を提示しておきたい。

まず、本論では、何々天皇という呼び名はそのまま踏襲した。五、六世紀に天皇という言い方は存在しなかった、当時は大王と呼ばれたはずであるとして、これに漢風諡号を組み合わせ、推古大王とか舒明大王とかいう言い方をする風潮が一般化しつつある。天皇号がいつから使われたかという問題には異論が多いが、上限は推古朝、下限は天武朝であろう（筆者は推古朝の立場をとっている。天皇号を唐高宗の天皇玉帝からとったとする説が近年定説化しつつあるが、あれは話が逆である。当時、白村江の敗北処理を進めていた天武政権で、唐の皇帝の称号を僭称できるはずがない。高宗以後に天皇号が成立することは、逆に不可能なのである）。天武朝の天皇号を五、六世紀の称号として使うのは不合理であるから大王とするというのなら、平安時代に定められた漢風諡号に大王号を組み合わせて使うことの一貫性のなさはどうなのだろう。当時の天皇は、おそらく営んだ宮の名に「おおきみ」という称号をつけて呼ばれたと考えられるが、これを現代で使用することは、あまり実際的ではない。筆者自身は、全てを満足させられる呼び方がないのであれば、◯◯天皇でいいのではないかと思う。そのほうが誰にも分かりやすい。したがって本論ではそう表現した。

皇子についても、天皇号がなかったから王号を使用するというのも、自己矛盾以外の何ものでもない。なぜなら、王は皇に対応する言葉だからである。皇がなければ、王もない。おそらく、当時の呼び方は「——のみこ」であったろうが、『古事記』がこれに王を当てるのも、『書紀』が皇子を当てるのも、当て字であることでは同じである。本論で筆者は皇子号を使用しているが、それは天皇号との整合性を考慮した結果である。

使用した史料は以下の通りである。
『日本書紀』は、岩波文庫本を用いた。デジタルテキストは、朝日新聞社が自社サイトで公開している『日本書紀』国史大系版を使用した。
『古事記』は岩波文庫本を使用した。
以下、文献と本論文中の省略名を記す。
藤氏家傳『家傳』
釈日本紀『釈紀』
扶桑略記『略記』
本朝後胤紹運録『紹運録』
一代要記『要記』
和名類聚抄『和名抄』
新撰姓氏録『姓氏録』
上宮聖徳法王帝説『帝説』
上宮聖徳太子傳補闕記『補闕記』
聖徳太子傳暦『傳暦』

日本現報善悪霊異記『霊異記』
帝王編年記『編年記』
五畿内志『畿内志』
和州旧跡幽考『幽考』

中国の正史については、インターネット上の、維基文庫―自由的圖書館、二十四正史を用いた。

なお、引用した文献の著者名は、全て敬称略である。

目次

蘇我氏の研究

第一章　皇族の諱について

まず、皇族の諱《いみな》の持つ意味について解説する。当時の皇族の名は、単にその人物を特定するだけでなく、重要な史料でもある。本論においても問題探求の重要なツールとなっており、これを使用せずには論考できないので、以下本論の展開に必要なだけ簡単に説明する。

当時の皇族の名には二種類ある。諱と諡《おくりな》である。諡は後世贈られた称号で、その人物の業績などを鑑みて付けられる。漢風諡号と和風（国風）諡号があり、漢風諡号は天平宝字年間に淡海三船が付けたとされるが、和風諡号についてはいつどのように付けられたか不明な場合が多い。もっとも、諡は後世の創作であるため、以後の論議にはあまり意味がない（例外もある）。

一方、諱はその人が生きていた当時に、実際に使われていた呼び名とされる。推古天皇の諱は、額田部皇女であり、おそらく当時、実際にそう呼ばれていたと考えられる。ただし、厳密に言うと真の意味での諱ではない。当時、人の名は極めて呪的な存在であり、身分の高い人の本名が公開されることはあり得なかった。諱すなわち「忌み名」である。特に、皇族の本名となると、ごく身近な身内にしか知らされることはなかったであろう。したがって、当時使われていた名は、本来の諱ではなく、『書紀』その他で言われるように、「ただのみな」、つまり通名である。

諱は、時代によって違いが見えるが、主にその人物が関与した地名か、その人物を支えた集団名に由来すると考えられている。支えた集団とは、部である。当時、我が国には税制がなく、負担は貢納であった。部とは、ある特定の目的のために奉仕するよう義務づけられた集団である。部については、すでに数百年にわたる膨大な議論の歴史があり、筆者などが立ち入ろうとすると収拾がつかなくなるので、ここでは以下の議論に必要となる、諱と部との関係だけを取り上げる。

部民には、いくつかの種類があったとされ、現在では大きく三つに分けられている。

①名負いの部。特定の役目を負わされており、その役目を名としているもの。鞍部《くらつくり》、衣縫部、錦部《にしごり》、陶部《すえつくり》などきわめて多いが、祭事を司る斎部、軍事を司る来目部《くめべ》、佐伯部、そしておそらく物部もその部類に入るだろう。

②名代部、名入部。皇族の財産としての部である。私部《きさいべ》、壬生部《みぶべ》、財部、忍坂部《おさかべ》（刑部）、日下部、白髪部、藤原部など。

③曲部。豪族の所有する部。蘇我部、巨勢部、大伴部など。

このうち、②が皇族個人を支える部、被支配者集団である。例えば、忍坂部（刑部）は、当初、允恭天皇の大后、忍坂大中姫の名代の部として設定されたといわれ、押坂彦人大兄から舒明天皇、そして中大兄へ受け継がれたと考えられている。おそらくその過程で、上宮王家や蘇我本宗家などの没落した一族から押収した部の一部も吸収されたであろうが、最終的に皇祖大兄御名入部として、大化二年（六四六）に中大兄から国家に返納されたときには、屯倉《みやけ》百八十一、支配戸数一万五千以上という、巨大な部となっていた。これは中大兄の所有していた資産といえる。

部民を率いて統括する者が伴造《とものみやつこ》であり、これが皇族に直接奉仕する。これは現在、資養氏族と呼ばれている。そのため皇族は、時に「何々部が仕えている皇子（皇女）」として、「何々部皇子（皇女）」と呼ばれた。一例を挙げると、推古天皇は諱を額田部皇女といい、額田部という部民を率いる額田部連《むらじ》という氏族の奉仕を受けていた。

ところが、皇族の中には、伴造の名を冠したとは思えない諱が存在する。欽明天皇の葛《かつ》城《らぎ》皇子および大伴皇女、敏達《びだつ》・推古両天皇の間に生まれた尾張皇子らがそうであり、これらの諱の元、葛城臣、大伴大連、尾張連は、当時の大族であり、伴造などと片づけられるものではない。また、小墾田皇子、桜井皇子、来目皇子などの諱の由来となった、小墾田臣、桜井臣、来目臣は、蘇我氏の枝族で大夫《まえつぎみ》であった。大夫は現代の閣僚クラスで、これもまた単なる伴造の名ではない。これらに見られるように、上級貴族が皇族の資養を担当することがあり、この場合、明らかに前出の資養氏族とは性格が異なると考えるべきである。前者が皇族に隷属して貢納するのに対し、後者はむしろ、後見と呼ぶべき存在であったように思われる。後の鎌倉時代の乳人制を思い浮かべればよいだろうか。彼らは、皇子皇女が誕生すると、その扶養を義務づけられ、または自ら希望して、その皇族を守り育て、人的、経済的、社会的、場合によっては軍事的に支えたと考えられる。皇子にとっては、子供の時から最も身近にいる気の許せる直臣で、両者は「若」と「爺」の関係ということになる。

皇族の諱の由来には地名か資養氏族かの二種類があるが、その資養氏族にも実は二種類あると考えるべきであろう。

さて、雄略から天智に至る天皇の諱について考えてみよう。なぜ雄略以後かというと、雄略天皇の実在性は確実で、また部民制の完成に大きな役割をしたと考えられているからである。なぜ天智までかというと、中大兄が自らの皇祖大兄御名入部を国家に返納したとき、部民制が終わったとされているからである。

雄略の諱は、大泊瀬幼武である。大は接頭語、泊瀬（初瀬）とは、雄略が営んだとされる皇宮の名であり、本体は幼武にある。ワカタケルは、『宋書倭国伝』に登場する倭の五王の一人、武とされる。武以外の倭王については、様々な異説があるが、ワカタケルが武であることについては、ほとんど異論がない。また、さきたま古墳群の稲荷一号墳から出土した鉄剣には、「獲加多支鹵大王」と象眼されており、これをワカタケルと読むとする有力な説がある。ワカタケルは、雄略天皇の名として当時から喧伝されていたことが分かるが、抽象性が高く、諱というより皇位に就いてから名乗った個人的称号であった可能性が高い。皇子の頃は泊瀬皇子と呼ばれていたと考えられるが、これは営んだ宮の地名に因んだ名であろう。

次の、清寧天皇の白髪武広国押稚日本根子は和風諡号であり、諱は『古事記』に白髪命、『書紀』に白髪皇子と書かれているものがそれと考えられる。白髪の意味は、清寧紀には清寧天皇が白髪であったからと伝えられているが、後世の付会であろう。後、継嗣のなかった清寧天皇の御名代として白髪部が設置されたが、同類の部に忍坂部や日下部（草香部）があり、忍坂が奈良県桜井市内の、日下が大阪府東大阪市内の地名とされていることを考えると、白髪もどこかの地名と考えるべきであろう。初瀬川の支流に白河川《しらががわ》があり、その流域、初瀬山南山麓に白河の地がある。『編年記』『幽考』にいう白香谷であろう。父雄略天皇の泊瀬朝倉宮推定地の東隣であり、雄略の諱が初瀬に由来するのなら、その皇子の諱が近隣の白河《しらが》からつけられたとしても不思議はない。この地名が、清寧の諱の由来であった可能性をここで提唱しておく。要は養育された地名であろう。

次の顕宗天皇の弘計《をけ》王、仁賢天皇の億計《おけ》王という名は、実際の諱として使われていた可能性が高いとされる。両天皇は、雄略に謀殺された市辺押歯皇子の子で、父親が殺害されたのち播磨に逃亡し、通常の皇族としての生活をしていなかったからであろうか。ただし、その諱の意味はともに不明である。顕宗・仁賢の更名（別名）である、久米稚子・嶋稚子は、それぞれ久米の若殿・嶋の若殿という意味である。久米の名を冠する氏族は存在するが、嶋の名を冠する氏族は存在しない。両者の名は同じ属性を持つと考えられるので、ともに地名と考えるべきである。

武烈天皇の諱、小泊瀬稚鷦鷯《おはつせのわかさざき》皇子は、雄略の諱泊瀬《はつせ》と仁徳の諱大鷦鷯《おおさざき》とをくっつけたような名であり、雄略と仁徳の血統がともに絶えたことを意味しているとされる。どうにも造作くさい名ではあるが、もし本当だとすれば、自身の宮泊瀬列城《なみき》宮の地名を冠したとすべきか。

次の継体天皇の男大迹王《おほどのおおきみ》という諱も、天皇としては例外的に当時の実名ではないかといわれている。男大迹王は、都から遠く離れた越前国三国（福井県坂井市丸岡町）在住の、応神天皇五世の孫という薄い血縁（五世は皇親として認められるぎりぎりの立場、それ以後は皇親ではなくなる）にあったため、その諱が一般に秘匿されていなかったと考えるのである。だが、王として流布していた実名が、皇位に就いた後も秘匿されることなく流通したとは信じがたい。奇妙なことに男大迹王の系譜は記紀になく、『上宮紀』にのみ引用されている。それによると二代前に意富富等王《おほほどのおおきみ》という先祖があり、その名と関係があるようだが、意味は不明とするしかない。もっとも、筆者は継体の出自出身地にはともに問題ありと考えており、蘇我氏の謎に直結するため、あとで詳しく考証する。

継体の長子、安閑天皇の諱である勾大兄《まがりのおおえ》は、成人後に父親の継体とともに大和入りして勾金橋宮に居したことから、その名を名乗ったと考えられる。したがって、勾は大和内の拠点、勢力地の地名と考えるべきで、安閑の諱は地名に由来していることになる。

宣化天皇の宮は檜隈廬入野宮《ひのくまいおりの》である。その諱、檜隈高田皇子の檜隈も、その宮名に由来していると考える。高田のほうも、おそらく檜隈の中の小地名だろう。明らかに営んだ宮の名で呼ばれたのであり、資養氏族の名に由来したものではない。

次の欽明天皇は、天国排開広庭《あめくにおしはらきひろにわ》という和風諡号は書かれているが、諱は残されていない。敏達天皇も、残されているのは訳語田渟中倉太珠敷《おさだのぬなくらのふとたましき》尊という和風諡号だけで、こちらも諱は書かれていない。この二代については、奇妙なことに諱が残されていないことになる。用明天皇も、橘豊日という和風諡号とは別に大兄皇子という諱が伝わっているが、これは皇太子というような意味そのもので、一般名詞としか考えられず、やはり諱は不明としておくべきであろう。

ここまでの歴代天皇については、諱は不明か、地名由来のケースが多い。安閑・宣化で分かるように、諱が地名に由来する場合、その地名はかなり成長してから居した場所、おそらく即位してから宮都を置いた場所の地名が用いられているらしい。とすると、即位以後の名乗りとなり、果たして諱と呼んでいいものかどうか疑わしいが、今はそう呼んでおこう。ここまでは、地名由来の諱が圧倒的に多い。ところが、それ以後の天皇の諱となると一変する。

崇峻天皇　泊瀬部《はつせべ》皇子
推古天皇　額田部皇女
舒明天皇　田村皇子
皇極・斉明天皇　宝皇女
孝徳天皇　軽皇子

であり、諱はいずれも資養した氏族の名に由来すると考えられる。

崇峻天皇の諱、泊瀬部（長谷部）は、雄略天皇の名代部で、長谷部造に統括されたと考えられている（佐伯有清『日本古代氏族事典』三六八頁）。

推古天皇の諱、額田部は、額田部連を伴造とする部の名である（前掲書、三六〇〜三六一頁）。額田部連比羅夫は、推古天皇の御世に政治の表舞台で活躍する。隋使裴世清《はいせいせい》の来朝の際、海柘榴市《つばいち》で最初に出迎える役を務めたが、それは、推古天皇が自分の資養氏族の伴造であった彼を政治的に引き立てたためであろう。おかげで、彼は隋書にも哥多比と記載され、外国の正史にその名が伝えられるという名誉に浴している。

舒明天皇の諱は田村皇子で、田村村主《すぐり》が資養したと考えられる。田村村主は仁徳朝に渡来した漢人系の渡来氏族とされ、本拠は河内国丹比郡田邑郷にあった（前掲書、三〇七〜三〇八頁）。

皇極天皇の諱は宝皇女であり、財部が養育したと考えられる。財部は皇室の私有民であり、越前、越後、大隅、日向などに広く分布していた。宮崎県高鍋の名は財部に由来するという。中央の財臣のもとに、財造氏、財部造氏に統括されたと考えられる（前掲書、二九〇頁）。

孝徳天皇（軽皇子）は軽部が資養したと考えられる。軽部もやはり皇室の私有民で、軽部臣に統括された（前掲書、一七二～一七三頁）。軽部臣の本拠は、蘇我氏の本拠そのものであった高市郡軽（現在の奈良県橿原市大軽町付近）であったと考えられる。

天智天皇と天武天皇の諱は、葛城皇子と大海人皇子で、それぞれ葛城氏と海部が資養したと考えられるが、葛城皇子の諱については、葛城氏の存在そのものに問題があるため、あとで分析する。

次に、雄略天皇から天武天皇に至る天皇の子女の諱を分類する。諱は全て『書紀』からの引用である。氏族名または部に由来すると考えられるものには①、地名と考えられるものには②、その他と考えられるものには③、不明なものには④を記した。なお、氏族名は本貫《ほんかん》の地名と一致することが多いが、その場合は氏族名とした。地名由来の諱と区別するためである。例えば、星川は星川臣および大和国山辺郡星川郷を表すが、星川郷は星川氏の本貫であるため、表示は星川臣で①とした。由来が分からず、不明とした名も多い。由来に対しては異論もあろうが、大まかな傾向を掴むためであり、あまり細部にこだわってはいない。

第二十一代、雄略天皇

白髪武広国押稚日本根子（清寧）②

稚足姫皇女③

磐城皇子②（大和国山辺郡石成郷か）

星川皇子①（星川臣）

春日大娘皇女①（春日臣）

第二十二代、清寧天皇、子孫なし

第二十三代、顕宗天皇、子孫なし

第二十四代、仁賢天皇

高橋大娘皇女②（大和国添上郡高橋）

朝嬬皇女①（朝妻造）

手白香皇女①（白髪部）

樟氷《くすひ》皇女（天照と素戔嗚が天の安川で誓いをした際、生まれた神に熊野豫樟日命がいるが関連は不明）④

橘皇女（橘仲皇女）②（大和国高市郡橘か）

小泊瀬稚鷦鷯②（大和国初瀬、小泊瀬部は武烈崩御後創られた御名代）
真稚皇女③
春日山田皇女②（大和国十市郡山田または河内国石川郡春日郷山田）
第二十五代、武烈天皇、子孫なし
第二十六代、継体天皇
天国排開広庭尊（欽明）④
勾大兄（安閑）②
檜隈高田皇子（宣化）②
大郎③
出雲皇女②（大和国城上郡出雲か）
神前皇女②（近江国神埼郡か大和国高市郡磐余の神前か。『帝説』では崇峻天皇の宮を石寸《いわれ》神前宮とする。どちらも地名）
茨田皇女①（茨田連）
馬来田皇女①（馬来田国造）
荳角《ささげ》皇女①（雀部臣か）
茨田大郎皇女①（茨田皇女に同じ）
白坂活日姫皇女②（活日は大和国三輪付近の地名か）

小野稚郎皇女①（小野臣）
大娘子皇女③
椀子皇子③
耳皇子④
赤姫皇女④
稚綾姫皇女①（漢氏か）
円娘皇女④
厚皇子④
兎皇子（酒人君の祖）④
中皇子（坂田君の祖）③
第二十七代、安閑天皇、子孫なし
第二十八代、宣化天皇
石姫皇女④（石部で磯部か、または磐余の別字石寸か。不詳）
小石姫皇女④（右記に同じ）
倉稚綾姫皇女（欽明妃）①（漢氏か）
上殖葉皇子・椀子④
火焔《ほのお》皇子④

第二十九代、欽明天皇

箭田珠勝大兄①（矢田臣か）

訳語田渟中太珠敷尊②（諱不明）

笠縫皇女①（笠縫氏）

石上皇子①（石上部）

倉皇子①（椋氏か）

大兄皇子、橘豊日③（橘は高市郡橘か）

磐隈皇女④

臘嘴鳥《あとり》皇子④

額田部皇女①（額田連）

椀子皇子③

大宅皇女①（大宅臣）

石上部皇子①

山背皇子①（山背直または山背臣）

大伴皇女①（大伴連）

桜井皇子①（桜井臣）

肩野皇女①（肩野連）

橘本稚皇子④
舎人皇女①
茨城皇子①（茨城連）
葛城皇子①（葛城臣か）
泥部穴穂部皇女①
泥部《はしひとの》穴《あな》穂部《ほべの》皇子①
泊瀬部皇子（崇峻天皇）①
春日山田皇女①
橘麻呂皇子②（大和国橘か）

第三十代、敏達天皇

押坂彦人大兄①（押坂部）
逆登皇女①（記伝に大和国添上郡の地名という。仁徳紀十二年に賢遺臣《さかのこり》の名がある）
菟道《うじの》磯津《しづ》貝《かい》皇女④
難波皇子①（難波吉士か）
春日皇子①
桑田皇女②
大派皇子④

太姫（別名桜井皇女）①
糠手姫皇女（別名田村皇女、『古事記』では宝王）①（田村村主、財部か）
菟道貝鮹皇女（別名菟道磯津貝皇女）④
竹田皇子①（竹田臣）
小墾田皇女①（小治田臣）
鸕鷀《うもり》守皇女④（別名軽守皇女、軽なら軽部臣①）
尾張皇子①（尾張連）
田眼皇女①（多米連および多米部）
桜井弓張皇女（桜井は①、弓張は意味不明）

第三十一代、用明天皇　橘豊日　大兄皇子
厩戸皇子①（厩戸氏、意味は巻末の「付記　厩戸氏の研究」にて解説）
来目皇子①（来目臣）
殖栗皇子①（殖栗連）
茨田皇子①（茨田連）
田目皇子（別名豊浦皇子）①（多米部）
麻呂子皇子①（『古事記』にいう当麻王）
酢香手姫皇女（伊勢斎宮）①（蘇我氏か）

第三十二代、崇峻天皇　泊瀬部皇子
蜂子皇子④
錦代皇女①（錦織首）
第三十三代、推古天皇　額田部皇女
第三十四代、舒明天皇　田村皇子①（田村村主）
中大兄・葛城皇子①（蘇我葛城臣）
間人皇女①
大海人皇子①
古人大兄皇子（大兄皇子・吉野太子）④
蚊屋皇子①
第三十五代、皇極天皇　宝皇女
第三十六代、孝徳天皇　軽皇子①（軽部臣）
有馬皇子②

これを集計すると、次のようになる。
雄略①二、②二、③一、④なし
仁賢①二、②四、③一、④一

継体①六、②八、③五、④六
宣化①一、②なし、③なし、④四
欽明①十八、②二、③二、④三
敏達①十二、②一、③なし、④四
用明①七、②なし、③なし、④一
舒明①四、②なし、③なし、④一
孝徳①なし、②一、③なし、④なし

以上から分かるように、皇子皇女の名の多くが資養氏族名に由来するようになったと考えられるのは、欽明の皇子からである。それまでも、部の名に由来すると考えられる諱はある程度存在するが、ほとんど全てと言っていいほどになるのは、額田部皇女以後らしい。この頃に皇族の資養制度が確立したのかもしれない。それ以前には地名を冠する例が多いようである。諱も時代とともに変遷したのである。

むろん、由来不明のものも多々ある。ただ、それも現在の我々から見て意味不明というだけで、当時は間違いなく確固たる意味を持っていたはずである。

例えば、推古天皇の母親、堅塩媛《きたしひめ》の場合を見てみよう。堅塩媛は、蘇我稲目の娘で欽明の皇后であった。諱である堅塩の意味については、現在、堅塩とは粗塩のことで、蘇我氏が皇室の食膳の奉仕をし、その塩を取り仕切ったためとする説がある（塚口義信「葛城と蘇我氏（上）」『続日本紀研究』）。筆者自身は、堅塩はキタシではなくカタシオで、堅塩媛はカタシオに居住していたのではないかと思っている。では、カタシオとはどこかということになるが、第三代安寧天皇の宮に片塩浮穴宮がある。安寧はいわゆる欠史八代の一人ではあるが、宮名には実在した土地の名が使われており、片塩という地名が存在したのは間違いない。片塩浮穴宮の所在地は、現在不明なので推測するしかない。奈良県大和高田市片塩町は十九世紀の復古地名であり、古代の片塩である保証はない。堅塩媛が居住するには、実家である稲目の本拠からは西に偏りすぎている。『編年記』『幽考』に言う、奈良県橿原《かしはら》市四条町付近が相応しいのではないか。ここは畝傍山《うねびやま》の北にあり、南には蘇我氏の枝族田中臣の本拠、橿原市田中町があり、畝傍山の南にはやはり枝族の来目臣の本拠久米町がある。また、蘇我蝦夷の畝傍家もこの付近と考えられ、片塩の地は、蘇我の勢力圏の一部で、堅塩媛にとってその地は生まれ育った地か居住していた地だったのではないか。堅塩媛は蘇我氏であって皇族ではないと言われるかもしれないが、堅塩媛は皇族である。本論中で証明する。

用明天皇の嬪であった石寸名《いしきな》も、『古事記』や『帝説』に磐余を石寸と書いた例があることから（『用明記』、石寸池上陵）、地名に由来する諱であったと考えられる。そうすると、宣化の皇女で欽明の妃の石姫、小石姫も石寸（磐余）に因んだ名前ではないかとも考えられる。

堅塩媛の孫である、聖徳太子の諱「厩戸」も意味不明とされているが、実は資養氏族、膳氏の別名である。こちらは後世、ある意図をもって国家的に隠蔽された。「厩戸」がなぜ膳氏であるのかは、長くなるので末尾に別稿を立てて証明する。

舒明天皇の長子である古人大兄の諱は、遠山美都男によると、古は布留、すなわち石上（奈良県天理市）付近に居住していたのではないかとされているが、これには筆者は違和感を抱く。当時の政治の中心であった百済大宮から石上は、かなり距離があり日常的に出仕するのは大変だろう。古は長じているという意味で長男をあらわし、中大兄の中に対応して後世造られたと考えるほうが穏当だろう。古人には、大市皇子という更名があり、大市の地名に由来するという説もあるが、箸墓のある山辺郡大市ではやはり遠すぎよう。『幽考』には越智を小市と表現した例があるから、飛鳥大原が小原になったように、越智、大市、小市が全て同音で、同じ地名を担った可能性はある。越智ならば、高取川西岸で、軽からもほど近いため、諱の元になった可能性はある。だが本来、古人大兄には資養氏族に由来する諱があったはずである。中大兄が葛城皇子という資養氏族名に由来するとおぼしき諱を持っているのに対して、古人大兄の資養氏族名がどの文献にも書かれていないのは、何か表に出せない事情があったのだろうか。

長々と述べたが、要は皇族の名は、扶養した氏族名か、ゆかりの深い地名かであることが多く、文献資料の少ない古代にあってはきわめて貴重なデータであることを強調したかったにすぎない。本論も、それを最大限に利用している。

第二章　蘇我氏の出自

以下、蘇我氏の正体の解析に取りかかる。まず、発祥地からである。

蘇我氏の発祥の地については、大きく三つの説がある。

①大和曾我説

②河内石川説

③大和葛城説

①まず、大和国高市郡曾我（橿原市曾我町）である。延喜式神名帳に、宗我坐宗我都比古《そがにますそがつひこ》神社があり、官幣大社に列していた。これが現在の宗我坐宗我都比古神社とされている。地理的には、古代の大道、横大路をわずかに北に外れた位置にある。ここは曽我川の畔にあり、菅が自生していたという。蘇我の名は、推古紀の推古天皇の「真菅や蘇我の子らは」の歌から分かるように、菅に由来しているらしい。菅は、汚濁を浄化するため神聖な植物であるとされ、様々な祭具に使用された。前出の笠縫氏が大嘗祭の菅御笠を作る材料にもなっている。蘇我の氏名《うじな》も菅にちなんでつけられたとする説が現在有力である。

ただ、蘇我氏の活躍の舞台は、ほとんど大和飛鳥、軽、および河内石川であり、大和曾我は史書にほとんど記載がないという弱点がある。

②次が河内国石川郡である。現在の大阪府南河内郡太子町、河南町および千早赤阪村の南河内三郡、そして富田林《とんだばやし》市と河内長野市の一部からなる。ここは、大和曾我から横大路を西に向かい、武内峠を越えた河内側に当たる。敏達・用明・推古・孝徳の天皇陵、および聖徳太子墓のある河内磯長の地を含み、近飛鳥と呼ばれ、蘇我氏ときわめて縁の深い地域である。蘇我氏の枝族石川臣の本拠や、やはり蘇我氏の枝族、桜井臣が所管した桜井屯倉のあったところである。

ただし、蘇我氏の発祥の地としては、宗我坐宗我都比古神社のように特定の場所を指摘できない。さらに後のことながら、『日本三大実録』元慶元年（八七七）十二月二十七日条に、石川朝臣木村と箭口朝臣岑業が、石川・箭口両氏に宗我姓を賜るよう願い出た際の申し条の「始祖大臣武内朝臣宿禰男宗我石川、河内国石川の別業に生まる。故に石川を以て名と為す」の一節を信じれば、石川にあったのは別業（生産をともなう別荘、荘園）だったことになる。現在では、本宗家なきあと蘇我の主流となった倉家の連子《むらじこ》の子孫が、後世石川氏としてこの地を発祥の地としたことに由来すると考える研究者が多いようである。

③もう一つが、大和国葛城の地である。この説の根拠には、馬子が推古天皇に申し出た、推古紀の有名な請願がある。

葛城縣者、元臣之本居也、故因其縣為姓名。是以冀之、常得其縣、以欲為臣之封縣（葛城県は元々臣の本貫で、そのためその県を姓としております。願わくは、その県をいただいて、臣の封県といたしたく存じます）。

また皇極紀の、蝦夷が葛城高宮に祖廟を築いたという記事などからも、少なくとも蘇我氏が葛城氏の末裔を自称したのは確かなことと思われる。後述するように、蘇我氏は稲目に至って突然歴史に登場するのだが、稲目が葛城の枝族の出であるか、または葛城氏の女性を妻としたかのどちらかの理由によって、葛城氏の末裔を名乗ったのではないかとする説が有力である。だが、記紀を見る限り、葛城氏は雄略天皇の御世にいったん断絶しており、葛城臣を名乗る者は崇峻紀の葛城臣烏那羅まで、百年間以上登場しない。また、葛城臣烏那羅も、『帝説』や『傳暦』で葛木蘇我臣とされており、蘇我の一族の誰かが葛城の氏名を名乗ったことは明らかである。したがって、葛城氏と蘇我氏の間には相当長い空白期間があり、蘇我氏が葛城氏の末裔であると断じるのははなはだ困難である。

したがって、蘇我氏発祥の地に関して、これらの三説は現時点ではいずれも不満足なものであり、蘇我氏の素性の探索には役立ちそうもない。

筆者は後章で、蘇我氏発祥の地として前記の諸説とは全く異なる場所を提起するが、これは蘇我の素性から逆に導き出したものである。

次に、蘇我氏の系譜を検討する。図1蘇我氏の系図（A）（三七二～三七三頁）は現在最も一般的な蘇我氏の祖先系譜であるが、記紀では、蘇我氏は第八代孝元天皇の子孫とされ、皇別氏族とされている。孝元天皇は、欠史八代の一人であり、事績は残されていない。宮は軽境原宮（橿原市見瀬町）で、現在の牟佐神社がその跡地であると伝えられている。御陵は剣池嶋上陵（橿原市石川町）に治定されており、宮の推定地とはごく近い距離にある。陵の東には、甘樫丘、雷丘、豊浦があり、西には軽、南には推古天皇が一時、竹田皇子とともに葬られた可能性を指摘されている植山古墳や、五条野（見瀬）丸山古墳がある。また、陵に接している石川池は、古代の剣池を拡張したもので、剣池は蘇我氏の繁栄の象徴である双花の瑞蓮の出現した池である。要するに、蘇我氏の先祖とされる孝元天皇に関する遺跡は、全て蘇我氏の勢力圏の中核地域内に集中しているのである。

次の武内宿禰から、蘇我石川宿禰、満智、韓子、高麗と続いて、六代目に稲目となる。そして稲目から馬子、蝦夷、入鹿と、歴史的にお馴染みの人物が続く。これについても、いくつかの問題点が指摘されている。

まず、武内宿禰についてであるが、成務天皇と同日に生まれ、景行、成務、神功皇后、応神、仁徳と、数代の天皇に仕え、数百年生きたとされる神話的人物である。有能で忠義にあつく、臣下の理想像とされており、後世、系図を作成した際に多くの氏族の先祖として造り出された人物と考えられ、実在云々を争うような存在ではない。

武内宿禰の子が、蘇我氏の祖とされる蘇我石川宿禰である。奇妙なことに、この石川宿禰は武内宿禰の三男とされており、系図上、長男、次男の子孫とされる氏族に対して劣位にある。武内宿禰の長男羽田矢代宿禰は、波多臣、林臣、波美臣、星川臣、淡海臣、長谷部臣の祖とされ、また、次男の巨勢小柄宿禰は巨勢臣、雀部臣、軽部臣の祖とされている。これらの氏族は、三男石川宿禰の子孫である蘇我氏より系図上優位にいるわけで、そのような伝承が、後の蘇我氏が政治を主導した時代に改変を受けなかったとは考えにくい。少なくとも国政を専断した馬子・蝦夷の時代を、この伝承が生き抜けたとはとても考えられず、石川宿禰は、本宗家が滅亡し蘇我氏が権力の絶頂から滑り落ちてから後、急遽造られた存在だと考えるべきであろう。

次が満智である。『書紀』では、允恭天皇が蘇我満智宿禰を平群氏、物部氏らとならんで国政に参画させたという記事が初出である。例の、木満致と同一ではないかとされる人物である。だが、その後満智は一切どこにも姿を見せず、何の事績も残していない。九世紀初頭に書かれた『古語拾遺』には、満智が斎倉・内倉・大蔵の三倉を掌握したという記事があり、満智実在の証拠とされているが、この書自体が中臣氏によって神職を侵食された忌部氏の優位性を訴えたもので、この記事も、志田諄一（『古代氏族の性格と伝承』六七頁）や加藤謙吉（『蘇我氏と大和王権』一九頁）など多くの研究者から造作の疑いをかけられている。そもそも満智の名については、木満到と同名であることを「百済の権臣木羅満致にあやかって命名されたのであろう」とする黛弘道説が従来からあり、これをさらに突き詰めると、「蘇我石川宿禰と同様に、蘇我倉家の後裔である石川氏の手によって創出された人物とみる」（加藤謙吉、前掲書、一九頁）ところにまでいってしまう。要するに、限りなく架空の人物臭いのである。

その次が、韓子である。雄略紀に将軍として新羅に派兵され、仲間割れから紀大磐宿禰を騙し討ちにしようとして失敗し、逆に返り討ちにあって死んだという間抜けなエピソードが伝えられている。だが、韓子とは、継体紀二十四年条に記されたように、元来倭人の男が韓に行った際に現地女性との間につくった混血児という意味であり、したがって蘇我韓子とは、例えば日本人とアメリカ人の混血児がハーフブラッドとか、バイリンガルとかいうような名を名乗るようなもので、人名としてはきわめて現実感が薄く、満智よりさらに造作臭い。また、蘇我氏は一貫して経済官僚か為政者であり、軍役中に出現するのは、ずっと後、それも枝族の境部臣摩理勢が初出である。雄略紀に将軍として出現するのは、きわめて不自然である。

さらに韓子の子とされる高麗《こま》にいたっては、公卿補任などには見られるものの、記紀には一切名も出なければ事績も伝わらない、きわめてマイナーな存在なのである。雄略天皇に比定される倭王武の上表文に「句麗無道にして」と表記するように、当時、我が国は高句麗（当時は高麗と呼ばれていた）と敵対しており、その敵国名を、雄略天皇の将軍であった韓子が、我が子の名として付けるなどあり得るはずがない。太平洋戦争の真っ最中に、東条英機が我が子に「米国」という名を付けるようなものである。また、その子とされる稲目が大臣として『書紀』に初めて登場するときにも、父親の高麗の名は全く紹介されず、その存在を完全に黙殺されている。そもそも、大臣とは大和政権のナンバー2であり、その父親の来歴が正史に記載されていないなどということがあろうはずもなく、記紀編纂当時には、高麗という人物の存在自体が資料の中になかったとさえ考えられる。つまり、高麗は記紀成立以後に創作された、架空の人物ではないかと疑われるのである。紀氏家牒にいう、蘇我馬背宿禰を高麗に当てる説もあるが、これは、公卿補任にあるように、「武内宿禰六世馬背」として単純に馬子の誤写としていいのではないか（佐伯有清『新撰姓氏録の研究』考証編第二、一五二頁）。高麗の実在性には、満智韓子以上に問題がある。遠山美都夫も「残念ながら、高麗は稲目の実在の父親の名前ではありえないのだ」（遠山美都夫『蘇我氏四代』八頁）としている。

『姓氏録』における蘇我の枝族の祖を見ると、箭口朝臣の祖は「武内宿禰四世孫稲目宿禰之後也」、他の諸族は「武内宿禰五世孫稲目宿禰之後也」であり、稲目と武内宿禰との間の世代数には、同一文献の中ですらこのような混乱が見られる。単なる誤記かもしれないが、これなども稲目の先祖の存在の怪しさ、さらに蘇我氏系図そのものの信憑性の低さを暗示するものではないか。

だいたい蘇我氏のこの先祖系譜には、いかにも外国人を連想させるような名前が多すぎる。門脇禎次の指摘するように、満智を木羅満致に擬すれば、六代のうち実に三代、それも稲目に直結する三人の祖先が、全て外国人まがいの名であるという奇妙なことになる。おまけに、満智―百済、韓子―新羅、高麗―高句麗と対応しており、当時の半島経営が、百済と同盟して新羅・高句麗と対抗するという政策下で行われたことを考えると、異常と言うしかない。特に高麗など、いかにも満智・韓子から思いついたというような安直ささえ感じさせる。稲目以前の蘇我氏の祖先系譜は、全て実在性、というより現実性が乏しく、蘇我氏の出自を半島に向けて誘導しようとする誰かの意図が透けて見える。

また、『書紀』においては、雄略紀三年の韓子の記事以後、宣化紀における稲目の大臣就任の記事まで、『書紀』に一切蘇我氏が出現しないことも問題である。約七十年間、蘇我氏は正史の上からその姿を消し、清寧・顕宗・仁賢・武烈という、史料内容に乏しく、また一部で実在性を疑われている天皇の御世だけではなく、継体・安閑というきわめて実在性の高い天皇の治世でも、蘇我氏の名は全く見られない。大伴氏、物部氏、東漢氏などはこの間盛んに活躍し、また紀氏や許勢氏も重要な役割を担って登場するのに、蘇我氏のみが登場さえしないのは不可解としか言いようがない。七十年といえば約三世代、平城京に都が置かれた期間にほぼ相当する。奈良時代に一切姿を見せなかった一族が、平安時代初頭に突然、それも摂政関白太政大臣として出現したようなものである。系図そのものが信用できない。

現在、これら蘇我の先祖、石川宿禰から高麗宿禰にいたる系図は、後世、蘇我の分家、倉家の連子の子孫が石川氏を名乗ったときに、自らの祖先系譜を当時の王権の意図するように造作し架上した、という説が強い（黛弘道『蘇我氏と古代国家』黛弘道編、一八頁。前田晴人『蘇我氏とは何か』一～三二頁）。筆者自身は、稲目より前の系譜は、蘇我本宗家を抹殺して国政の主導権を握った政治集団が、後、記紀編纂時に蘇我氏の出自を隠蔽する必要が生じたため、蘇我氏が渡来人の末裔であるというフィクション下に歴史を改変しようと、石川氏に押しつけた架空の系譜だと考えている。神話以下の捏造というしかないので、以下、ノイズとして完全に無視する。既存の諸説が真相にたどり着けないでいるのは、これらノイズに何らかの意味を見出そうとするからである。ノイズは単なるノイズにすぎない。

第三章　蘇我氏の事績

次に、蘇我氏本宗家の歴代事績を分析する。ここに蘇我氏の正体を解明するための手がかりがある。

一、初代稲目の事績

稲目をもって事実上の蘇我の初代とするのは、衆目の一致するところで、ほぼ定説化していると言ってよい。蘇我氏は、実際には稲目にいたって突然正史に登場する。それは「深い霧の中から突然に」（山尾幸久『蘇我氏と古代国家』黛弘道編、三三頁）と表現されるほど唐突である。

宣化天皇元年（中略）二月壬申、以大伴金村大連為大連物部麁鹿火為大連並如故、又以蘇我稲目宿禰大臣阿部大麻呂臣為大夫（大伴金村大連を大連とし、物部麁鹿火大連を大連とすることは、ともに以前と同じであった。また蘇我稲目宿禰を大臣とし、阿部大麻呂臣を大夫とした）。

つまり稲目は、宣化天皇の即位後、大伴金村と物部麁鹿火が大連に任命されると同時に、大臣に任命されて世に現れているのである。だが、それ以前には、『書紀』に稲目の名は一切出てこない。これは非常に奇妙なことで、大臣になるほどの権力者の、それ以前の経歴が全く不明なはずはない。『書紀』は、稲目の大臣就任以前の履歴を隠蔽しているのである。

稲目登場前夜の政治情勢を、『書紀』からかいつまんで見てみよう。

宣化天皇の父親、継体天皇の即位は、日本政治史上特異な事件であった。当時、大和朝廷の皇統は累卵の危機にあった。第二十代安康天皇は、下臣の讒言《ざんげん》を信じて従兄弟の大草香皇子を攻め滅ぼし、その妻中蒂姫《なかしひめ》を奪って自分の妃とした。ところが、そのことを知った大草香皇子の子眉輪王は、幼少の身でありながら復讐のため安康天皇を殺害した。天皇暗殺の背後関係を疑った安康の弟、大泊瀬皇子は、大伴・物部の兵を率いて、兄の坂合黒彦皇子を詰問。相手が返答に窮するや斬殺した。眉輪王が黒彦の兄弟の八釣白彦皇子とともに葛城円大臣の元に逃げ込むと、大泊瀬皇子は円大臣の邸に火をかけ、眉輪王・八釣白彦ともども円大臣を焼殺した。この時、葛城氏は、娘の韓媛を除いて滅亡した。大泊瀬皇子は、さらに履中天皇の子で従兄弟の御馬皇子を攻め滅ぼし、安康天皇が後継者にしようとしていた同じく従兄弟の磐坂市辺押羽（押磐）皇子も狩りに事寄せて射殺した。皇子の二人の子、億計王と弘計王は、難を逃れて丹後から明石の縮見屯倉に逃亡し、そこで牛飼いとして身を潜めた。大泊瀬皇子は、泊瀬朝倉宮で自ら即位したが（第二十一代雄略天皇）、その過程で多くの皇子が殺害されたため、皇位継承権を持つ者が激減した。さらに雄略崩御後、子の星川皇子が皇位をうかがって兵を起こし、大伴室屋と東漢掬《つか》によって鎮圧されたが、これによって雄略のもう一人の子磐城皇子も巻き添えとなり、雄略の皇子は白髪皇子（第二十二代清寧天皇）一人という異常事態となった。実子のなかった清寧天皇は、雄略天皇の死後、億計王と弘計王を呼び戻して皇位継承者とした。これが第二十四代仁賢天皇と第二十三代顕宗天皇であるが、顕宗にも子孫なく、仁賢の子、第二十五代武烈天皇が崩御すると、皇位を継げる皇子は皆無になってしまった。

大伴金村と物部麁鹿火を中心とする時の大和政権の家臣団は、皇統の末裔の中から後継者を迎えるべく人選に取りかかった。紆余曲折の末、最終的に白羽の矢が立ったのは、応神天皇の五世孫というかなり遠い血筋の、男大迹王であった。男大迹王は、近江国三尾（滋賀県高島市）に別業を持つ彦主人王《ひこうし》の子であり、父親の死後、母親振媛の実家である越前国三国で養育され、近江から越前、さらに尾張北河内にかけて広範囲な勢力を保持していた有力者であった。彼は家臣団の請いに応じて皇位に就き、新たに第二十六代継体天皇となるのだが、そのときすでにかなりの高齢であり、数人の子の父親であった。特に、尾張氏出身の目子媛《めのこひめ》との間に二人の成人した息子があり、これが後に第二十七代安閑天皇と第二十八代宣化天皇となる、勾大兄皇子と檜隈高田皇子であった。

皇位に就いた継体は、大伴金村らの求めに応じて、武烈の妹手白香皇女《たしらかひめみこ》を皇后とした。

通常、皇后の指名権は天皇にある。金村が継体に手白香皇女を皇后にするよう要求したということは、皇女の皇后就任が、男大迹王の天皇就任の条件であったことを示している。継体の皇位継承権は皇女の産むはずの皇子にあり、勾大兄と檜隈高田皇子は当初皇位継承候補から除外されていたらしい。その後、勾大兄と檜隈高田皇子も、それぞれ武烈の姉妹、春日山田皇女と橘仲皇女を娶った。手白香皇女は天国排開広庭皇子を産み、この子が成人して、第二十九代欽明天皇となる。継体は二十五年の治世の後、勾大兄に譲位したその当日に崩御し、安閑天皇が即位したが、継体崩御から安閑の実際の即位まで二年の空白があったとされ、安閑の即位にはかなりの混乱をともなったことが想像される。また、安閑自身もすでにかなりの高齢であり、治世二年で崩御した。安閑には子がなかったため、皇位は実弟の檜隈高田皇子が継ぎ、第二十八代宣化天皇となった。この宣化の即位と同時に突如、蘇我稲目が大臣として登場するのである。

ところで、この大臣とはどういう職掌なのだろうか。当時の大和朝廷は、大夫と呼ばれる複数の幹部メンバーが政治を主導していた。大夫は、大臣蘇我氏と特定の臣姓諸族、それに大伴、物部の両大連と、中臣連で構成されていた。臣姓は元来天皇家と同格に近い在地豪族の家系、連姓は元々天皇家に従属性の強い氏族とされている。

大臣に対応する職として大連がある。この当時、大連には大伴氏と物部氏が並列していた。大臣・大連とならべると、一見対称的で、両者は同格のように見える。だが、本当にそうなのだろうか。稲目以前に大臣と呼ばれた者は、伝説上の人物である武内宿禰は別として、まず雄略天皇即位前紀で雄略天皇に焼き殺された葛城円大臣、また雄略紀における平群真鳥《へぐりのまとり》、継体紀における許勢男人《こせのおひと》などがあげられる。だが、彼らの場合、大臣としての実際的な事績はごく乏しく、単なるエピソード中の人物として登場するだけである。したがって、この場合の大臣とは、臣に対する単なる美称であり、正式な職制ではなかったとする説がある。平群真鳥の誅殺にいたっては、当事者は『書紀』では武烈、『古事記』では顕宗・仁賢とされ、時代も当事者も異なり、事件自体の信憑性も真鳥その人の存在も疑わしい。

職制としての大臣は、実は稲目を嚆矢《こうし》とするのではないかという説（加藤謙吉『蘇我氏と大和王権』九九～一〇二頁）がある。実際、それ以前の大臣と比べると、稲目の業績はきわめて多種多様にわたり、また当時の政治状況と整合性のある施策が多く、稲目の実在性を担保している。したがって、稲目を初代大臣であるとする説は、かなり信憑性が高いといえる。

この説が正しいとすると、稲目以前には大夫会議には大臣はおらず、臣と大連のみで構成されていたことになる。連姓諸族は、天皇家にとって歴代の家臣団であり、大連はその連姓諸族の代表であった。彼らが大夫として政権の運営に当たったのである。少し時代を下げて、鎌倉幕府に例を求めてみよう。臣は有力御家人、連は御内人（北条家の直臣）、大連は御内人筆頭人である内管領と考えればよいだろうか。これは、徳川幕藩体制下でも似たような状況で、譜代大名は将軍の家臣団であり連姓諸族、外様大名は臣姓諸族に近く、大連は老中と言える。足利将軍家でも同様で、政権を取る上で自家の家臣団を率い同盟者と結託すると、そういう体制にならざるを得ないのであろう。

そう考えると、継体天皇の選出が大伴金村主導で行われたことがよく理解できる。北条家得宗の選出は、主に内管領平氏と安東氏の主導下で行われた。得宗選出はあくまで北条家の内部問題で、それを円滑に執行するのは内管領の責任であり、内管領は得宗を除けば幕府最大の実力者で、高位高官にありながら、格はあくまでも陪臣であった。徳川政権下でも、将軍選出は譜代大名出身の官僚の独壇場であり、外様大名が口を挟める問題ではなかったが、身分はあくまで譜代が格下であった。そうすると、実は朝廷内で大連と対応する地位であったのは、大臣ではなく、臣だったのではないかと考えられる。大臣（おおまえつぎみ）は、大夫・臣（ともにまえつぎみ）のさらにその上の存在で、単なる臣の代表ではなく、朝廷内では天皇に次ぐナンバー2だったと考えるべきであろう。

その大臣に、正体不明の稲目が突然就任した。いや、前述したように、稲目のためにわざわざ大臣という職制を作った可能性すらある。稲目はなぜ、この地位に就けたのだろうか。安閑・宣化朝と欽明朝の間に皇位を巡って争いがあり、稲目は欽明天皇に協力した見返りとして大臣に就任したという説（黛弘道『蘇我氏と古代国家』黛弘道編、八頁）もあるが、それならむしろ英雄譚として『書紀』に書かれたはずである。だが、稲目は武力を用いた様子もなければ、陰謀をめぐらした気配もないのに、実にすんなりと大臣の椅子に座っており、それに対して天皇および大夫が反発したり不満を抱いたりしたという記録もない。これは、きわめて異常なことと言わねばならない。何しろ、当時の大和朝廷を構成しているメンバーは、神代の昔からの祖先伝承を持つ古族ばかりであり、特に大連で、継体擁立の立役者であった大伴金村や物部麁鹿火たちが、新参者が自分の頭の上に胡座をかくのを座視していたとはとても考えられない。

そうなると、不明とされる稲目の履歴がやはり問題となる。稲目は、大臣として君臨しても諸氏族の反発を全く受けないような履歴を持っており、そしてそのことを記紀は隠蔽しているのではないか、という疑惑である。蘇我氏の本当の素性や稲目の履歴を表に出すことを望まない勢力が、後に正史からその記述を徹底的に削除したのではないか。『書紀』が隠した稲目の素性、これが謎の豪族とされる蘇我氏の、謎の焦点である。

蘇我氏は、歴代天皇に配偶者を出し、婚姻関係を利用してのし上がったと考える研究者は多い。稲目は欽明天皇に二妃を献じ、さらに娘の堅塩媛が産んだ用明天皇の即位を機に、外戚として強大化したと言われている。さらに、その用明天皇にも一妃を献じている。もっとも、稲目がなぜ欽明天皇に突然妃を二人も出せたかについては謎としているから、問題の解決にはなっていない。

これに対する解答の一つが、稲目の葛城氏との通婚説である。根拠とされているのが先の馬子の葛城県下賜に関する奏請で、そこでは、馬子が自らを葛城氏の末裔と主張しているからである。また、『帝説』『補闕記』『傳略』には、聖徳太子が葛城寺を蘇我葛城臣に与えたという記述があるが、この葛城臣は馬子本人とする説が有力である（志田諄一『蘇我氏と古代国家』二四〜二五頁）。現在では、稲目の正妻、すなわち馬子の母親が葛城氏の出身であったため、馬子は葛城氏の元で育ち、自らを葛城氏の後継者と位置づけていたとする意見が強い。また、その後、子の蝦夷は実際に葛城県を手に入れたらしく、皇極天皇元年（六四二）には葛城の高宮に祖廟を建てたとされる（皇極紀）。葛城の高宮は、仁徳天皇の皇后であった磐之媛が、

葛城高宮、吾家辺（仁徳紀）。

と詠った葛城氏の本拠、『和名抄』にいう葛上郡高宮郷（現在の奈良県御所市森脇）にあたるとされている。

葛城氏は、葛城山東麓を勢力圏とする古代きっての名族である。一部では、倭政権は天皇家と葛城氏の二頭政治だったとさえ言われている（門脇禎次『葛城氏と古代国家』）。これは言いすぎであろうが、最有力な諸侯であり外戚であったことは間違いない。現在、葛城氏

は複数の氏族が共通の祖先伝承の元に、擬似的血縁関係を形成していたとの説が強い。『書紀』には、その伝説的家祖襲津彦が、半島から連れ帰った新来の民を、桑原・佐糜・高宮・忍海の四邑に居住させ、それが葛城の漢人らの始祖になったとする。これらは、金属精錬などに新技術を持った才伎《てひと》（技術者）であり、近年葛城南郷遺跡群の発掘などの考古学的成果によって、当時の葛城は、漢人集団によって金属精錬や玉器生産、その他の様々な先端技術が行われていたハイテクタウンであったことが明らかになりつつある（坂靖・青柳泰介『シリーズ遺跡を学ぶ「葛城の王都・南郷遺跡群」』）。

この葛城氏は、仁徳天皇皇后の磐之媛、履中天皇妃の黒媛、雄略天皇妃の韓媛ら、多くの后妃を天皇家に入れており、履中、反正、顕宗、仁賢と、葛城氏を外戚とする天皇も多い。稲目はこの葛城氏と通婚することによって天皇に妃を出す地位を得た、とする説が有力である。だが、実際に稲目の妻が葛城氏であったという記録は、実はどこにもない。蘇我氏側の主張にすらない。蘇我氏と葛城氏がどのような関係だったのか、具体的な証拠は何もないのが実情なのである。さらに、もし稲目が葛城氏の婿となったとするなら、それほどの名族となぜ通婚できたかという問題が出てくる。これは、なぜ稲目が天皇に妃を出せたかという問題と質的には同じであり、単なる論点のすり替えにすぎない。

結局、稲目はそれなりの地位にある氏族の出であったが、その出身氏族については不詳、というところに落ち着いているのが現状である。また最近では、葛城氏の枝族、分家の出身ではないかとする説も有力である。

稲目の実像に迫るため、彼の事績を辿ってみよう。

蘇我氏の本宗家歴代当主の中では、馬子が圧倒的に存在感が大きい。穴穂部皇子の殺害、物部氏との抗争、崇峻天皇謀殺、推古天皇・聖徳太子との鼎立政治、対隋外交、飛鳥寺の建立、そしてその墓ではないかとされる石舞台古墳など、日本史上の重大事件の当事者だったからだろう。

だが、詳細に見ていくと、蘇我氏の歴史上最も特異な存在は間違いなく稲目であることが分かる。稲目は、宣化天皇元年（五三六）突然、大臣として登場し、欽明天皇三十一年（五七〇）に薨じるまで、実に三十五年間大臣として君臨した。その間、国政を主導し、二天皇に三女を入内《じゅだい》させ、三人の天皇の外祖父となった。にもかかわらず、政敵らしい政敵も持たず、一切他氏と軋轢を引き起こしていない。その他にもきわめて異常な点が多い。馬子の陰に隠れているが、蘇我氏の特異点は明らかに稲目である。

稲目の特徴としてまず第一に挙げられるのが、彼を家祖とする枝族が非常に多いことである。蘇我氏は蘇我の八腹（八は多いという意味で、八つに限られているわけではない）と呼ばれ、枝族の多いことで知られており、さらにその枝族は大和政権の重臣としてそれぞれ重要な役割を演じているが、その多くが稲目の子孫とされている。蘇我氏の枝族の

『書紀』への初出時期と、『姓氏録』に書かれている家祖を列記する。
①河辺（川辺）臣─欽明天皇二十三年（五六二）稲目
②境部臣─推古天皇八年（六〇〇）稲目
③田中臣─推古天皇三十一年（六二三）稲目
④蘇我倉─舒明即位前紀（六二八）馬子
⑤小治田臣─舒明天皇即位前紀（六二八）稲目
⑥高向臣─舒明天皇即位前紀（六二八）猪子
⑦桜井臣─舒明天皇即位前紀（六二八）稲目
⑧来目（久米）臣─大化元年（六四五）稲目
⑨岸田臣─大化二年（六四六）稲目
⑩田口臣─大化二年（六四六）稲目
⑪箭口臣─持統称制前紀（六八九）稲目
⑫御炊《みかしき》臣─養老五年（七二一）馬背

このうち最も早い河辺臣の初出は、欽明紀二十三年、河辺臣瓊缶が半島に派遣されて新羅と戦った記事である。白旗の意味を知らなかったために勝っていた戦を失い、命乞いに敵に妻を差し出したという、はなはだ屈辱的な話になっている。景行紀十二年八月の神夏磯媛が服従の印として船の舳先に白旗を掲げたという記事を見ると、白旗が降伏のシンボルであることは当時の常識であったらしく、白旗の意味を将軍が知らなかったということは信じがたい。また、敵に犯された妻がカンカンに怒って、小さくなっている夫を叱りとばしながら二人で帰ってくるという内容もきわめて漫画的で、人を闇討ちしようとして返り討ちにあった蘇我韓子宿禰の寓話同様、蘇我氏を軽侮し切った内容となっている。それらを総合すると、どうもこの記事は後世の造作らしく思われるが、そうなると、河辺臣の初出は次の推古二十六年の雷神捕獲記事となり、初出時期は他の諸族とほぼ同時代となる。この事件は他の事件に比べて、五十八年、つまり一世代分以上も突出して早く出現しており、どうやら蘇我の八腹の出現時期を相当早期に遡らせるために造られた、改竄記事と考えるのが妥当であろう。

次に、⑥高向臣の家祖武内宿禰六世猪子と⑫御炊臣の家祖武内宿禰六世馬背は、武内宿禰六世は馬子に一致するので、ともに馬子の誤記と考える。『紀氏家牒』の「馬背宿禰亦曰高麗（馬背は高麗の別名）」という記述から、稲目の父高麗の別名と考える説もあるが、前述したように高麗の存在そのものが疑わしく、やはり馬背はそのまま六世孫として馬子の誤記と考えるべきであろう。したがって、高向・御炊の両氏は馬子から分岐した可能性が高い（どちらも馬子の誤記というところに不審を覚えるが、どうやらこれには理由があるらしい。最終章で解析する）。蘇我倉家は、倉麻呂が馬子の子で蝦夷の弟と考えられているから、倉家も馬子から派生していることになる。残りは全て、稲目からの分枝と考えられる。
既存の図1蘇我氏系図（A）（三七二〜三七三頁）を、以上の訂正を加えて改変する。まず、稲目より前の先祖は全てノイズとして排除する。さらに、高向・御炊両氏は馬子の子孫とする。こうして訂正したものが、三七四頁の図2蘇我氏系図（B）である。驚いたことに、蘇我氏は完全に稲目ただ一人を原点として発生した一族だということが分かる。

これらの氏族のうち、境部臣、田中臣、小治田氏、桜井臣、来目臣らの氏族には、一つの共通点がある。全てある時期、特定のある狭い地域内に居住していたことである。その場所とは、現在の奈良県高市郡明日香村および橿原市東南部、すなわち後の蘇我氏の勢力圏内であった。

境部臣の本拠は坂合で、欽明天皇陵を檜隈坂合陵と呼ぶことから、橿原市檜隈町に比定できる。田中臣も同田中町、来目臣も同久米町、小治田臣も高市郡小墾田に居住していたらしい（小墾田については多少問題があり、あとで論考する）。桜井臣については、現在、付近に桜井の地名はないが、稲目が建てた向原寺の別名が桜井道場であり、また『続日本紀《しょくにほんぎ》』光仁天皇即位前紀の童謡に桜井という井戸が豊浦寺と葛木寺との間にあったと謡われ、さらに『元興寺伽藍縁起并流記資財帳』に「櫻井等由羅宮」とあることなどから、桜井は豊浦付近の地名だったと考えられる。『幽考』にも、小墾田宮跡は桜井村の乾にありとされており、十七世紀後半まで桜井の地名が残っていたらしい。この辺りに桜井臣の本拠があったのであろう。

残りの氏族のうち、田口、箭口、岸田、河辺の諸族は、現在、居住地が判然としないが、田口臣は、『姓氏録』で「高市郡田口村」に居住したとされ、やはり高市郡の中であり、飛鳥近傍であろう。箭口臣は、天武天皇即位前紀によると壬申の乱で奈良山に駐屯していた大伴《おおともの》吹負《ふけい》の軍を破った大野臣果安が、南下して飛鳥京を見下ろした場所が八口であったことから、これも飛鳥北縁の丘陵地と考えられる。また、河辺臣の本拠も、摂津国河辺村とされているが、それでは当時の政治の中心から遠すぎよう。大和国十市郡川邊郷が当てられることが多いが、筆者自身はやはり高市郡内に求めるべきと考え、神武天皇紀二年二月条で大来目が神武から与えられた居住地が畝傍山西の「川辺之地」であったとされることから、畝傍山と高取川ないし曽我川との間ではないかと考えている。ここなら来目臣の居住地とも、先の片塩の地とも接している。もう一つの候補地は、孝徳紀で難波京を去って飛鳥に帰った皇極上皇と中大兄らが入ったとされる、河辺行宮の地である。現在の河原寺付近か、飛鳥川上流の稲淵遺跡のある稲淵かと考えられる。いずれにせよ、河辺臣も前記の諸族同様、飛鳥近くに住んでいたのだろう。岸田氏については、山辺郡岸田（天理市朝和町）に由来するという説があるが、不詳である。

これら蘇我の八腹の諸族は、いずれも現在の橿原市と明日香村のある特定の地域に集中して居住していたことが分かる。また、稲目自身の住居も、欽明天皇十三年十月条に百済から渡来の仏像を小墾田家に置いたとあるように、これら諸氏の居住地のほぼ中心にあったと考えられる。要するに彼らの家々は、お互いにちょっと歩けばすぐ着く距離内にあり、隣近所だったのである。この地域には、以前より渡来系の集団が定住していた。

雄略天皇七年……天皇詔大伴大連室屋、命東漢直掬、以新漢陶部高貴・鞍部堅貴・画部因斯羅我・錦部定安那錦・訳語卯安那等、遷居于上桃原・下桃原・真神原三所（天皇は、大伴大連室屋に詔し、東漢直掬に命じて、新来の漢人である陶部高貴、鞍部堅貴、画部《えかき》因斯羅我、錦部定安那錦、訳語《おさ》卯安那らを、上桃原、下桃原および真神原の三カ所に移住させた）。

真神原は今、飛鳥寺のある地域であり、桃原については、あとで詳しく考証するが、真神原の南隣である。ここは、新来の技術者集団の定住地だったのである。

また、雄略が身の回りに置いて信頼したのは、身狭村主青、檜隈民使博徳の二人だけだったとされるが（雄略紀二年十月条）、この二人は帰化人で雄略直属の官僚であったと考えられ、身狭（見瀬）と檜隈に住んでいた。見瀬も檜隈も、桃原・真神原のすぐ西に隣接している地域である。また檜隈には、さらに雄略天皇十四年、呉から渡来した衣縫弟媛を置いて飛鳥衣縫部としている。ここが呉原、今の明日香村栗原である。さらに遡って応神天皇十四年二月に、百済王が奉った縫衣工女が来日（久米）衣縫の先祖であるとされており、久米にも衣縫部がいたと考えられる。

明治の産業革命は軽工業から始まった。富岡製糸場は、当時の最先端工場であった。桃原・真神原・見瀬・檜隈からなるこの一帯は、この当時の最先端工業地帯であり、雄略天皇の時代から天皇家に直属し、大伴家の管轄下でその技術的・経済的基盤となり、さらに青や博徳のような官人層を供給する重要な地域、「先進特区」であったことになる。

山尾幸久は、この狭い地域に居住していた渡来系の諸族が、稲目との間に子をもうけて「蘇我の諸族」となったとし、もし彼らが蘇我の諸族にならなければ、飛鳥の漢人とか、移民系の諸族であった蓋然性が高いとする（山尾幸久『蘇我氏と古代国家』黛弘道編、四二頁）。生まれた子どもは、稲目の子として、初めから臣という貴い姓《かばね》と高い地位を与えられ政界に登場し、蘇我氏の藩屏としてその勢力伸長に貢献した。こう考えると、推古朝から孝徳朝に至る比較的短い期間に、蘇我の諸族が急激に膨張し、次々と政界に進出活躍した理由が理解できる。彼らは歴代の蘇我本宗家を本家とする血縁的同族であり、彼らの姓と地位とはその蘇我との血縁性から得られたものだったのである。

稲目に、なぜそんなことが可能だったのだろうか。欽明の同意があったのは当然であろうが、稲目には、臣姓氏族を新たに大夫に任命する権限があったと考えられる。

稲目の子、馬子も同様にして、高向臣と御炊臣を創りだした。高向臣の本拠は河内国錦《にし》部《ごりの》郡《こおり》百済郷にある高向《たこう》神社付近であり、高向氏の勢力圏と錦部の所在地が一致しているのが分かる。馬子は飛鳥寺を建立する際、飛鳥衣縫造祖樹葉の家を壊して地所を得ているが、先の雄略天皇十四年三月の記録によると飛鳥衣縫部は檜隈の呉原にいたはずで、話が合わない。おそらくここでいう飛鳥衣縫造とは錦部のことで、錦部はこのとき飛鳥から錦部郡に移住したのだろう。高向臣氏は、馬子が錦部の女に産ませた子の血筋と考えられる。蘇我のどの枝族とどの才伎の部が対応するか推測できる、数少ない例である。御炊臣は『姓氏録』にその名が見られ、名前から宮中の炊《かし》ぎ、つまり調理か神餅の生産を司った氏族とする説が主流であるが、それはおかしい。御炊氏は、臣姓氏族であるから職掌を氏名とするはずはなく、他の八腹の氏名が全て本拠の地名を示していることから考えれば、御炊の名もまた彼らの本拠の地名を指すものと考えるべきである。御炊という地名は見つかっていないが、神武天皇即位前紀に登場する、三炊屋媛と何かの関係があるかもしれない。三炊屋媛は長髄彦の妹で饒速日《にぎはやひ》に嫁ぎ、可美真手を産んでいる物部氏の祖である。別名を長髄媛または鳥見屋媛といい、長髄も鳥見もともに地名と見られているから、御炊も地名と考えると、生駒山地から登美に至るどこかではないか。また、『続日本紀』養老五年（七二一）六月の御炊朝臣人麻呂の兵部少輔任命記事以外何の事績もないうえ、天武八姓で朝臣を下賜された際にも、他の蘇我諸族が全て存在しているのに、滅びた境部氏や田口氏と同様その名が見えないのは、何か理由があるのだろう。こちらについてもあとで分析する。

また、稲目の孫の蝦夷も、入鹿に私的に紫冠をさずけ、その弟を物部大臣と呼んだとされるが(『皇極紀』)、これは入鹿に家督を継がせ、弟には物部臣氏という新たな蘇我の枝族を開かせたということである。この力がまさに稲目を通じて蘇我本宗家に伝えられた、大臣の特権そのものだったと考えられる。これは、現代で言うと、自分の子供を閣僚に任命する権利であり、まさに、稲目は大臣として天皇の権力の一部を代行していたと言える。紫冠は、その権力の象徴であった。

逆にこれらの諸族から見れば、稲目の血を受け入れることは政治上きわめて有用で、中央政界に乗り出すチャンスであった。稲目の血には、それだけのブランド力があったことになる。

稲目は、宣化初年に突然大臣になるや、那野津(現在の博多港)の整備のために、天皇の命で筑紫に諸国の籾を運ばせた。これは、継体期に北九州で起こった磐井の乱の事後処理で手に入れた糟屋屯倉、すなわち那野津の機能強化策で、その目的は半島への交通路および出兵路の確保であろう。先代の安閑天皇は、地方に多数の屯倉を設置し、皇室財政強化と地方支配強化を同時に推進したが、宣化天皇のこの政策もそれを引き継ぎつつ、半島との交通路を支配しようとするものであった。ここには明らかに、大和政権の全国支配への一貫した意志が見てとれる。これは、雄略王系が継体王系に変換する過程で低下した、大和政権の統制力を再確保しようとしたものと考えられる。稲目の施策は、大和政権の意志そのものであった。

ちなみに、磐井の乱は、『書紀』の大仰な記述にもかかわらず、筑紫が戦場となって短期間で決着がつき、磐井の子葛子が糟屋屯倉（那野津）を差し出しただけで許されているところを見ると、本来的に那野津の接収を目的として大和朝廷側から仕掛けた戦争だと思われる。

その後、天皇が欽明に代替わりした後も、稲目はそのまま大臣として君臨した。そして、堅塩媛と小姉君の二人の娘を欽明天皇の妃とした。堅塩媛の血統からは、用明・推古の両天皇、小姉君の血統からは、崇峻天皇、そして聖徳太子の母親穴穂部間人媛《あなほべはしひとひめ》を出すという華麗さだった。飛鳥時代の人脈は、稲目を中心として動いていたのである。

これだけでも、稲目の勢威の巨大さが理解されよう。稲目は、誰とも争わずに大臣となり、誰からも抵抗されることなく自分の子を多数大夫とし、国政を専断した。それはまるで、大和朝廷そのものを乗っ取りかねない勢いだったが、欽明側がそれを憂慮した様子は全くない。

欽明天皇十三年、百済からもたらされた仏像を、稲目が請い受け小墾田の自宅に祀ったとされる。向原の家を清めて仏舎としたが、疫病が流行したため、物部尾輿と中臣鎌子（鎌足とは別人）によって廃仏されたという。

欽明十四年、王辰爾に船の税を司らせ船史とした。今の税関にあたるものをつくったらしい。同時に、海運支配の強化に乗り出したと言える。

欽明天皇十六年二月、百済王余昌の弟恵に、百済を再建するためには祖神を祀るよう勧めている。これを見ると、蘇我氏も稲目の代は仏教一辺倒というわけではなかったようだ。

欽明天皇十六年七月、吉備に白猪屯倉、翌十七年七月には、児島屯倉を置き、葛城山田直瑞子を田令とした。二つの屯倉には同一説と別物説の二説があるが、いずれにせよこれらの屯倉は、北九州に至る瀬戸内海航路の中継基地という機能を持っていた。これら一連の動きは、那野津の機能強化と合わせて、半島への交通路の確保という大方針の一環と考えられる。

欽明天皇十七年十月、大和国高市郡に韓人大身狭と高麗人小身狭屯倉を置いた。見瀬に入植していた新羅系と高句麗系の渡来人を、まとめて屯倉に収納したのだが、この屯倉は間もなく蘇我氏の支配地となった。蘇我氏の重要拠点であった、軽の地である。その後長く蘇我氏を支える東漢氏も、このとき蘇我氏の傘下に入ったのかもしれない。

同年さらに、紀に海部屯倉を置いた。紀氏は後世まで瀬戸内海海運を支配したとされるから、これも半島交通路確保の一環だった。

欽明天皇二十三年、大伴狭手彦が百済の計によって高麗を討ち、王城にまで攻め入ったという。この戦を、『書紀』分注の欽明十一年のこととして、百済が漢口を略取した五五一年の百済高句麗戦争に関連したものとする説があり（井上光貞『日本の歴史』③『飛鳥の朝廷』一二〇〜一三七頁)、事実であった可能性が高い。狭手彦は戦利品を持ち帰ると、天皇には七織帳を、稲目には鎧二領、銅金飾大刀二口などその他多数と美女二人を贈った。稲目は二人を妻として軽曲殿においたという。狭手彦が凱旋に際して、戦利品を真っ先に献上すべきだった相手は、天皇と稲目の二人であり、諸臣にとって、稲目は天皇と同程度、いやそれ以上に気を使わなければならない存在だったようである。

稲目は軍事にはほとんど関与していない。それは、蘇我氏が軍事力となるような家臣団や枝族を持たなかったためだとされているが、実際には、東漢氏や大伴氏のような巨大軍事氏族を使役していたからのようである。

稲目は突然政界に出現し、初めからきわめて高い地位と巨大な権力を併せ持ち、政権内の最重要案件を当然のごとく裁可した。軍事力としての家臣団をほとんど持たないのに大伴氏さえ使役し、自らの血族を多数大夫に引き上げ、まるで天皇の分身のように諸臣に扱われた。また、身狭屯倉の場合に見られるように、稲目の財産と皇室財産との間に明瞭な境界がないという、不思議な人物であった。さらに、これほどの権力をふるいながら、天皇からも諸臣からも、それが当然のことのように見られていた。稲目の特異性が理解できよう。そしてこの特異性こそが、稲目の正体を暗示しているのである。たとえば、天智治世下において大皇弟とされた、大海人皇子すらこれほどの権力を持っていたかどうかと考えたとき、稲目の正体がおぼろげながら見えてこよう。

欽明天皇三十一年、稲目は薨じた。翌年、後を追うように欽明天皇が崩御した。

二、二代馬子の事績

稲目の後継者は馬子である。馬子の初出は、敏達天皇元年、物部弓削守屋大連とともに大臣に任命された記事である。欽明四年、大伴金村が失脚して、政治は蘇我・物部の二頭政治となった。馬子の妻は物部守屋の妹とされ、馬子と守屋は同格扱いになっている。敏達の皇后は、当初は息長《おきながの》真手王《まてのおおきみ》の娘広姫であったが、敏達四年に亡くなり、敏達の異母妹、額田部皇女が皇后となった。後の推古天皇で、馬子にとっては姪に当たる。

敏達天皇十三年、馬子は百済から渡来した二体の仏像を祀り、尼を出家させた。十四年大野丘に塔を建て法会を行い、仏教の護持を表明した。

同年八月、敏達天皇が崩御すると、その葬儀で、物部守屋と罵り合った挿話は有名である。大きな刀を差した馬子を守屋が「矢が刺さった雀のようだ」と嘲笑し、誄《しのびごと》を奉じる守屋がよく震えるので、馬子が「鈴を付けたらよく鳴るだろう」と誹《そし》り返し、両者の確執はここに始まったと『書紀』は記す。だが、物部氏には鈴を振るわせて再生を願うフルベ神事があり、追悼の際に身体を震わすのは当然で、守屋にとっては特に悪口となる内容ではなかったはずである。また、馬子は雀にたとえられているが、後の皇極天皇元年五月二十三日に、蝦夷に白雀が、入鹿に白雀の子が献上されているのを見ると、蘇我氏は雀と何か関係があったらしいことが分かる。あとで解析するが、実際に蘇我氏は雀と密接な関係があった。ここでは「蘇我と雀」問題と指摘しておくにとどめるが、要するに、この二人の言葉は相手の氏族の特徴を表す表現で、本来は悪口でも何でもなかったのである。

そもそも大葬といえども、最高権力者である馬子が、みずから誄を奏するはずはない。堅塩媛の欽明陵への合葬、舒明の大葬などを見れば分かるように、誄は代理の者が奏するのが当時の慣習であった。この記事は、両氏族の特性をもとに、蘇我・物部の確執の始まりとして後世創作された逸話であるのは明らかである。両者の確執には別に真の原因があるのだが、『書紀』編纂者はそれを隠蔽するためにこのような捏造をしたのである。

敏達天皇の後は用明天皇が嗣いだが、八カ月ほどで崩御された。

用明崩御後、次期天皇の後継をめぐって紛争が勃発した。用明紀は、皇位継承候補の一人であった穴穂部皇子が、敏達の皇后額田部皇女を奸《おか》そうとして敏達の寵臣三輪君逆《さかう》に阻止され、怒って逆を殺したと記す。現実には、これは大変奇妙な記事である。この当時、先代天皇の皇后は、次期天皇が決まると皇太后となって特別な権威と権力を引き継ぐことが多く、敏達天皇亡き後の額田部皇后も、このときすでに特別な権威を持っていたはずである。皇位をめざす者が、その大事な相手に乱暴な真似をするはずはない。欽明天皇は、前皇后安閑天皇の皇后春日山田皇女の支持を取り付けて即位した。穴穂部皇子も同様に、前皇后の支持を得るため直接交渉しようとして、拒否されたというのが実情だろう。ということは、皇后には穴穂部を支持する意志が皆無だったことになる。穴穂部が怒って逆を殺害したのはそれに対する報復であり、穴穂部は後継者争いに武力を行使したのである。雄略の例を見るまでもなく、次に穴穂部がなすべきことは、自分のライバルとなる相手を抹殺することであった。穴穂部に荷担した中臣勝海《なかとみのかつみ》が、押坂彦人大兄と竹田皇子を呪詛しようとして果たせなかったとされることから、皇位継承の最大のライバルは、この二人だったとされる。皇后側としては、反撃しなければ自分たちが抹殺される危険があった。蘇我・物部戦争、丁未《ていび》の役の勃発である。

現在一般には、穴穂部は物部守屋と組んで皇位を望んで馬子に暗殺され、守屋も馬子の率いる大和朝廷連合軍に討伐されたと考えられている。その過程で、宣化天皇の皇子、宅部皇子が、穴穂部とともに馬子に謀殺された。この経緯を、例えば井上光貞は次のようにいう。

物部守屋は穴穂部皇子の即位を実現しようとはかり、さらに武備をかためたが、一方、馬子は六月になって、豊御食炊姫に詔を出させ、佐伯部丹経手に命じて、穴穂部皇子の宮をおそわせた。皇子は楼に上ってかくれたが、つきおとされ、さらにのがれようとして殺害された（『飛鳥の朝廷』二〇九頁）。

他の多くの研究書もほぼ同様であるから、おそらくこれが一般的な認識なのだろう。だが、これは本当に正しいのだろうか。実は、崇峻天皇即位前紀の実際の内容は少し異なる。原文は次の通りである。

大連元欲去余皇子等、而立穴穂部皇子為天皇。及至於今、望因遊猟而謀替立。密使人於穴穂部皇子曰。願与皇子将馳猟於淡路。謀泄（大連は、初め他の皇子を排除して穴穂部を立てようとした。だが、今になって狩りにこと寄せて立て替えようとし、穴穂部に密使を使わして淡路に狩りをしようと誘った。だが、謀が漏れた）。

このあと、事態は急転し、穴穂部暗殺、翌日の宅部暗殺、そして丁未の役へと雪崩れ込む。雄略紀によれば、猟への誘いは暗殺の常套手段である。守屋は自分が担ぐ旗頭を穴穂部から他の皇子に替えようとし、邪魔になった穴穂部を暗殺しようとはかったというのが原文の正確な意味なのである。それが漏れるや、馬子が慌てて穴穂部と宅部を暗殺した。では、守屋が「替立」しようとした相手は誰か。穴穂部とともに殺害された宅部しかありえない。宅部が殺された理由を『書紀』は「善穴穂部皇子故誅（穴穂部皇子と仲が良かったため誅した）」とするが、実は、守屋が次期天皇に擁立しようとしたからなのである。守屋が穴穂部を捨てて宅部に乗り換えようとしたのは、穴穂部では勝てないが宅部なら勝てると判断したからであり、また、三輪君逆の殺害までは穴穂部に鷹揚に対応していた馬子が、宅部の出馬の報を聞くや大慌てで二人を殺害し、さらに諸皇子を糾合して兵を挙げたところを見ると、宅部がきわめて危険な人物、つまり強力な天皇候補だったことが分かる。いったい、宅部皇子とは何者なのか。『書紀』はその素性を隠したまま、丁未の役後を次のように評した。

時人相謂曰。蘇我大臣之妻。是物部守屋大連之妹也。大臣妄用妻計、而殺大連矣（時の人は「蘇我大臣の妻は守屋大連の妹だ。大臣は妻の計略を用いて大連を殺した」と言い合った）。

『書紀』は、馬子が財産を乗っ取るため、守屋の妹である妻の策に乗って物部を滅ぼしたとする。事実、本宗家滅亡後の物部氏は、蘇我氏によって乗っ取られたらしい（加藤謙吉『蘇我氏と古代氏族』二〇一頁）。丁未の役は、あくまで馬子の個人的欲望に起因すると主張しているのである。だが、実際に馬子が殺したのは、皇位継承者二人であり、物部氏討伐はその過程での出来事にすぎない。丁未の役とは、宗教戦争などではなく、皇位をめぐる戦《いくさ》だったのである。

その後、穴穂部皇子の弟、泊瀬部皇子が即位して崇峻天皇となり、騒乱はいったん終息した。次期天皇の有力候補者が殺害されたというのに、政権内には何の動揺も見られなかった。

蘇我氏の専横とされる行為が目につくようになるのは、これ以後である。その最たるものが、崇峻天皇の暗殺であろう。崇峻天皇は、『書紀』一書によると、穴穂部による三輪君逆の殺害の際には、兄と行動を共にしたらしい。だが、穴穂部が殺害されると、皇后側と何らかの妥協が成立したらしく、皇位に就いた。そして、崇峻天皇四年に事件が起こる。

有献山猪。天皇指猪詔曰。何時如断此猪之頸、断朕所嫌之人。多設兵仗、有異於常（天皇は献上された猪を指さして、その首を切るごとく、嫌な相手の首を切りたいと漏らして兵と武器を集め、異常事態となった）。

通常、この殺意の向けられた相手は、馬子だったとされている。だが、崇峻は本当に馬子を「嫌《ねた》し」と思ったのだろうか。猪をさしてそう言ったとされる以上、猪がその相手を連想させたのは明らかである。当時の感覚であれば、猪からすぐ連想された相手なのだろう。馬子が猪首だったと茶化す人もいるが、もう少し真面目に考えてみよう。

雄略記に天皇に見初められた赤猪子が、お召しを待ったまま数十年たち、老婆になったという話が書かれている。見初められた当時、赤猪子はうら若い少女だった。それがなぜ、赤猪子などという、女性としては奇妙な名だったのか。当時、本当に猪という動物の名を、女性の名としてつける習慣があったのだろうか。仁徳記に、側室に嫉妬して宮を出て行った皇后の磐之媛を、天皇が呼び戻そうとして詠った詩がある。

みもろの　その高城なる　大葦古《おほゐこ》が原
大猪子《おほゐこ》が　腹にある　肝向ふ　心をだにか　相思はずあらむ

ここで、皇后磐之媛は、大猪子と呼ばれている。大は当然ながら立派さをあらわす接頭語、子も敬称であり、大猪子の本体は「猪」にある。猪は、当時山の神とされていた。山の神は豊穣のシンボルで、どうやら女性だったらしい。もしかしたら、猪とは、皇后そのものを指す言葉だったのではないか（冗談ではなく、今でも奥方を山の神と呼ぶのは、その名残か）。

崇峻天皇が猪を指して殺したいと言った、その相手とは額田部皇后その人であり、だからこそ、『書紀』一書が記すように、馬子はひどく驚いたのである。さらに、宮に軍備を固めようとしたと書かれているところを見ると、崇峻は額田部皇后に対して武力行動を起こそうとしたらしい。同母兄穴穂部皇子を殺された恨みが治まっていなかったのか、それとも政治上の軋轢の故だったのかは不明だが、皇后を抹殺しようとした崇峻に対して、馬子が先手を打って反撃したというのが真相なのだろう。『略記』は、崇峻天皇殺害は額田部皇后の命令だったとする。

この暗殺は新羅遠征軍の派遣途中で行われたため、遠征軍は九州で四散した。天皇を暗殺すれば派兵が失敗するのは目に見えている。実行するなら兵が半島に渡ってからにするべきで、何もこの時点でする必要はないように思われるが、よほど切羽詰まっていたのだろう。出兵自体、馬子の崇峻暗殺のための予備工作であったとする説もあるが、天皇が兵仗を集めたという『書紀』の記述を信じるなら、兵力の間隙をつくったのは、逆に崇峻の側だった可能性が高い。もし、崇峻が公権を発動して額田部皇后抹殺に動けば、馬子にとりうる手段は暗殺しかなかったであろう。

その崇峻天皇暗殺のときですら、政権内部が動揺したという記録はない。運命をともにしたという腹心すらいない。驚いたことに、政権の構成員は、そのまま次の政権に横滑りしている。まるで、天皇一人がいなくなっただけで、何事もなかったかのようだ。

その後始末には、額田部皇后が自ら即位した。推古天皇である。推古の皇子竹田皇子は、それ以前に亡くなっていたらしい。そして、「総て万機を摂る」べく、厩戸皇子が摂政となり、推古・馬子との三頭政治が発足した。

馬子と太子の関係については、天皇家を代表する太子と、旧豪族の利益代表であった馬子との間に確執が生じ、太子が斑鳩《いかるが》に隠遁したという視点で様々な論争がなされているが、実は『書紀』にそんなことは一言も書かれていない。馬子が旧豪族の利益代表であったなどという記述もどこにもない。全て後世の勝手な思いこみにすぎない。これらの論議は、蘇我氏の素性が判明した時点で、すべて虚妄であることが理解される。

『隋書』によると、開皇二十年（六〇〇）、隋に倭からの使節が到達している。この記事が『書紀』に記載されていないことから、幻の遣隋使といわれているが、なぜ記録に残らなかったかは、『書紀』と『隋書』倭国伝を読み比べれば一目瞭然である。

六〇〇年、大和朝廷の使者は隋に赴いた。目的は、朝鮮半島における倭の権益を隋に認めさせることであったと考えられるが、文帝に一蹴された。倭の風俗を尋ねられた使者

は、

倭王以天為兄以日為弟　天未明時出聴政跏趺座日出便停理務云委我弟。高祖曰、此太無義理、於是訓令改之（「倭王は天を兄とし、太陽を弟としている。夜がまだ明けないうちに、政殿に出て政治を行い、その間、あぐらをかいて坐っている。太陽が出るとそこで政務を執ることをやめ、あとは自分の弟太陽にまかせようという」。高祖文帝は、「それははなはだ道理のないことだ」と言って、倭使を諭してこれを改めさせた）（『隋書』倭国伝。訳は、藤堂明保監修、中国の古典十七『倭国伝』）。

岡田英弘の周礼の分析によると、古代中国では、都市の原型は市であるという。市が開かれる日には、王は午前二時に起きて身を潔め、群臣は午前四時には参内して朝廷に出仕する。皇帝が神々に犠牲を捧げて祭りが終わり、群臣が退出する頃、夜が明けて市が開かれ、一日が始まるという（岡田英弘『中国文明の歴史』六〇～六二頁）。これは倭使の語った倭国の政治にある意味でよく似ている。こうみると、実は、倭使の語った倭国の政治形態こそ東アジア古来の伝統的政治体制だったと考えられるのだが、五胡十六国の戦乱の世を経て、すでに皇帝独裁の軍事体制である律令制に移行していた隋にとって、伝統的な古代政体など古くさい時代錯誤にしか見えなかったのだろう。「於是訓令改之（諭して改めさせた）」というこの傲慢さには、文帝の面目が躍如としている。倭使は恐怖して帰国したに違いない。

この記事が、日本側の記録に残っていないからとして、様々な説が闊歩しているが、実態は倭国側では恰好が悪すぎて、とても公式記録に残せなかっただけである。

これ以後、倭の政策を経時的に並べてみると、

斑鳩宮造営
冠位十二階の制定
憲法十七条の制定
仏教の普及
官道の整備

などなど、全て律令体制の雛形造りといえる事業であった。さらに、古代からの豪族を官僚として再構成しなければならなかった。

十七条憲法は、豪族を官僚として教育するためにこそ相応しい。六条詔書の影響が見られることは、以前から指摘されている。六条詔書は、北魏北周の高官であった蘇綽が作った、官吏の心得を具体的に説いたもので、①治心を先とせよ、②教化をあつくせよ、③地利を尽くせ、④賢良を抜擢せよ、⑤獄訴をあわれめ、⑥賦役を均しくせよ、の六条である（布目潮渢・栗原益男『隋唐帝国』三五〜三六頁。六条詔書そのものについては、インターネット維基文庫─自由的圖書館、二十四正史『周書』列伝第十五蘇綽伝から参照可能）。隋代では、律令と六条詔書を理解していなければ官吏になれないとされたらしい。蘇綽の子が蘇威で、隋の創成

期、その政治制度の確立に力を注いだ功臣であり、文帝が施行した開皇律令の成立には、彼も関わったとされている。文帝の代に隋を訪れた倭使に、蘇威が自分の父親の作った六条詔書を推奨した可能性は高い。十七条憲法は、仏教的色彩が強い我が国独自のものであるが、作成過程で六条詔書の精神が取り入れられ、豪族を官僚化するための手引きとされたとしても、内容的、時代的には少しもおかしくない。むしろ、この時代こそ、十七条憲法が成立したと考えられる唯一の時代であった。何しろ、「三に曰く、詔を承りては必ず謹め」などという、後の時代では当たり前すぎて成文化するのも恥ずかしいような文言があるくらいである。したがって筆者は、十七条憲法もこの時代に成立したと考えている。前掲書（『隋唐帝国』）によると、国史学会の大勢とは逆に、東洋史家の間では、十七条憲法の推古期成立説はきわめて有力なのだそうである。中に書かれている国司という言葉が後世のものであるとして問題にする向きもあるが、国司という言葉は、『書紀』には仁徳紀以降頻出する単語である。確実なところでは、大化の改新で、孝徳天皇が行った重要政策の一つが六四五年の国司派遣であった。六〇四年から、わずか四十年ほど後のことである。

こうして見ると、太子の業績とされるものの全てが、この六〇〇年と六〇七年の間に施行されていることが分かる。つまり、大和政権は、この間に隋に倣った近代化のための諸政策を次々に慌ただしく実行したのである。斑鳩京の建設も、当時の隋の都が東京洛陽と西京長安の二都であったことに倣ったものではないかと、筆者は考えている。事実、天武天皇十年には、正式に副都の詔勅が発せられている。倭政権は隋に倣って、急激に「近代国家」への舵をきった。そして、諸政策の一応の端緒を見た段階で、六〇七年の第二回遣隋使を派遣したのである。

当時の政権の最大課題は、朝鮮半島の権益の確保であった。その動きは、不平等条約改定のために急激な欧化政策をとった明治政府の一連の洋風化政策を思わせる。古代の鹿鳴館時代とでも呼ぶべきだろうか。これ以後、大和朝廷の国是となった律令国家への道の第一歩である。その政策の主導者の一人が馬子であったのは間違いないであろう。

馬子は、飛鳥寺を建立し、仏教振興の主導権をも握った。寺院の瓦の研究から、最初期の瓦は飛鳥寺で造られ始め、その後、他の寺院に広がっていったことが分かっている。蘇我氏の援助がなければ寺院の建立は不可能だったのである。

推古天皇二十年、堅塩媛が薨去すると、棺を欽明陵に合葬したとされる。軽《かる》の衢《ちまた》で行われた盛大な行事は、蘇我氏の権力の大きさと専横を示すとされるが、本来的には、推古天皇が母后を父欽明天皇の墓に合葬するという意味で、国家的事業であった。皇室と蘇我氏の間の境界がいかに曖昧なものであったかが理解されよう。

三、三代蝦夷の事績

馬子は推古天皇三十四年に死去し、その二年後、推古天皇が崩御した。子の蝦夷が後を継いだが、その最初の政治的ハードルが次期天皇の後継問題であった。推古は自前の後継者を残さなかったため、次期天皇は押坂彦人大兄の子田村皇子か、聖徳太子の子山背大兄王かという事態になった。押坂彦人大兄は敏達の長子で、母親は敏達の最初の皇后広姫であったが、広姫は敏達天皇四年に薨去していた。蝦夷は、推古の遺詔に従うとして田村皇子を支持したが、大夫会議は真っ二つに割れた。山背大兄を支持したのは許勢氏、佐伯氏、紀氏らであったが、蘇我氏内部からも蝦夷の叔父境部臣摩理勢が山背を支持し、また蘇我倉家の倉麻呂も同調せず、蝦夷の意図は蘇我氏内部からの抵抗にあって頓挫した。蝦夷がごく近い血縁関係にある山背大兄でなく、血の繋がらない田村に荷担したのは、田村の妃が馬子の娘法提郎女《ほていのいらつめ》であり、両者の間に古人大兄が生まれていたためとされる。最終的に蝦夷が境部臣摩理勢一族を抹殺することによって山背も沈黙し、舒明天皇が即位した。蘇我の有力枝族であった境部臣氏はこのとき断絶した。この事件には皇位継承問題だけではなく、葛城県の帰属問題も絡んでいたのだが、蝦夷が蘇我氏と血の繋がりのない舒明をたてるために（実際には繋がっている。後述するが、これは記紀の最大の欺瞞の一つである）、境部臣氏を滅亡させ、そのことが蘇我氏全てを不信と混乱の中に陥れ、やがて本宗家の内部抗争と氏族全体の凋落を招くのであるが、とりあえずここでは、蝦夷の大夫会議および身内に対する指導力の低下を指摘しておく。

治世十三年、舒明が崩御した。舒明の皇子には古人大兄皇子と中大兄、大海人皇子の三人がいたが、舒明の後は皇后であった宝皇女が即位し、皇極天皇となった。中大兄は十六歳と皇位に就くには若すぎたため、母親の宝がそれまでの中継ぎとして皇位に就いたのだろうとされている。結局、山背大兄はここでも皇位を継げず、やがて二年後の皇極天皇二年、上宮王家は滅亡する。

上宮王家族滅事件は蘇我氏最大の専横で、後の蘇我本宗家滅亡の原因となったとされる。『書紀』によると、この事件の首謀者は入鹿、実行者は巨勢徳太臣と土師娑婆連で、一書によると倭馬飼首も加わっていたが、土師娑婆連は山背側の反撃で戦死した。『補闕記』はさらに、宗我大臣(蝦夷)并林臣入鹿・致奴王子兒名輕王(孝徳天皇)・巨勢徳太古臣・大伴馬甘連・中臣鹽屋連枚夫等六人の名を、『傳暦』も同じ名を挙げる(『傳暦』は宗我大臣以外五人の名を挙げるが、『補闕記』と同一原本からの引用らしく、別に六人という数字を挙げているところをみれば、宗我大臣も含むらしい)。『書紀』は、蝦夷は変後に事を知って入鹿の悪逆を嘆き、自家の滅亡の予兆を嘆じたと書くが、『補闕記』の記載を信じる限り蝦夷の嫌疑はきわめて濃厚である。さらに、軽皇子の関与は確実であろう。

当時の政治情勢を見ると、政権内の勢力は押坂王家、上宮王家、そして蘇我大臣家に三分されていた。上宮王家族滅事件は、蘇我大臣家と押坂王家が共同して上宮王家を滅ぼした事件といえる。蝦夷が蘇我大臣家を、軽皇子が押坂王家を代表したようだが、どちらがより主導的であったかというと、それはおそらく軽皇子の方であったろう。実行犯とされる巨勢徳太が後の孝徳朝で左大臣に、また生駒山に隠れた山背大兄一行からはぐれた山背の子弓削王を法隆寺で殺したとされる大狛法師（『補闕記』）が、孝徳朝の宗教界のトップ、十師の最上位に就いたことを考えると、この変の主導者が軽皇子であったことは確実といっていいだろう。

かくして、上宮王家は滅亡した。『書紀』は、その死の有様を五色の幡蓋や種々の伎楽に彩られた自裁と記すが、実際は弓削王の例に見られるように、徹底した殺戮《さつりく》だったようである。これは、蘇我本宗家と押坂王家が共同しておこなった武力クーデターであり、記紀では入鹿による蘇我氏最大の悪行とされる。そして、この変は、後の政局を支配した皇極一族、すなわち茅渟王に起源を持つ茅渟王家（と、ここでそう呼ぶ）が、初めて歴史の表に打って出た権力闘争でもあった。

蝦夷の代に至って、邸宅を宮門と呼んだ、墓を陵と呼ばせた、八佾《やつら》の舞《まい》を舞わせたなどと、『書紀』では非難されている。これをもって、蘇我氏が実際に皇位に就いたとする説もある。しかし、それらは、皇位を窺う簒奪者という構図から、急遽挿入された疑いが濃厚である。八佾の舞に至っては、中国の古典から引っ張り出してきたのが丸見えである。春秋戦国の世でもあるまいし、八佾の舞なぞ、今さら本場の中国でも書物の中にしかなかったであろう。

蝦夷の政治手法を見ていると、自ら率先して圧倒的な力で周囲を引きずっていった、父親の馬子のそれとは全く違う。議論を起こし、衆議による決定を試みて、事を決している。まるで、閣議決定で政策を実行する民主主義政治を見るようだが、一族内部すらまとめ切れていないとも言える。蝦夷の指導力、すなわち本宗家の権勢が明らかに低下していたことの証拠である。蝦夷には、祖父稲目の絶対的な権威も、父馬子の圧倒的な権力もなかったというしかない。蘇我氏は、大臣権力の低下と内訌により、内部崩壊を起こし始めていた。

四、四代入鹿の事績

由是盗賊恐懾。路不拾遺。

落ちているものをあえて拾うものがいなかったとは、本来天子の徳によって政治が良く治まっている表現のはずであるが、なぜか『書紀』では、入鹿の強権の証明として用いられている。

蘇我氏最大の専横とされる上宮王家族滅事件は、入鹿主導によるとされている。それが真実であるかどうかは別として、一連の経過で留意すべきことは、天皇家と蘇我氏との間で血で血を洗う異常事態が起こっているのに、それ以外の氏族はほとんど蚊帳の外であったことだ。

お隣の中国では、帝位をめぐる争いは驚くほど凄惨だった。隋の母体となった北周では、宰相の宇文護が自分の甥に当たる皇帝を二代にわたって毒殺し、そのために北周は滅んだと言われる。帝位を継ぐべき人材がいなくなったからである。楊堅（隋文帝）は北周の外戚であったが、帝位を簒奪して隋を建国するや、北周の帝族宇文氏の男子二百数十人を殺害し、帝位継承者を根絶やしにした。南朝でも、梁の武帝以外は前王朝の帝族を鏖殺している。宋の太宗は、日本の使者が「国王一姓伝継にして臣下皆世官なり」と聞くと「此れ蓋し古の道也」と嘆息したという。政権が変わると、前政権の帝族は全て抹殺される国柄なのである。唐の武則天（則天武后）は、自らの子を含む唐帝室の男子を次々と殺害した。『新唐書』には毎年誰々を殺すという記述が延々と続くが、その多くが李姓の男、すなわち唐の帝族であった。武則天は、唐帝室の族滅を意図していたように見える。ところが、これらの争いに異姓の高官が介入した事例は皆無である。むろん凶行自体は配下の実働部隊が実行するわけだが、他の氏族が帝室内の殺し合いに容喙《ようかい》した例はほとんどない。これは、皇位を巡る争いは臣下にとって雲の上の話で、自分たちの介入できるものではなかったからである。

「臣下はその一族全体が天子一族全体の臣下であった。簒奪の下心ある野望家ならいざ知らず、律儀一点ばりの封建武将にとって、宮中は聖なる禁域であり、その内側でおこなわれる内紛は、いわば神々の争いであって、下界にいる臣僚の口出しすべきすじあいのものではない。臣下はひたすら臣下の分を守って、ただ命にこれしたがって犬馬の労をつくす

のがその本懐であった」（宮崎市定『大唐帝国・中国の中世』三一七頁）

他姓氏族が帝位に介入するときは、易姓革命、すなわち王朝交代のときなのである。蘇我氏が、他姓の身で皇位継承戦に積極的に介入しながら、なお易姓革命を起こさなかったのは、世界史的に見て稀有な例なのである。また、政権が内部抗争を続けながらも、外部に対しては全く動揺を見せずに国力が伸張したというのも、また異例である。異姓の宰相が皇帝一族を抹殺し続けていれば、いずれ政体は変化せざるを得ない。すなわち崩壊か革命かである。にもかかわらず、当時のこの国は、飛鳥時代の到来に見られるように、政治的経済的、そして文化的にも急速な発展を遂げつつあった。

これらの矛盾全てを説明する方法はたった一つ。それは、蘇我氏が皇室内の人間であったと考えることである。だが、系譜によると、蘇我氏は外戚ではあっても皇族ではない。稲目も馬子も、また蝦夷も天皇家の血を引いておらず、皇族ではないはずである。これは一体どう考えればいいのだろうか。

入鹿の専横について、さらに分析する。『書紀』は、入鹿の専横を以下のように記述する。

①皇極天皇二年（六四三）十月戊午、蘇我臣入鹿独謀将廃上宮王等、而立古人大兄為天皇

（皇極天皇二年十月十二日、蘇我臣入鹿は独り上宮の王らを廃して古人大兄を天皇にし

ようと謀った)。

②皇極天皇三年正月朔日乃憤蘇我臣入鹿失君臣長幼之序、挟闚闟社稷之権。(皇極天皇三年一月、蘇我臣入鹿が君臣長幼の序を失って、国権を奪おうとしている)。

③皇極天皇四年(六四五)六月、入鹿暗殺の際、皇極天皇に向かって入鹿を非難した中大兄の言葉。

鞍作尽滅天宗。将傾日位(鞍作は天皇の宗族を全て滅ぼして、皇位を傾けようとしている)。

これらは、入鹿の専横を非難する『書紀』の記述である。①は、山背大兄を廃して古人大兄を皇位に就けようとしたという非難である。だが、古人大兄は舒明天皇の長子であり、正当な後継者候補である。古人を皇位に就けるのは、大臣として逸脱した行為ではない。たとえ、古人の母が蘇我の一族で、妻もまたそうであったとしても、正当なことに変わりはない。

②は、入鹿が君臣の別も長幼の序も無視して、国家の権力を自ら握ろうとしているという。明らかに天皇家を凌駕しようとしているという意味である。①とは相当にニュアンスが異なる。

③は、入鹿が皇位継承者を鏖殺して、天皇の位を傾けようとしているとする。易姓革命である。①とは明らかに矛盾する。

これらの非難記事で分かることは、入鹿の悪行に関しては、『書紀』が内容的に自己矛盾をはらんでいることと、①から③に至るまで、その内容が次第に過激化していることである。要するに、編集上の都合なのである。『書紀』編纂者の編集方針が次第にエスカレートしていったのであろう。

五、蘇我氏の勢威の総括

以上、蘇我氏の勢威の内容に関する分析を総括する。

一般には、蘇我氏の勢威は、代を重ねるごとに強大化したとされる。果たしてそうだろうか。筆者には、事実は全く逆のように見える。

稲目は、宣化天皇即位と同時に大臣に任命された。そこには、いかなる策謀も猟官運動もあった形跡はない。本人も周囲も、稲目の大臣就任は当然とでも言わんばかりであり、どこからも異論が出た様子はない。通常、前政権の寵臣は主君が替われば失脚して当然であり、場合によっては一族滅亡することすらあり得る。まして、欽明は宣化とは異母兄弟であり、二朝対立さえ疑われている間柄である。にもかかわらず、稲目は欽明の即位に際しても、そのまま横滑りして大臣となっており、群臣もそれを当然視していた。そこにはいかなる陰謀も闘争もあった痕跡はない。稲目は、両政権にとって必須の人物だったのだろう。

そして、自分の子供たちを次々に大夫として政権内に迎えた。大夫といえば現代の閣僚級である。血縁社会であった当時とはいえ、いくら大物政治家でも、自分の子供たちを何人も横並びで閣僚に据えることは相当困難なことだったはずである。それでも、稲目は何の抵抗も受けていないし、子供たちも当然のごとく大和朝廷の重臣として活躍している。稲目の勢威は、天皇に匹敵するほどのものだったと考えなければならない。

欽明天皇二十三年、高麗を討った大伴連狭手彦が、戦利品として、欽明には七織帳を、稲目には鎧二領銅金飾大刀二口などその他多数と美女二人を贈った。どう見ても稲目のほうに厚い。ところが、その件について欽明の側からクレームがついた気配もなければ、群臣から非難があがった様子もない。稲目も当然のように受け取っている。これが雄略天皇の世であったらどうだろう。怒って直ちに兵を発して、稲目と狭手彦を誅殺したに違いない。この遠征は、先に述べたように史実であった可能性が高いが、だとすれば、稲目の勢威もまた事実であったと考えなければならない。少なくとも、稲目が天皇に匹敵する勢威を持っていたと、『書紀』編纂者が信じていたのは間違いあるまい。

稲目は何もしなくても大臣となり、何の抵抗も受けずに子供たちを閣僚とし、黙っていても欽明より厚く報われ、誰もそれを異とはしなかった。権力闘争に加わることもなく、陰謀などの汚れ仕事には全く関与していない。それでいて、娘二人を欽明天皇の妃に入れ、天皇の外戚となり、しかも外戚としての権力を振るうことすらなく、悠々と一生を送り天寿を全うした。無為にして成すことこそ最高の権力の証なのである。

それに比べると、子の馬子の代では、さかんに実労働をともわねばならなかった。兵を起こし、謀殺を企み、実際、政治を様々に自分で動かして、それでも推古天皇と聖徳太子との三頭鼎立政権だと後世評価された。推古天皇を操って政治を壟断《ろうだん》したように言われているが、崇峻天皇暗殺の経緯を見れば分かるように、逆に姪である推古の汚れ役に徹したとも言え、そのあげく、葛城県一つをくれと言って、その姪に一蹴されている。大身狭屯倉、小身狭屯倉を何の抵抗もなく自家の所領とした、父稲目との差は大きい。権威で生きた父親に対し、息子は実務政治家として権力をふるわねばならなかったのである。

さらに下って、蝦夷の代になると、身内の山背大兄より田村皇子の登極《とうきょく》を画策し、それすら独断で達成できず、有力豪族の同意を取り付けようとしたあげく、最後は自分の叔父境部臣摩理勢親子を手にかけねばならなかった。稲目・馬子に比べると、勢威の凋落は著しいと言わねばならない。

入鹿に至っては、僧旻の塾に通い、師に「无如宗我大郎（蘇我大郎にしくはなし）」と評されているが（『家傳』）、このこと自体、彼がすでに政権内のワン・オブ・ゼムに成り下がっていた証である。法の峻厳さで敢えて道に落ちているものを拾う者すらいなかったと言うが、逆に言えば、法による裏付けがなければ権力も発揮できない、権威などとはほど遠い官僚だったとも言える。何もせずとも全てが順調に運んだ曾祖父とは大違いである。

身内の上宮王家を族滅させたあげく、最後は父親とともに自らも殺される羽目に陥っている。蘇我氏の勢威は、代替わりするごとに強大化したのではなく、低下、それも急激に凋落したというのが実態なのである。

蘇我本宗家の滅亡に荷担し、取って代わったのが、分家の倉山田石川麻呂であった。天智に二妃を入れ、孝徳天皇の右大臣として政権中枢を担ったが、上位の左大臣には阿倍倉梯麻呂がいた。孝徳天皇五年、倉梯麻呂が薨去すると、身内の讒言にあって一家は滅亡する。クーデターが終わり、用がなくなってお払い箱になったように見える。遺骸は首を切られ、中大兄《なかのおおえ》に嫁いだ娘の造媛《みやつこひめ》は悲嘆のあまり気死したとされ、家も男系は絶えた。悲惨としか言いようがない。右大臣の職を継いだ巨勢臣徳太は、孝徳とともに上宮王家を襲撃した人物であった。ここまでくると、蘇我氏自体が、阿倍氏や巨勢氏と同格かそれ以下に成り下がっているのが分かる。天皇さえ凌駕したように見える、稲目の勢威はもうどこにも見られない。蘇我氏自体の凋落は、前代から引き続いていたのである。

石川麻呂の後は、連子の家系が宗家の地位を占めたが、その娘、蘇我娼子（または媼子）は藤原不比等に嫁いでいる。通説の通りなら、鎌足は蘇我本宗家を滅ぼす陰謀を企みながら、息子の配偶者にはなお蘇我の女を求めたことになる。娼子が武智麻呂房前らを産むと、その子供たちがまるで蘇我氏と入れ替わるように台頭していく。武智麻呂は南家の祖、房前は北家の祖となり、やがて北家は藤原主流、摂関家として皇室と婚姻を繰り返しながら現在まで継続している。一方、蘇我氏は、石川朝臣と名を変えて官人となり、やがて歴史の表舞台から消えていった。

娼子と不比等の結婚を機に、蘇我氏と藤原氏は明らかに入れ替わったのである。

第四章　蘇我氏の正体

一、蘇我氏の血脈

さて問題は、以上の蘇我氏の力の源泉が何かということである。初代稲目は、歴史の表舞台に唐突に現れ、現れたときにはすでに権力の中枢に君臨していた。稲目より前の蘇我氏の系譜は、全て疑わしい。稲目は新来の渡来系氏族と通婚して血族を殖やし、生まれた子は新たに蘇我の枝族を創設した。彼らは臣となり大夫として政権中枢に参画した。彼の血筋にはそれだけの価値があったことになる。さらに一族の雄である境部臣摩理勢や倉麻呂は、軍事や財政を担当する、当時の政権の主要メンバーとなった。その勢威は、代を重ね血が薄くなるにつれて低下した。その薄くなった血すら、藤原氏は自らの血脈の中に取り入れた。藤原氏にとって、蘇我の血脈にはまだ十分な価値があったに違いない。とすると、蘇我氏は、その血の中に勢威の源泉を持っていたと考えるしかない。ここまで言えば、もうお分かりだろう。蘇我氏はその血脈故に尊貴な、黄金の氏族であったのだ。

では、いったいどのような血脈であれば、このようなことが可能なのか。常識的に考えれば、それは王家の血筋しかないであろう。

蘇我氏に、百済王家の出身という説がある。同様の発想から出たものと思われる。百済貴族の木羅満致《もくらまち》を蘇我氏の先祖、満智にあてる説（門脇禎二『葛城と古代国家』）もあるが、百済王家の出身者は他にも数多くいた。とりわけ百済滅亡前後、多くの王族が我が国に亡命してきた。彼らは木羅満致のような王族以下の貴族ではなく、紛れもない百済王家の一員であったが、彼らは全員百済王氏として統括され、多くは文化官僚としてその後を生きた。百済王敬福は陸奥守であった天平二十一年（七四九）、東北で黄金を発見して、聖武天皇に献上した。その金は大仏の鍍金に用いられ、聖武はその功績を賞して彼を重用し、従《じゅ》三位《さんみ》という渡来氏族として最高の位を与えた。倭日本における百済王氏の価値は、その程度のものであり、とても蘇我氏と比肩できるようなものではない。百済王氏が皇位に影響を与えることなど不可能であったろう。

では、蘇我氏の血脈の根源とはいったい何か。

実は、かつて蘇我氏によく似た一族が存在した。生まれついて高貴であり、当然のごとく政権の中枢に参画し、血の高貴さゆえに他の氏族との通婚を希求された。源氏である。源氏は姓を賜って臣籍に降下した皇族であった。彼らの力の根源は天皇のミウチという血の高貴さにあった。蘇我氏もまた賜姓降下した皇族ではないのか。それも、相当高貴な血筋の。

古来、皇族は代を経るにともない、君公などの姓を賜り臣籍に降下し、高級官僚と化した。後世の四貴姓、源平藤橘の藤氏以外は全て賜姓皇族である。その初例は橘氏で、天平八年（七三六）敏達天皇の子孫葛城王・佐為《さいおう》王兄弟が橘宿禰の姓を賜い降下したこととされている。これは、母であった県犬養橘三千代の賜った橘宿禰を継ぐことを願い出て許可されたもので、母方の実家を継いだことになる。両王は五世王（四世説もある）で、子の代には六世として皇親ではなくなるため、臣籍降下して三千代の興した橘家を継いだほうが有利であったからと言われている。稲目の出現はそれを遡ること約二百年であり、あり得ないことではない。

稲目を賜姓降下した皇子だと考えると、今までの疑問がほとんど全て氷解する。実際、そう考えるのは筆者だけではない。前田晴人は『蘇我氏とは何か』で、蘇我氏が皇室の別れで允恭天皇の子孫であると主張する。彼の説をそのまま認めることには同意できないが、蘇我氏が皇族出身であるという点では同感である。

では、蘇我氏が皇族の別れであるなら、稲目は皇統のどこから出現したのだろうか。

二、蘇我氏の家祖

以下、私見である。

稲目は宣化朝に突然現れた。皇族出身であることが、今までの議論の結論であり、今からの議論の前提である。

当時の皇統は、武烈と継体の間で直接の血統的連続性、厳密には男系の連続性を失っていた。稲目が継体以前の皇族出身である可能性は、実際にはほとんどない。古代では、当主が倒れると一族は絶滅するケースがほとんどである。葛城氏や物部氏の例を見れば分かるように、敗者側の生き残りは殺されるか隷属民とされるかであり、財産は勝者によって収奪されてしまう。顕宗・仁賢のように再起した例もあると思えるかもしれないが、二人を保護した播磨の縮見屯倉の首は忍海部造細目であり、二王子の姉の飯豊青皇女《いいとよあおのひめみこ》（忍海《おしぬみ》部女王《べのひめみこ》）の資養氏族であったと考えられる。二人は、姉の庇護下にあったのである。絶対的に生産力が低かった当時、敗残者の子孫がこっそりと生きていける余地などほとんどなかっただろう。それに、稲目が武烈以前の天皇の皇子であれば、何もわざわざ血縁的に遠い男大迹王を、新たな天皇に迎える必要などなかったはずである。結局、稲目のルーツを求めるなら、継体以後に求めるしかない。

稲目が宣化天皇の即位と同時に大臣に任命されていることから考えると、宣化の皇子である可能性も少ない。宣化の実子であれば、そのまま大兄なり皇子なりとして政務を執ればよく、大臣などという新たな地位は必要あるまいし、まして宣化の即位と同時就任となれば、稲目の地位はそれ以前に決まっていたに違いない。結局、稲目の祖となり得るのは、継体または安閑の二人だけとなる。五三一年に崩御したとされる継体、または五三五年に崩御したとされる安閑と、五七〇年に薨去したとされる稲目が、親子であってもおかしくはない。

実は、稲目の素性をほんの少し垣間見せる記事がある。先の、筑紫に籾を運ばせた一件である。宣化天皇元年、天皇は飢饉に備えて諸国の稲を筑紫に運ぶことを命じたが、その際、自らは阿蘇君を遣わせて茨田《まった》郡屯倉の稲を、蘇我稲目には尾張連を遣わして尾張国屯倉の籾を、物部麁鹿火《もののべのあらかひ》には新家《にいのみ》連を遣わして新家屯倉の籾を、そして阿倍臣には伊賀臣を遣わせて伊賀国屯倉の籾を運ばせた。この組み合わせは、同族ないし支配関係にある氏族の組み合わせと考えられている。天皇と阿蘇君との関係は不明であるが、新家氏は物部氏の枝族であり、阿倍氏も伊賀臣と同祖とされているから、それぞれは同族と考えられる。すると、稲目も何らかの形で尾張氏と同族関係にあったことになる。

この記事自体は有名なもので、蘇我氏の素性に関する論説では、馬子の葛城県の奏請とともに、必ず取り上げられるものである。その後の論旨の展開は、尾張氏は古くは葛城の高尾張氏の末裔であり、高尾張村は葛城の古名であるとされるところから葛城氏との関係が取りざたされ、蘇我氏は葛城氏の枝族であるという結論につながる。

だが、何もそんないつの時代か分からない大昔より、この当時、政権の中枢に尾張氏がいた。それが安閑・宣化両天皇の母親、目子媛《めのこひめ》である（三七六〜三七七頁、図4継体天皇家系図）。継体天皇は遠縁の分家が本家に入り婿する形で皇位を継いだため、俗に言う本家の家付き娘、仁賢天皇の皇女手白香皇女を皇后としたが、即位以前の男大迹王時代の正妻は、継体紀に「元妃」と書かれた、この目子媛だったと考えられる。目子媛は、尾張連草香の娘であった。宣化天皇の詔が、稲目と尾張氏とが同族関係にあったことを暗示しているのなら、それは高尾張などというこの時代のことか分からない話よりも、目子媛を介してと考えるほうがずっと現実的である。すなわち、稲目は目子媛の二人の子、安閑か宣化のどちらかの血縁者ではないだろうか。年齢的に考えれば、息子と考えてもよいのではないか。

先ほど、稲目は継体か安閑かのどちらかの子である可能性を指摘した。二つを統合すると、可能性は安閑ただ一人に絞られてくる。稲目は安閑天皇の皇子なのだろうか。

三、安閑天皇の一族とその事績

安閑天皇について調べてみよう。『古事記』には記事がほとんどなく、『書紀』の記述も多くはない。

勾大兄広国押武金日天皇。男大迹天皇長子也。母曰目子媛。（勾大兄広国押武金日天皇は継体天皇の長子である。母を目子媛という）。

安閑天皇は、男大迹王と目子媛の間に生まれ、男大迹王が皇位に就いたときには、すでに成人していたらしい。勾大兄と呼ばれ、継体天皇七年九月には仁賢天皇の皇女春日山田皇女を妻とし、同十二月には春宮として天皇を補闕すべき詔勅を賜っている。これらによると、勾大兄は継体政権内で皇太子のような特別な地位にあったと考えられる。

継体は即位後、樟葉宮、筒城宮、弟国宮と、北河内（当時、摂津国はまだない）南山城を転々とし、二十年後、大和磐余玉穂宮に入ったというのが通説である。だが、別に七年という異説もある。二十と七の筆記体がよく似ているため間違われたのではないかといわれ、継体の長男が勾大兄と呼ばれて大和勾に居住していたことを考えると、七年のほうが妥当であるという（吉村武彦『日本古代史②ヤマト王権』一一八〜一二〇頁）。確かにそう考えたほうが、安閑が春日山田皇女を妻としたのが継体天皇七年であったという、『書紀』の記述ともよく一致する。つまり、安閑は、継体天皇七年に父親が大和入りするや、春日山田皇女を娶り、勾を本拠として勢力を扶植していったことになる。

『書紀』はさらに、継体が安閑に皇位を譲り、その日のうちに崩御したという、不可解な記事を載せる。これが、記録に残る天皇譲位の初出であるが、この記事は造作性が強いとされ、あまり顧みられることがない。

安閑は皇位に就くと同時に、大伴金村と物部麁鹿火を引き続き大連としたが、この時点では稲目の名はまだ見られない。先ほども述べたように、『書紀』では韓子から七十年以上に及ぶ、蘇我の欠史時代に当たっている。つまり事実上、蘇我氏はまだ歴史に登場していないのである。

さして長くない安閑紀は、ほとんどが屯倉の設置記事で占められる。夷隅国造による夷隅屯倉の献上、三嶋県主による三嶋竹村屯倉《たかふ》の献上と凡河内（大河内）直による河内田部の献上、笠原直による武蔵国の四屯倉の献上、さらにその他四国九州などに設置された三十数カ所におよぶ屯倉の記事である。また、犬養部《いぬかいべ》を設けて諸国の屯倉を管理させた。犬養部の伴造には、県犬養連、海犬養連、稚犬養連、阿曇犬養連の四氏があった。

『書紀』の記述はさらに、桜井田部連・県犬養連・難波吉士に屯倉を司らせたと記す。この条はどうやら桜井屯倉に関する個別の記事であるらしいが、他の屯倉にも同様に、それぞれ屯倉運営のシステムとして田部・犬養部・吉士が任命されたのであろう。安閑の時代に皇室財産は拡充され、経済基盤は格段に強化された。

『古事記』には配偶者の名すら書かれていない安閑天皇だが、『書紀』は四人の后妃の名をあげる。皇后は春日山田皇女であり、妃は許勢大臣男人の娘紗手《さで》媛、その妹香香有《かかり》媛、そして物部大連木蓮子《いたび》の娘宅媛である。記紀では、いずれの妃も子をなさなかったとする。

一方、『紹運録』の安閑系譜には、豊彦王という聞き慣れない皇子の名がある。添え書きには、「現神播磨国大僻大明神是也、秦氏祖云」とされているが、秦氏の氏祖かどうかは不詳とするしかない。その他、事績も系譜も一切不明の存在であるが、安閑に皇子がいたとする異伝があったことをほのめかしている。ただ、『紹運録』自体は十五世紀前半の著作であるため、資料的価値は劣るとされる。

皇后であった春日山田皇女は、別名を山田赤見皇女という。春日と山田の重複名となっているのは、皇女の父親である仁賢天皇の皇后が春日大娘皇女であるため、それと区別する必要からだろう。春日大娘皇女は雄略天皇の娘で、母は和珥臣深目の娘童女君である。一方、春日山田皇女は、仁賢天皇と糠君娘《あらきみのいらつめ》との間の娘であり、糠君娘の父親は和珥臣日爪で、こちらも和珥氏である。深目と日爪は当然和珥氏の本宗であろうから、両者が親子であるとすると、春日大娘皇女と春日山田皇女は伯母と姪、深目と日爪が兄弟なら、又従姉妹となる。継体天皇の皇后となった手白香皇女は、春日大娘皇女の娘で、山田皇女とは異腹の姉妹にあたるが、その母親同士も近い身内だった。皆、濃厚な血縁関係の中にいた。

皇后の名の、春日山田、または山田赤見であるが、春日は奈良盆地の東、天理市付近を本拠としていた和珥氏の同族春日氏を指し、春日氏が養育したと考えられる。赤見については不明であるが、名前の主体が山田であるのは間違いない。山田の意味で、もっとも可能性が高いのは地名であろう。候補地は三カ所ある。河内国石川郡春日郷山田村（大阪府南河内郡太子町山田）、大和国忍海郡山田（奈良県葛城市山田）、そして大和国十市郡山田（奈良県桜井市山田）である。このうち、もっとも有力なのは、当時の宮都であった勾金橋宮から地理的に最も近い十市郡山田、すなわち後の山田寺一帯の地である。春日山田皇女は、山田と深い関係があったと考えられる。おそらく、山田に宮を営んでいたのだろう。

安閑天皇の宮都、勾金橋宮は現在の橿原市曲川に比定されている。だが、これは十九世紀の復古地名であり、筆者はある理由（後述）から、勾金橋宮は軽付近にあったのではないかと考えている。軽にせよ曲川にせよ、山田からは直線距離にして三〜五キロ程度で、馬で二十〜三十分ほどである。通い婚の時代としては、ちょうどよい距離であろう。
山田は、阿部山田道のほとりにある。山田道は、当時最大の繁華街であった海石榴市と、西の交通の要衝であった軽の衢とを結ぶ全長約七キロの大道で、後この道の周辺に、山田寺、奥山廃寺、豊浦寺、和田廃寺、田中廃寺、軽寺など、多くの蘇我氏関係の寺院が林立した。さらに、少し南に下ると、飛鳥寺のある真神原から嶋庄、すなわち馬子の本拠地であった。

山田の地で直ちに思い起こされるのは、蘇我倉山田石川麻呂である。石川麻呂は、蝦夷の弟とされる倉麻呂の息子で（倉麻呂本人という説もあるが、一応ここでは親子としておく）、入鹿の従兄弟に当たり、乙巳《いっし》の変の立役者の一人であった。山田は石川麻呂の本拠地の一つで、彼はここに自家の氏寺、山田寺を建てた。となると、山田皇后にとっての重要な土地、おそらく宮処が、数十年後には石川麻呂の所有地となっていたことになる。両者は、山田の地で繋がっていた。もし、稲目が安閑天皇と山田皇后の間に生まれた皇子であり、母方から山田の地を相続したとすると、数十年後、それが二代か三代裔の石川麻呂に伝わってもおかしくはない。

山田が河内国石川郡春日郷山田に由来するとする説も根強いが、山田皇女の父親、仁賢天皇の宮が石上広高宮であったことから、宮処としてはやはり大和国十市郡山田のほうが相応しいと思われる。河内山田では、皇后の住居として、金橋宮から通うにも遠すぎる。では、両山田の関係はどう考えればよいのだろうか。後世、平安貴族は、生活基盤としての都の館と経済基盤としての荘園を保有していた。久我家、岩倉家などの家名は、京都郊外の所領地名に由来している。山田も、大和山田は居住地、河内山田は経済基盤としての所領だったと考えられる。そしてこの構造は、蘇我氏の枝族にもそっくり当てはまるのである。

山田皇后の父親、仁賢《にんけん》天皇は、億計《おけの》王または大石尊と呼ばれ、別名を嶋郎、または嶋稚子という。嶋の若様という意味である。仁賢は、父親の市辺押羽皇子を雄略天皇に殺され、弟の弘計《をけの》王とともに播磨に逃亡して、のちに大和に戻ったとする貴種流離譚で知られるが、記紀には嶋との関わりは書かれていない。また、生まれ育った父親押羽皇子の宮は市辺（天理市石上町、あるいは同市嘉幡町）、自身の宮は石上広高宮（市辺と同じ）とされ、ともに天理市石上の地と関わりが深いが、嶋と関わりがあったという記録はない。だが、弟の顕宗が来目（橿原市久米町）稚子と呼ばれたところを見ると、やはり嶋は地名と見るしかなく、記紀の沈黙にもかかわらず、二人と飛鳥との間には何らかの関わりがあったと考えられる。

嶋は馬子の根拠地である。馬子が自らの邸地に池を掘り、中に小さな島を造ったため嶋大臣と呼ばれたと『書紀』にあるが、嶋庄という地名からすると、嶋の地名はそれ以前からあったものと思われる。嶋の地に池を掘って島を造ったから、嶋大臣と呼ばれたのだろう。これも嶋の地が、仁賢天皇から山田皇女に伝わり、子の稲目、孫の馬子に伝えられたと考えれば、蘇我氏のよって立つ基盤が分かる。

弟の顕宗天皇の一族も飛鳥に縁が深い。来目稚子の来目は来目臣の本拠であるし、顕宗の宮は近飛鳥八釣宮《ちかつあすかのやつりのみや》である。これを、近飛鳥を冠するとして河内に比定する説があるが、無理である。なぜなら、眉輪王《まゆわのおおきみ》の変で、雄略が最初に殺害した皇子が八釣白彦なのである。当時、安康の宮は石上穴穂宮、雄略の宮は泊瀬宮と考えられ、もし八釣が河内なら、雄略が軍勢を率いて真っ先に向かったのは、最も遠いところにいた白彦だったことになる。雄略が次に殺害した坂合黒彦皇子は、軽の坂合（境）に因んだ名であるし、また『古事記』では、黒彦が殺されたのは小治田だったとされており、これらは全て高市郡内の地名である。さらに御馬皇子は三輪、磐坂市辺押羽皇子は石上の市辺の地名に由来していると考えられ、八釣白彦だけが河内の地名に由来すると考えるのは無理が大きすぎる。眉輪王の変から顕宗・仁賢の即位は一連の説話として語られており、顕宗の八釣宮だけを河内とするのは不自然きわまりない。また、顕宗の宮は、『略記』に大和国高市郡近飛鳥八釣宮、『愚管抄』に大和国近明日香八釣宮とされており、この八釣は大和飛鳥の地名と考えるしかない。また、現在のところという限定付きであるが、河内飛鳥に八釣の地名は見つかっていない。したがって、八釣宮が近飛鳥を冠されながらも大和国高市郡八釣に比定されているのは、妥当というべきである。ではなぜ、近飛鳥と呼ばれているのかというと、おそらく允恭天皇の遠飛鳥宮に対応してそう呼ばれたのではないか。遠飛鳥宮の位置は史書に書かれていないが、允恭が盟神探湯をしたのが甘樫丘の辞禍戸碑であり、おそらく甘樫丘上かその近辺だったのだろう。八釣は飛鳥の東の外れ、遠飛鳥は西の外れに当たり、遠近の地理的表現を満足させ得る。したがって、近飛鳥八釣宮は、大和飛鳥の八釣と考えて間違いあるまい。顕宗は大和飛鳥に宮を営んでいたのである。

顕宗の皇后、難波小野王の父王は、丘稚子王という。これも嶋稚子・来目稚子と同様に地名と考えれば、現在、岡寺のある高市郡明日香村岡の辺りが充当し、八釣の南隣にあたる。丘稚子王は磐城皇子の子とされ、その父雄略天皇は桃原に才伎を移住させた当の本人である。雄略の所領が難波小野王に相続され、顕宗は皇后の所領に宮を営んだ可能性も考えられる。難波小野王は顕宗崩御後、子供を残さず自害したと伝えられるから（仁賢紀）、岡の地は、兄であり後継者でもあった、仁賢に引き継がれたであろう。仁賢は山田・八釣・岡の所有者であったはずであり、そうなるとその別名、嶋稚子嶋郎の嶋は、やはり飛鳥の地名と考えるしかない。

山田、八釣、岡、そして嶋は、飛鳥の東端に南北に並んでいる。顕宗・仁賢の両天皇の諱や宮名から考えると、両者の伝記にはここを舞台にした別種の伝承が付随していたようだが、『書紀』には採択されなかったのだろう。記紀には顕宗の八釣宮に関する所伝は一切書かれていないから、意図的に省かれたと考えられる。その西隣、上桃原・下桃原・真神原は、前章で述べた通り、当時の先進特区であった。顕宗・仁賢の両政権は、再起する や雄略天皇の造ったこの先進特区を真っ先に押さえたのではないか。蘇我氏の勢力基盤は、顕宗・仁賢一族の勢力地域に完全に重なっているのである。

四、四つの屯倉

それだけなら、『書紀』の舞台がたまたま飛鳥付近であったための偶然と言えるかもしれないが、『書紀』には、安閑一族と蘇我氏の間にさらに地理的な一致が、それも直接的に存在したことが書かれている。

『安閑紀』によると、子のなかった安閑は、皇后の春日山田皇女の名を後世に残すため、継体から匝布屯倉《さほのみやけ》を賜り（『継体紀』）、即位後にも、皇后のために三嶋屯倉を建てたという。また大伴金村の薦めに従って、三人の妃にも屯倉を下賜した。

紗手媛には小墾田屯倉と国ごとの田部を、

香香有媛には桜井屯倉（一本によると茅渟山屯倉も）と国ごとの田部を、

宅媛には難波屯倉と郡ごとの钁丁を、

下賜したのである。

田部とは、耕作者集団、すなわち労働力であるから、これらの屯倉は、所領・財産として安閑から皇妃へ下賜されたのが分かる。これらの屯倉はいったいどこにあり、どういう性格を持っていたのであろうか。

匝布と三嶋は非常に大きな問題を内包しているので最後に触れる。まず、それ以外の屯倉を検討してみよう。小墾田屯倉は現在の明日香付近の地名と考えてよい。何度も述べるが、ここは古くから大伴氏の管理地であった。また、桜井屯倉は、現在の大阪府富田林市に桜井町の名が残り、かつての河内国石川郡にあたるという説が有力である。こちらも、近くに南大伴村、北大伴村という地名があり、大伴氏の勢力が及んでいたことが分かる。一本に言う、茅渟山屯倉《ちぬのやまのみやけ》は、データが全くないので確実なことは言えないが、現在の堺市泉北一帯ではないかと考える。難波屯倉については、河内国西成郡にあったと考えられる。『万葉集』の「大伴の高師の浜の松が根を枕に宿れど家ししのはゆ」の句や、西成郡に雄惟郷《おとも》があったことなどから、こちらも大伴氏の勢力圏であったことが分かる。したがって、「古代の難波の地が大阪湾沿岸に広く勢力を張った大伴氏の最大の最重要拠点である」（加藤謙吉『蘇我氏と大和王権』八七頁）とされることから、やはり元は大伴氏の勢力圏であったようだ。

これらの屯倉は、元来大伴氏の支配地であり、金村が安閑に下賜を勧めたという逸話ともよく整合する。安閑が、自らの崩後、后妃の行く末を金村に相談し、金村が自ら管理していた皇室所領のうちからいくつかの屯倉を選んで妃の所領に移管したというのが、この挿話の表の意味なのである。

これらの屯倉を一つ一つ詳しく見ていこう。

五、小墾田屯倉

まず、安閑が紗手媛に賜った小墾田屯倉である。

ところで、小墾田とはいったいどこの地名にあたるのだろう。何を今さらと言われそうだが、飛鳥の他の地名、豊浦や嶋、石川などの地名が現在も町名や字名として残っているのに対して、小墾田はそうではない。ただ漠然と、旧阿倍山田道と飛鳥川の交差点あたりをそう呼んでいるとしか言いようがない。だが、この地域の現在の字名は雷であり、雷の丘を内包することから古代から雷という地名だったと考えられる。では、小墾田とはどこなのだろうか。

小墾田の範囲を、できるだけ正確に同定しよう。まず、史料に書かれたものとしては、「古来の地名としての小墾田は、持統紀の朱鳥元年十二月の条に小墾田豊浦寺という名や、奈良時代の淳仁紀の小墾田岡本宮という施設名が見られるように、本来かなり広範囲な地域を表した地名だったらしい」（遠山美都男『蘇我氏と古代国家』黛弘道編、一五四頁）が、筆者はさらに、『元亨釈書』および『万葉集』の「小墾田坂田尼寺」という記述も含めるべきと考える。そうすると、小墾田には、豊浦、岡本、そして坂田寺跡のある明日香村稲淵地区が含まれることになる。次に、小墾田と書かれた遺物は、雷丘東方遺跡から小治田宮と書かれた墨書土器が、そして奥山久米寺（奥山廃寺）から小治田寺と墨書された土器が発掘されている。したがって、この地域も小墾田に含まれると考えられる。両者の現在の地名は雷および奥山である。また、千田稔は明日香村小山に「犬飼」「兵庫」という地名が現在も残るところから、犬飼は犬養氏、兵庫は小墾田宮の兵器庫だったとし、この辺りまで小墾田の一部であった可能性を指摘する（千田稔『古代日本の歴史地理的研究』二〇五〜二一〇頁）。

これらを総合すると、小墾田とは、豊浦・雷・奥山・岡本・稲淵を含むかなり広範囲な地域、現在の明日香村とほぼ一致する地名であることが分かる。元々この地域は、古代の高市郡加美郷と遊部郷にまたがっており、小墾田とは郷よりも広い地域を指したもののようである。

この地域は、内部にすっぽりと真神原を含んでいる。真神原については、既述したように、雄略天皇七年の次の記載が問題となる。

天皇詔大伴大連室屋、命東漢直掬、以新漢陶部高貴・鞍部堅貴・画部因斯羅我・錦部定安那錦・訳語卯安那等、遷居于上桃原・下桃原・真神原三所。

この記事にいう真神原が、現在の奈良県高市郡明日香村飛鳥真神原と呼ばれている地域と同一であるなら、小墾田屯倉は、この上桃原・下桃原・真神原と真神原を接点に重なることになる。この上桃原・下桃原・真神原とは、いったいどこなのか。以後の推論に重要な意味を持つので、位置を同定しておこう。

まず、雄略紀のいう真神原が、現在、飛鳥寺付近の地であると、そのまま認めてよいか検証する。文献的には、『書紀』に崇峻紀元年、百済が仏舎利を献上したため、馬子は飛鳥衣縫造の先祖樹葉の家を壊して法興寺（飛鳥寺）を建て、この地を飛鳥の真神原と呼んだという。真神とは仏のことらしい。苫田という別名を挙げているので、元々苫田と呼ばれていた地を、飛鳥寺建立後真神原と呼んだのではないか。法興寺は崇峻天皇五年に大法興寺となったが、それは寺域と建物の拡張がなされたためであり、寺の位置が移動したためではない。法興寺の本尊飛鳥大仏は、一度たりともあの場所を動いていないという寺伝があり、昭和三十一年の発掘調査によって、そのことは確認されている。したがって、現在の飛鳥寺のあるあたりを、そのまま『雄略紀』のいう真神原と考えて問題はないらしい。

とすると、桃原もそこからあまり遠くない場所と考えていいのではないか。現在、明日香村島庄にある石舞台古墳は馬子の墓という説が強い。『書紀』では馬子の墓は桃原の墓と呼ばれているので、一般には石舞台のある島庄の一帯が桃原だと考えられている。だが、石舞台が馬子の墓であるという証明はなされておらず、不確かな知見を前提に理論を構築するわけにはいかない。もっと確度の高い観点から、桃原を同定できないだろうか。『書紀』で桃原が出てくるのはわずか二カ所。前述の雄略紀の記事と、馬子の桃原墓の記事しかない。雄略紀の内容からすると、これら今来の才伎を居住させた場所が分かれば、桃原の場所が分かるはずである。

桃原にどの才伎を住まわせたかは不明であるし、飛鳥付近に、陶部、画部、錦部、訳語の居住地があった痕跡は見つかっていない。陶部の定住地については、茅渟県陶邑（大阪府堺市）が疑われるが飛鳥とは無関係で、画部についてはほとんど記録がない。錦部については、河内国に錦部郡があり（河内国若江郡にも錦部郷がある）、ここが錦部の本拠だったことが分かるが、真神原からはほど遠い。訳語は、敏達天皇の宮都が訳語田幸玉宮（奈良県桜井市戒重付近か）であったことから、この付近がその住居地だったと考えられるが、こちらも真神原からはかなり離れている。どうやら、これらの諸氏は飛鳥に定着しなかったようで、手懸かりにはならない。

最後の一つ、鞍部《くらつくり》はどうか。鞍部は仏教の信奉者だった。民間レベルでの仏教渡来と密接に関わっていたらしい。百済から国家レベルで渡来した飛鳥仏教は、稲目・馬子の主導で導入されたように、初期には蘇我氏の独占物であった。そのため、鞍部は事実上蘇我氏に従属することになった。敏達天皇十三年、馬子が百済から渡来した弥勒仏を祀ったとき、鞍部の司馬達等《しばたっと》はそれに仕え、娘の嶋は日本最初の尼善信となった（『敏達紀』）。また、奇瑞として出現した仏舎利を、達等は馬子に献上している。達等の子多須奈は、用明天皇の崩御の際、出家して法師となり、その息子止利は我が国最初の仏師となって、飛鳥寺の釈迦如来像や法隆寺金堂の本尊である釈迦如来像を造ったとされる。また、入鹿は別名鞍作と呼ばれたが、それは鞍部氏が入鹿の養育を担当したからだと考えられている。鞍部と蘇我氏の関係はこのように深く、鞍部は事実上蘇我氏の一部だったと言えよう。したがって、鞍部の本拠は、蘇我本宗家の本拠のごく近くにあったと考えなければならない。馬子の本拠地嶋の家は嶋庄に、蝦夷の上宮門、入鹿の谷宮門はともに甘樫丘の東山麓にあったとされるから、鞍部の本拠もそこからあまり遠くない場所にあったはずである。

用明紀四年、鞍部多須奈は用明天皇のために丈六仏と寺を建てた。これが南淵にある坂田寺（金剛寺）だとされている。また推古紀には、鞍作止利が、飛鳥寺の本堂に入らなかった本尊の丈六仏を扉を壊さずに安置した功により近江坂田郡に水田二十町を賜り、それを原資に寺を建立したという。鞍部がどれぐらいの資力を持っていたかは不明だが、坂田寺という寺名から考えれば、元々草庵程度の堂があったのを、後、近江坂田郡に経済的基盤を得て拡張し、坂田寺と号したのではないか。坂田寺は、創建時には鞍部の私的な氏寺だったようだが、持統天皇即位前紀によると、飛鳥時代には大官大寺、飛鳥寺、川原寺、豊浦寺とならぶ五大寺の一つになっていた。後、談山《たんざん》神社の末寺になり、十世紀に土砂崩れにあって崩壊したという。

氏寺の建立地の選定は、皇室や蘇我氏ならば自由にできただろうが、新たに入植してきた渡来人の選択権は小さく、その定着地に氏寺が造られたのは当然であろう。となると、坂田寺が建てられた場所こそ、鞍部が移住した最初期に与えられ生活を営んだ地、すなわち桃原と考えてよいだろう。坂田寺の遺跡は、現在同定され史跡公園になっている。

石舞台のある谷間から飛鳥川に沿って少し遡ると、飛鳥川と、その支流冬野川が造り出す谷がある。無数の小さな棚田が造り出す光景は、条里制以前の古代の農村風景を偲ばせる。これが現在、明日香村祝戸・稲淵地区と呼ばれている、南淵の地である。皇極天皇が雨乞いをすると五日間雨が降ったという、雨乞いの聖地でもある。現在、坂田寺遺跡（奈良時代のもので、飛鳥時代の遺跡は不明である）や、稲淵遺跡があることで知られる。稲淵遺跡は、飛鳥川畔のやや高台にあり、皇極天皇や中大兄皇子が孝徳天皇を難波宮に見捨てて飛鳥に戻ったとき、仮宮とした河辺行宮《かわべのかりみや》ではないかと言われている。舒明天皇の陵は、初めこの谷間の滑谷岡《なめりはざまのおか》に造られ、その一年後、忍坂に移転された。さらに天武天皇五年五月には、南淵山、細川山の伐採を禁止する勅が出ている。南淵山、細川山はこの小盆地を取り囲む周囲の山々であり、勅を出したのは皇極の子天武であった。この地は、皇極一族にとって聖地とも言える土地だったようだ。

鞍部が坂田寺を建てこの辺り一帯に居を構えたとすれば、ここが桃原ということになる。桃原には上と下があるので、どちらに当たるか同定しなければならない。上下とは何を意味するのか。飛鳥川の上下流という意味なのだろうか。推古紀に、用明天皇が太子を愛して宮を南に造ったので上宮と呼んだとあるところを見ると、上とは方角的には南を指すらしい。上桃原の上がどちらの意味かは不明だが、幸いこの場合、川上と南は一致する。稲淵より南、飛鳥川上流には、もうめぼしい広闊地はないので、稲淵は上桃原に当たると考えるしかない。とすると、下桃原は、そこより北、飛鳥川下流域、すなわち石舞台がある島庄あたりから北に広がる、岡本一帯が該当すると思われる。真神原は、そのすぐ北になるので、境界は不明ながら、下桃原と隣接すると考えられる。何のことはない。上桃原・下桃原・真神原は、語順通り上から下、つまり南から北に並んでいたのである。石舞台古墳が馬子の桃原の墓であるという推測から桃原と推定されていた場所は、筆者の結論と偶然ながら一致したことになる。

桃原の名が、その後、文献から消えてしまったのは、その後この地に、舒明天皇の前岡本宮、皇極天皇の板蓋宮、斉明天皇の後岡本宮《のちのおかもとのみや》、そして天武天皇の飛鳥浄御原宮が重層的に建てられ、宮都の地となったからだと思われる。その地名は宮都名をもって呼ばれるようになり、桃原という固有名詞は使われなくなった。また、陶部・画部・錦部・訳語ら今来の才伎らの居住地が飛鳥になかったのも、宮都を造るために元の居住地から転居させられたためと考える。錦部は河内国錦部郡などに、他の諸氏もそれぞれの移住先に、宮都建設のために移住させられたのだろう。錦部郡は、石川郡に隣接している。というより、仁徳紀四十一年三月条に石川錦織首という人物が出てくるところを見ると、錦部郡は古くは石川郡の一部だったらしい。石川郡は蘇我氏の一大勢力拠点であり、錦部はどうやら蘇我氏によって、桃原から蘇我氏所有の石川に移住させられたと推測される。馬子が飛鳥衣縫造の祖樹葉の家を壊して法興寺を建てたという崇峻紀の記事は、そういう才伎の移住の経緯をあらわしているのだろう。

以上の結論として、この上桃原・下桃原・真神原の地は、室屋以来金村に至るまでの大伴氏が一括して皇室領として管理しており、さらに八釣などの周辺地を合わせ、これを総称して小墾田屯倉と呼んだと考えられる。安閑天皇は、この小墾田屯倉を、紗手媛に下賜したのである。

欽明天皇十三年（五五二）、稲目は百済聖明王が奉った仏像を自らの小墾田家に安置し、さらに向原家を寺として祀った。安閑から紗手媛に下賜されたはずの小墾田屯倉は、欽明天皇十三年以前、おそらく稲目が大臣として歴史上に登場した宣化初年には、彼の所領となっていた。さらに、仁賢天皇から山田皇后が継承したはずの山田八釣等の地も同様であったのだから、稲目はこれらの土地を、山田皇后から何らかの形で手に入れたことになる。これらの地域は、稲目から馬子・蝦夷に至る、蘇我氏の勢力の中心地遠飛鳥（河内の近飛鳥に対応する大和飛鳥の意）にほぼ一致しており、しかも安閑の崩御から稲目の登場まで時間差は全くない。小墾田屯倉は安閑から紗手媛に、そして紗手媛から稲目に直接継承された。安閑天皇と蘇我氏との間に領地所有の連続性があったのは明らかであり、つまり、稲目は安閑の後継者だったのである。

六、桜井屯倉

つぎに、紗手媛の妹、香香有媛が下賜された桜井屯倉について述べる。桜井屯倉は、大阪府東大阪市説もあるが、先ほども述べたように、河内国石川郡と考えるのが正しい。まず、それを証明しておこう。

『書紀』の記述からだけで、桜井屯倉が石川郡にあったことは証明可能である。安閑紀によると、屯倉の経営は桜井田部連・県犬養部連・難波吉士の三氏に委任されていた。桜井田部連は田部すなわち耕作者の管理、県犬養部連は警備、難波吉士は出納等の事務管理をしたものと考えられる。崇峻天皇即位前紀は、丁未の役において桜井田部連胆渟《いぬ》が餌香河原で戦死し、その死体を飼い犬が見分けたという、駄洒落のような逸話をかかげている。餌香川は、石川の別名の一つである。当時、石川は金剛山地西麓を北上し、餌香の市付近に至って餌香川と名を変え、大和川と合流してさらに北上していた。餌香の市は、清寧紀に「旨酒の餌香市」と謳われたように古代きっての大市であり、現在の大阪府藤井寺市国府付近、もしくは羽曳野市古市付近と考えられている。現在、このすぐ北を大和川が流れているが、これは一七〇四年の付け替え工事でできた人工河川で、古代この辺りを流れていたのは石川だけであった。したがって、餌香の河原とは現在の石川の河原で、桜井田部連の本拠はその近辺であったことになり、桜井屯倉が石川郡にあったことが特定できる。現在、富田林市には桜井町の町名が残り、またこれに喜志町が隣接しており、かつてここに吉士が居住していたことが推測される。また、奈良時代、光明子の母親であった県犬養橘三千代の本貫がこの古市郡とされ（義江明子『人物叢書・県犬養橘三千代』一一七頁）、古市は県犬養氏の本拠でもあった。桜井屯倉の経営を委任されていた氏族全てが、古市付近に本拠を持っていたことから、桜井屯倉の中心が古市付近だったことが分かる。

天喜五年（一〇五七）の『竜泉寺氏人等解文』（春日神社文書）では、宗岡朝臣が、河内国石川郡竜泉寺の所領が先祖宗我大臣より受け継いだ彼らの所領であることを主張し（加藤謙吉『蘇我氏と大和王権』一一─六九頁）、また『日本三代実録』元慶元年（八七七）の条には、蘇我氏の子孫であった石川氏と箭口氏が連署で上申して宗岡朝臣を賜った記事が見られる。蘇我氏の子孫はこの石川の地に連綿と続いていたのである。

以上の所見より、桜井屯倉が石川郡にあったのは間違いない。ただし、古市郡は石川郡の外に位置し、錦部郡もかつては石川郡の一部だったと推定されるから、桜井屯倉は石川郡一つに収まるものではなく、古市郡と錦部郡をも含む広大な地域だったと思われる。現在の地名で言うと、南河内郡と河内長野市の全て、羽曳野市、藤井寺市、富田林市の一部である。

正史における桜井屯倉の初出は仁徳紀である。仁徳紀には、大土木工事の記事が多い。十二年十月、山背国栗隈県に大溝を開削、十三年九月には茨田屯倉と舂米部《つきしねべ》を設置、同十月には和珥池開削と横野堤の築造、さらに十四年冬十一月、猪甘津に橋を建築したという一連の土木工事の記事に、次の記述が続く。

作大道置於京中。自南門直指之、至丹比邑。又掘大溝於感玖。乃引石河水、而潤上鈴鹿・下鈴鹿・上豊浦・下豊浦四処郊原、以墾之得四万余頃之田。故其処百姓、寛饒之無凶年之患（この年、大道を京の中に造った。南門よりまっすぐ丹比邑に至った。また大溝を感玖《こむく》に掘り、石河の水を引いて上鈴鹿・下鈴鹿・上豊浦・下豊浦の四カ所の原を灌漑、四万余頃の田を開墾した。その民は豊かになり凶作の患いがなくなった）。

仁徳天皇の難波高津宮から丹比邑《たじひむら》に至る大道とは、後の難波大道にあたる官道であろう。これが歴史的に仁徳朝に初めて開発されたかどうかは不明であるが、石川郡は丹比邑にごく近く、この開通によって石川郡から難波への利便性は増したであろう。さらに丹比村から東へ延びる大津道を通れば、大和への交通も容易であった。石川郡の地理的優位性は、飛躍的に高まったと考えられる。

また、運河が掘られた感玖は石川郡紺口郷で、この大溝自体は現在遺構が知られている古市大溝ではないかといわれている。この大溝の開削によって四万頃の新田が開発されたとすれば、四万頃は八十町にあたる。安閑に設立された摂津三島竹村屯倉が四十町であったとされるから、当時としては、相当広大な農地が新たに開発されたのであろう。時期は仁徳朝に設定されているが、実際の開発は推古朝に行われたと推測されている。

それ以外にも、石川郡の開発は進められた。先の記事の和珥池も喜志付近にある粟ケ池に比定する説があり、また、馬子が造ったと言われる戸刈池も、この地の灌漑施設であった。水源についても十分に考慮されており、石川郡はインフラが整備された豊かな農業地帯であったことが想像される。餌香市という有数の交易市場を内抱し、幹線道路沿いに発達した富裕な巨大荘園、これが桜井屯倉の実態であった。

その桜井屯倉は、蘇我の枝族、桜井臣の勢力基盤であり、さらに後世石川氏と名前を変える蘇我倉家の別業があり、錦部郡にはこれも蘇我の枝族、高向氏の本拠があった。また、先の春日文書で分かるように、箭口氏も居住していたらしい。石川郡は蘇我の諸族の財政を支える経済基盤であった。

さらに、古市には安閑天皇陵に治定されている古市高屋丘陵がある。これが安閑の真陵かどうかは未定だが、延喜式に言うその陵が桜井屯倉の想定範囲内であるのは間違いない。山田皇后は、『書紀』では安閑陵に合葬されたとするが、延喜式は南に接した古市高屋陵を陵墓とする。どちらが正しいのだろう。継体天皇の皇后であった手白香皇女が、前皇統の皇女として尊重され、継体とは別に父祖の地に陵を造って葬られたことを考えると、山田皇后も同様に、別に陵墓を造られ葬られたと考えるべきだろう。『書紀』は、安閑陵に異母妹の神前皇女が合葬されたとするが、神前皇女は勾大兄が皇后を娶る前の嫡妻だったと考えられ、そのため後世記録が混乱したのではないか。いずれにせよ、山田皇后墓も古市にあることはかわりなく、さらにそのすぐ北西に接して、仁賢天皇陵とされる埴生坂本陵がある。仁賢は山田皇后の父親、安閑の舅、そして稲目の祖父にあたる。ここには、安閑一族の主要人物の陵墓が集中している。蘇我氏と安閑一族の関係の深さを、いやが上にも思い知らされる事実である。

陵の北、丹比道を東に走り、武内峠を経て葛城から横大路をたどれば、軽の地に至る。そこは、蘇我氏の勢力圏の中心である。大和と河内の、蘇我氏の両領地は、官道で直接結ばれていたのである。

蘇我氏の勢力基盤は、安閑天皇と春日山田皇后との関係がきわめて深かった地に完全に重層する。小墾田屯倉は妃の紗手媛に、桜井屯倉はその妹香香有媛に受け継がれた。当然のことながら、小墾田屯倉は遠飛鳥、桜井屯倉は近飛鳥にあたる。そして、宣化天皇の即位と同時に稲目が大臣として登場するが、そのとき、彼はすでに小墾田と石川、つまり両飛鳥を領有していた。稲目は安閑の遺領を受け継いで世に現れたのである。

稲目が安閑天皇家の後継者であり、蘇我氏が安閑家という根の上に育った巨樹であることは明白である。

七、茅渟山屯倉

一本に香香有媛が賜ったとされる茅渟山屯倉については、小墾田桜井両屯倉と同程度の確度の推定をすることは困難である。まず、固有名詞としての「茅渟山屯倉」が、安閑紀の記述以外、どこにも存在しないからである。そこで、一般的知識からある程度の推論をするしかない。

茅渟という地名そのものは、後の和泉国を指す。『書紀』にも、崇神紀の太田田根子の逸話や、允恭紀の衣通郎女の茅渟宮、さらに丁未の乱における鳥取部万の逸話など何カ所か見られる。舞台はいずれも河内の南部であり、和泉の古名とする常識に反しない。とすると、茅渟山屯倉とは、その山側、内陸部にあったと考えられる。茅渟県と同義と考えてよいのなら、崇神紀に大物主神の末裔太田田根子が発見されたとされる、茅渟県陶邑がその中心部ではないかと思われる。旧大鳥郡東陶邑と西陶邑である。ここには、日本三大古窯の一つである巨大な製陶施設、陶邑窯跡群があり、五、六世紀から平安時代に至るまで、数百年にわたって陶器を製作し続けた。小墾田屯倉から姿を消した、今来の才伎の一つ、陶部の移住先の一つだったのではないか。

ここは地理的に桜井屯倉に隣接している。香香有媛の子孫が賜るには、きわめて都合のよい土地だったろう。したがって確定はできないが、本論では、茅渟山屯倉の候補地を、現在の堺市泉北、狭山市付近としておく。

八、難波屯倉

最後が、宅媛が賜ったという難波屯倉についてである。宅媛は物部氏の出身であるため、難波屯倉は蘇我氏の所領ではなかったが、ある意味では小墾田桜井屯倉より大きな意味を持つ屯倉であった。

まず、難波屯倉の位置である。難波屯倉に関する記述は、『書紀』にはもう一カ所存在する。

大化二年（六四六）正月　是月、天皇御子代離宮。遣使者、詔郡国修営兵庫。蝦夷親附。或本云、壊難波狭屋部邑子代《こしろ》屯倉、而起行宮（大化二年正月、天皇は子代離宮に御された。使者を遣わして郡国に兵器庫を営むよう詔された。蝦夷が帰順してきた。また、ある本には、難波狭屋部邑の子代屯倉をすき返して行宮を建てたという）。

子代屯倉とは、跡継ぎのなかった安閑のために建てられた屯倉で、難波屯倉のことであり、それは狭屋部邑にあったことが分かる。狭屋部邑は、『和名抄』の摂津国西成郡讃楊郷と考えられている。

当時、難波の海岸線は、現在よりもずっと東の内陸部に入り込んで東大阪市日下付近まで達しており、この内海を草香の江と呼んだ。その内海に、北から山城川（淀川）、南から大和川が流れ込み、上町台地が南から半島として突出していた。半島の西の海岸線は横堀川付近にあり、現在の住吉大社の西には海が広がっていた。東の海岸線は現在の平野川付近で、『補闕記』には物部守屋の宅が玉造にあり、海に面していたとある。東の玉造から西の海岸線まで、直線距離にして約二キロ、この東西に狭く南北に長い半島と周囲の河川が造り出す砂州が当時の陸地で、この陸地を東西に分けて、東生郡と西成郡が置かれた。狭屋部邑、つまり讃楊郷はこの西成郡にあったはずであるが、その正確な位置は現在不明である。

次に、地名から考えてみよう。難波という地名は、大阪の古名とされているが、これは大和が城下郡大和郷の小地名から国全体を指すようになったのと同様に、元来の小地名がより広範囲な地域を指すようになったものと考えられる。では、元来の難波はどこかとなると、現在の大阪には難波は二カ所ある。中央区難波橋付近と、旧西成郡難波村、現在の大阪市中央区難波《なんば》付近である。前者は難波津のあった地である（日下雅義『地形から見た歴史』二三二〜二三九頁）が、後者は上町台地を西に外れるため、当時は海の中であったはずである。となると、難波は、難波津のあった中央区北浜付近となる。

ところで難波の名は、かつてもう一つ存在した。孝徳紀に、天皇が神を軽んじて難波宮に接する生国魂社の木を切ったとあるが、この生国魂神社は、延喜式神名帳では難破坐生国咲国魂神社と呼ばれ、古来東生郡にあった。後、石山合戦で焼亡し、豊臣秀吉の大坂城建設にともない、現在の場所に移転させられている。和歌山市立博物館所蔵の石山合戦図によると、現在の大坂城付近に石山御坊があり、その東に隣接して生玉社（生国魂社）が描かれている。となると、難波津、難波坐神社はいずれも上町台地北端部にあたり、本来難波の地名はこの付近の地名だったと考えられる。どうやら、この西側を讃楊郷と呼んだらしい。

生玉社があった生玉荘には小坂という小地名があり、これが大坂に転訛したとする伝承にも一致する。秀吉は、今浜を長浜に改名したように、地名を巨大化させる趣味があったから、小坂を大坂に改名したのだろう。

この地域には、考古学的に難波宮下層遺跡と呼ばれる巨大遺跡がある。数十もの巨大倉庫群、官衙とおぼしき建物など約二百棟の建物跡が発掘により確認されているが、調査面積や豊臣時代の大開発による破壊を考慮すると、本来その数十倍の規模であったと推測されている。

当時、難波津は我が国最大級の港湾施設であった。瀬戸内海航路の終着点として都と西日本とを結ぶ物流交流の拠点で、これらの建物群は、難波津の運営施設だったと考えられる。さらに、近辺には難波大郡・小郡という海外使節担当の役所などもあり、外交上も大きな機能も持っていた。また、白猪屯倉《しらいのみやけ》、糟屋屯倉《かすやのみやけ》と連携して、大陸半島への出兵などの策源地としての軍事的機能も併せ持っていただろう。現在、考古学的に、この難波宮下層遺跡を難波屯倉にあてる説があり、きわめて妥当と思われる。つまり、難波屯倉とは、難波津を中心とする、国家規模の交流軸だったのである。

難波屯倉の他の屯倉との相違点の一つは、他の屯倉が国ごとの田部を付帯されているのに、宅媛が賜った钁丁が郡ごととされていることである。これについては、钁丁が当時最先端の技術を持っていた河内の農耕民のことであったという、直木孝次郎の詳細な検討（『古代難波とその周辺』、一九八～二二二頁）があるが、難波屯倉が交流軸であったとすると、農業生産機能は小さくても不思議はない。

安閑が妃たちに与えた屯倉は、全て大和飛鳥から難波津に至るルート上にあった。おそらくこの大動脈を自家で押さえようとしたのだろうが、このとき、難波屯倉を与えられたのがなぜ宅媛だったのか。宅媛は物部氏の出身であった。守屋は玉造宅を持ち、また狭屋部邑を支配していた佐夜部連は、『姓氏録』によると物部氏と同祖であった。したがって、元々難波屯倉は物部氏の勢力が強い地で、そのため宅媛に下賜されたと考えられる。

難波屯倉は、小墾田桜井屯倉同様、宅媛からその子孫（子孫がなかったとはもう言えない）に受け継がれたはずである。その子孫が誰であったかは後章で考察するが、丁未の役で物部氏とともに彼らも姿を消した。

大化二年、孝徳天皇が子代屯倉を壊して子代離宮と呼ばれる行宮を建てたことから、それ以前に難波屯倉はすでに皇室の所有に帰していたことが分かる。そしてこの時点で、難波屯倉は最終的に消滅したと考えられる。この行宮が、難波宮建設のための天皇の指揮所となり、後、難波宮に内包されたのだろう。

難波屯倉と蘇我氏の関係については、あまり記録がない。わずかに、皇極天皇三年（六四四）三月に、休留（梟）が豊浦大臣の大津宅の倉で子を産んだとする記事がある。大津を難波の大津とする説に従えば、その場所は、当時難波津のあった大川沿岸、ないし当時の海岸線であった、大阪市中央区城見付近であろう（前川明久『蘇我氏と古代国家』黛弘道編、五七〜八二頁）。蝦夷がこの辺りに倉を所有していたとすれば、それは明らかに難波屯倉の機能の一部を踏襲したのであって、難波屯倉は丁未の役後、天皇家と蘇我氏によって分割支配されたのであろう。

九、宗我坐宗我都比古神社と勾金橋宮

蘇我氏の発祥地と安閑天皇との関係について考察する。

蘇我氏の氏神、宗我坐宗我都比古神社は蘇我氏発祥の地とされている葛城県蘇我里（橿原市曽我町）にある。この神社は馬子が造ったと伝えられているが、安閑の勾金橋宮の比定地、金橋神社（橿原市曲川）の曽我川対岸にあり、両者の直線距離は指呼《しこ》の間（七百メートルにも満たない）であることは以前から指摘されてきた。稲目が安閑の御世に生きていたことは当然であり、彼が蘇我氏の初代として発祥の地に住居を営んでいたとしたら、その住居は安閑の宮と曽我川を挟んで対峙しており、二人は同じ時間と同じ空間を共有していたことになる。これも、蘇我氏と安閑との関係を示す有力な証拠となるはずである。

実際に、これらの神社の配置は、筆者の主張にもよく合うし、安閑・稲目親子説の有力な証拠となりそうに思える。だが、それではいくつかの問題を未解決のまま放置しなければならない。というのは、先ほども言ったように、金橋神社が、『延喜式』はおろか『幽考』などの近世の記録にも一切出てこないという事実を説明できないのである。宗我坐宗我都比古神社が延喜式にも『幽考』にも記載されているのと対照的である。また、金橋神社を含むかつての金橋村は、十九世紀の復古地名で、古代から受け継がれてきたわけではない。これはいったい、どう考えればよいのだろう。

蘇我氏の重要な勢力圏に、軽の地がある。軽の地は、稲目が置いた韓人大身狭屯倉と高麗人小身狭屯倉であった。この地は、大雑把に言って、現在の奈良県橿原市大軽町を中心とする、見瀬町・石川町・五条野町・西池尻町にまたがる地域である。飛鳥の西隣にあたり、高取山の裾野から北に広がる地域で、当時の交通の要衝であった軽の衢を含み、また東漢氏の居住地などを含む当時の先進地域であった。この地域には、稲目の「軽曲殿」があったとされている。大伴狭手彦が高麗で得た二女性を稲目に献じ、稲目が妻として住まわせたとされる殿舎である。言葉通りに意味をとると、「軽」の「曲」にある「御殿」となり、ここにも「曲《まがり》」という地名があったことが推測される。軽に曲という地名があったのだろうか。それがどうも、本当にあったらしいのである。

懿徳《いとく》天皇の宮は、『書紀』では軽曲峡宮とされる。軽の曲の狭間という意味で、軽に曲という地名が実在したことを物語っている。これは現在の橿原市白橿町付近とされているが、今まで片塩などで見てきたように、古地名を現在の地名に割り当てる際には慎重さを要する。軽曲峡宮がどこにあったのか、古記録から推測してみよう。

軽に置かれた歴代天皇の宮は三つ、応神天皇の軽島豊明宮、懿徳天皇の軽曲峡宮、そして孝元天皇の軽境原宮である。軽境原宮は、『編年記』に「今軽大路西方」とされているように、軽大路、つまり下つ道の西にあったらしい。牟佐神社は、『幽考』『大和志』に榊原天神とされ、軽境原宮跡地と伝承されている。天武天皇即位前紀にその名が見られ、『延喜式』神名帳にも名が記載されており、古代から存続してきた可能性が高い。

この懿徳・孝元両天皇の宮名を併記してみると、面白いことが分かる。

懿徳天皇の軽曲峡宮、『古事記』では軽境岡宮

孝元天皇の軽境原宮（牟佐神社と伝承）

軽曲峡宮は、『古事記』で軽境岡宮と表現されており、同じ宮の別名であるのは間違いない。軽境原宮と並べると、どちらも「軽」の「境」の地にある。「軽」は前述のように現在の橿原市大軽町を中心とする地域とされているから、その一部である「境（坂合）」は、それよりもずっと狭い、小字程度の地域を表す地名であることが分かる。したがって、時代は異なるが、両宮はごく近い場所に存在したことになる。牟佐神社が軽境原宮の跡地であるという『幽考』『大和志』の伝承が正しければ、軽曲峡宮のあった場所は、自

動的に牟佐神社付近となる。すなわち「軽の曲」とは、現在の牟佐神社の辺りと考えねばならない。

高取川は高取山の裾から流れ出て平地に至り北上すると、西から突きだしている小さな丘にぶつかり、これを迂回していったん大きく南西に流れを変え、間もなく再び北西に向きを戻す。すなわち、「曲」の地形をここに造り出している。この屈曲する川に挟まれた、海峡ならぬ川峡の地の、小さな丘の上に牟佐神社は存在する。川の流れは時に応じて変化するものであるが、この付近の川道に限れば、西には牟佐神社のある丘、東には丸山古墳があり、当時から大きく変化していないことが分かる。

さらに、牟佐神社の社殿は小高い丘の上にあり、軽境岡宮も岡の上にあることを謳っているから、両宮はごく近い（同じ？）場所に存在した可能性が高い。結果として、奇妙なことに軽曲峡宮・軽境原宮・軽境岡宮の三つの宮は全てほとんど同じ場所にあったことになる。そして稲目の軽曲殿も、この同じ「曲」の地にあったと考えられるのである。

稲目の軽曲殿の殿という施設にも問題がある。殿という字は、軽曲殿以外には、『書紀』で八十八カ所使われている。その内訳は、神殿六、宮殿六十一、仏殿九、敬称（殿下）四、産殿三、その他五である。その他の五は、即葛野主殿県主部で一、伴跛の既殿奚または古殿奚で三、殿服部《とのはとり》造一で、いずれも固有名詞である。これを見れば明らかなように、『書紀』では殿とは、固有名詞を除けば、全て神殿・仏殿および宮殿の意味で使われている。いずれも神聖な存在の住居を指しており、一臣下の住居を殿と呼んだ例は、軽曲殿以外一例もない。となると、軽曲殿も王宮か神社のどちらかと考えねばならない。稲目が単なる臣下ではなかったことが、これからも理解できる。軽曲殿とは稲目の宮殿だったのである。

稲目の宮殿があったと考えられる「曲」の地は、ほぼ現在の牟佐神社の付近と推定された。この「曲」が、安閑天皇の宮のあった「勾」と同じ地ではないかとは容易に想像される。なぜなら、筆者は先に、安閑天皇と稲目が親子だったことを証明した。二人が親子であれば、安閑天皇の勾金橋宮をその息子の稲目が受け継ぐことは当然だからである。

そう考えると、先ほどの金橋神社が延喜式はおろか、近世の『幽考』にも『大和志』にも記載されていないことの理由が理解できよう。

全ては、「曲」が舞台であった。稲目も安閑天皇も、そして懿徳天皇も孝元天皇も、全て軽の「曲」を基盤にしていたのである。

安閑天皇の弟、宣化天皇の宮、檜隈廬入野宮は、高取川のそのわずか川上にあったとされている。現在、檜隈寺跡と同一地に比定されている旧宮跡は確証に欠けるが、この辺りのどこかにはあったらしい。二人の兄弟は、勾と檜隈に並んで居を構えていたのである。継体一族は傍系から入って、天皇家という至高の地位についた。他の王族や政敵の敵意反感を気遣わねばならなかったはずであり、彼らにとって大和は、決して安全が保証された土地ではなかったであろう。兄弟が近くに居住し、相互に協力することは安全保障上当然の配慮であった。したがって、安閑の勾金橋宮は、宣化の檜隈廬入野宮の近くにあったと考えるほうが自然である。

またこのことは、なぜ紗手媛、つまり蘇我氏に小墾田屯倉が与えられたかという問題とも重なる。軽は、元々安閑天皇の勢力圏であり、安閑は妃に宮の隣接地を与えたのである。逆に、軽の地を引き継ぐことに決まっていた稲目に新たに与えられる領地としては、隣接する飛鳥一帯がきわめて便利だったからということになる。

稲目の出自を追っていく旅は、尾張連のルートで安閑天皇に、山田・嶋のルートで仁賢天皇と春日山田皇后親子に至り、そして所領のルートで安閑天皇の妃の賜わった屯倉にたどり着いた。全てを偶然として処理するのは不可能である。安閑一族と蘇我氏の間には、強い直接的な繋がりが存在している。稲目は、この安閑天皇と山田皇后との間に生まれた皇子だというのが筆者の結論である。つまり、蘇我氏は天皇家の外戚だったのではなく、ごく近い血縁の身内だったのである。

第五章　蘇我氏の誕生とその影響

蘇我氏は、欽明天皇の歳の近い甥から発し、臣籍降下した高貴な血筋であった。また欽明・敏達両天皇にとって、蘇我氏はごく身近な親戚であり、また自らの政権を支えてくれる、もっとも信頼できる身内でもあった。蘇我氏は降下した家臣と言うより、天皇家の分家、いやむしろ、副王とでも言うべき存在であったと考えられる。さもなければ、自らの息子たちを次々に大夫として朝廷内に取り込んだり、皇室の屯倉（官家）を自家の所領として接収できたはずはない。また、皇室が後継者をめぐって紛糾したとき、その弱体化を防ぐために、蘇我氏が介入することは、身内としての当然の責務だった。崇峻暗殺事件や上宮王家族滅事件は、あくまで皇室の内紛であり、だからこそ人心は動揺しなかった。

蘇我大臣家は、天皇家の補完機関として、軽の曲にあった稲目の邸で、小墾田桜井などの安閑天皇領および岡山田などの春日山田皇后領を勢力基盤として、宣化天皇初年のある日に突然成立したのである。

以上のように考えれば、蘇我氏にとって謎となっている事案は、実はほとんど解決する。さらに、この時代の歴史の謎とされている事件の多くが、解明可能となるのである。飛鳥政治史はどう変わるのか。各事件を取り上げて検証してみよう。

一、皇位継承に関する諸問題

まず、欽明天皇の即位と春日山田皇后との関係である。

欽明天皇即位前紀は、奇妙な記事で始まる。

皇子天国排開広庭天皇令群臣曰。余幼年浅識、未閑政事。山田皇后明閑百揆。請就而決（皇子は群臣に命じて言われた。余はまだ幼年で見識も浅く政事《まつりごと》に未経験である。山田皇后は賢明で全てに通じておられる。全てを決裁していただけ）。

欽明は、皇位を継ぐに際して、まず山田皇后に政事の決裁を求めた。通常、天皇が即位して最初にすることは、前天皇の皇后を皇太后に任命することである。これは、神話の時代を除けば、当時ほとんど例外なく行われていた。欽明にとって前天皇の皇后とは、仁賢の皇女、橘仲皇女のはずである。自身の皇后石姫《いしひめ》の母親でもあり、皇太后としておけばきわめて都合がよかったであろう。にもかかわらず、安閑の皇后であった山田皇后に政務を委ねるというのは不思議である。さらに、請われた山田皇后は、諸臣に、皇位に就くよう欽明に請願することを勧めた。双方譲り合いという、奇妙な事態である。この記事から、この時に大后制が成立したとか、山田皇后が一時皇位を継いだという説まで出されている。

だが、もし、安閑天皇と山田皇后との間に皇子がいたとすれば、この一連の事態の意味は全く様相を変える。欽明にとって、彼は皇位継承の有力なライバルとなりえた。安閑と山田皇后との結婚は継体天皇七年とされるが、実際には父親である継体天皇と手白香皇女との結婚のごく近い時期に行われた可能性が高い。生まれた子供同士は、血縁的には叔父・甥ではあるが、年齢的にはむしろ兄弟に近かったであろう。ともに父親は天皇であり、母親は前皇統の皇女である。安閑の皇子（仮に稲目皇子と呼んでおく）が皇位を望めば、内乱すら起こりえた。即位にあたり、欽明が山田皇后に全政務の決裁を求めた意味は、山田皇后とその子稲目皇子に、自らの即位の最終承認を求めたことにほかならない。山田皇后と稲目皇子は欽明の即位に賛同し、その支持を得て、はじめて欽明は即位したのである。

これが理解されると、一部で言われている、安閑・宣化朝と欽明朝の並立説など成り立つ余地はない。安閑の皇子であった稲目が、宣化によって大臣に任命され、欽明の補佐に徹したとすると、継体一族の結束は盤石だったと考えるしかないからである。蘇我氏の存在そのものが、二朝並立説に対する強力な反証なのである。

次に、なぜそれまで全く無名だった稲目が突然大臣になり、自分の二人の娘を欽明の後《こう》宮《きゅう》に入れることが可能であったか、そしてなぜ、稲目が天皇であった欽明に匹敵する勢威を持てたのかという疑問については、もはや解説する必要すらあるまい。欽明の後宮に皇后を入れる資格を持つのは、血縁的に最も近い、宣化の家系か稲目の家系しかなかっただけのことである。このところをよく理解しておいてほしい。あとで問題となるが、敏達の皇后選出のときにもこの状況は変わらなかったのである。

敏達崩御後、傍系であったはずの大兄皇子（用明天皇）が、敏達嫡男であった押坂彦人大兄を差し置いて、なぜ皇位継承できたか。大兄皇子は、欽明と堅塩媛との間の子である。堅塩媛は稲目の娘であり、天寿国繍帳銘文に大后（皇后）と書かれているように、石姫没後皇后位に就いていたと考えられる。大兄皇子は皇后所生であり、母方からも天皇家の血を濃く受け継いでいた。したがって、大兄皇子は皇位継承者としてはきわめて有力な存在であり、決して傍系の庶子などというべき存在ではなかったのである。この点では、小姉君の所生であった穴穂部皇子や初瀬部皇子もほぼ同等の権利を有していた。皇位継承法が兄弟相続主体であった当時、皇位は敏達から彦人大兄という次の世代に至るまでに、兄弟相続のプロセスを経なければならなかったのである。

天皇弑逆《しいぎゃく》という大罪を犯したはずの馬子が、なぜそれ以後も大臣として権力を保持できたか。蘇我氏は天皇家のごく近い分家であった。皇位継承をめぐって同族間に争いが起これば、皇室そのものの弱体化を防ぐために血族として介入せざるを得なかったであろうし、また、蘇我氏自体が創設の初めからそういう機能を負わせられていたのだろう。崇峻殺害は、皇室内の家督争いの内紛であった。臣下からすれば、自分たちが介入できないのは当然であり、皇室内部がいかに揉めようと、結論が出れば彼らはそれを受け入れるだけなのである。

後、蝦夷と入鹿が、自分たちの家を宮門、子供を王子と称したというのも、専横でも何でもなく、当然のことだったのである。入鹿は、安閑天皇から見て四世王、その子は五世王であり、王と呼ばれる資格があったからにすぎない。

二、双華の瑞蓮

蘇我と天皇家との関係を象徴するものが、双華の瑞蓮の挿話である。『書紀』には、剣池の蓮の中に一本の茎に二つの花房をつけたものが見つかったという、一見何の意味もないような記事が、舒明天皇七年七月と皇極天皇三年三月の二度にわたって書かれている。同内容であるため、どちらかが重出だろうが、それはさておき、ここでは記事の内容だけを考えてみよう。剣池は現在の石川池の一部であり、蘇我氏の系図上の祖先である、第八代孝元天皇の剣池嶋上陵（中山塚古墳）はその畔にある。蘇我氏の勢力圏の真っ只中である。その池で双華の蓮が見つかったことは、蘇我氏にとって瑞祥であった。皇極天皇三年の出現時には、蝦夷は蘇我氏の栄える瑞祥と喜び、金泥で描いて飛鳥寺の丈六仏に奉納したという。従来、二つの華は蝦夷と入鹿を表すとされ、これも蘇我氏の専横のエピソードとされてきたが、これはどう考えてもあまり説得力のある解釈ではない。蝦夷と入鹿は親子であり、親子が並列に並んで栄えるというのも違和感がある。意味を理解できない人が、無理やりにこじつけたとしか思えない。これは、天皇家と蘇我氏とは花は別だが根は同じ、という寓意ととるべきであろう。こちらのほうがずっと自然な解釈である。それがともに花開いたことを喜ぶのは、蘇我氏の天皇家に対する同族意識と、皇室を支える矜持の高さを示すものと言える。だが、それを、わざわざ飛鳥寺という公共の場でアピールしなければならなかったということ自体が、蘇我氏と皇室との関係がすでに昔日のものではなくなりつつあった証と言えそうである。

三、稲目の妻と雀の関係

蘇我の系譜で、稲目の傍らには妻の名がない。他の誰の傍らにも配偶者がいるのに、稲目の妻の名は一切ないのだ。むろん、小墾田臣や田中臣などの諸族の元には、稲目の子を産んだ女たちがいたであろうが、馬子や堅塩媛などを産んだと推測される、稲目の正妻の素性は一切史書に書かれていない。それは、全くと言っていいほど徹底している。どうしても出すに出せない理由があったのである。したがってデータがほとんど残されていないわけで、データがないことを色々勘ぐること自体問題なのだが、それでも不思議の史書『書紀』のこと、思わぬ所に手がかりを残してくれている。

皇子の正妻は皇族でなければならない。自家を守るために団結した継体一族の内部事情を考えれば、稲目の正妻は身内から出たと考えられる。宣化の皇女がほとんど全て欽明の妃になっていることが、その証である。稲目の妻は、世代的な可能性を考えれば、おそらく宣化の皇女か、安閑と他の妃との間の生まれた皇女、異母姉妹であろう。そうなると、名前を知ることはもはや不可能だが、安閑と紗手媛との間に生まれた皇女が、稲目の正妻であった可能性が最も高い。なぜなら、欽明から下げ渡された仏像を稲目は小墾田の自分の家に祀ったが、安閑の妃で小墾田屯倉を下賜されたのは紗手媛だったからである。紗手媛からその皇女に小墾田屯倉が引き継がれ、その皇女の夫となった稲目が妻所有の小墾田宮に居住した、と考えるのが最も自然である。また、桜井屯倉についても同様に、香香有媛の産んだ皇女が稲目の妻になった結果と考えられる。

この推測、一見荒唐無稽に見えるが、実は根拠が一つある。それが、「蘇我と雀」の話である。敏達天皇の葬儀に際して、守屋が馬子を指して矢が刺さった雀のようだと笑い、さらに蝦夷の代に蝦夷と入鹿の双方に白い雀が捧げられ、蘇我氏と雀との間には深い関係があると考えられた。それが、この推測の証である。

もし紗手媛の産んだ皇女と稲目の間に子があったとしたら、それは稲目の嫡子、馬子だったはずである。ところで紗手媛の父親は、継体朝で大臣となったとされる許勢臣男人《こせのおみおひと》であった。男人には、面白い後日談がある。『続日本紀』天平勝宝三年（七五一）二月、内膳司の雀部《さざきべ》朝臣真人が、許勢臣男人は、実は許勢氏の同族雀部朝臣の祖先であったが、天武朝で八色姓《やくさのかばね》が定められた際、間違って許勢朝臣とされたため、雀部朝臣と訂正してほしいと申し立てたのである。時の許勢氏の氏上奈弖麻呂もこれに同意し、最終的に男人は雀部朝臣男人と公式に認定された。つまり、馬子の母親が紗手媛の娘であったとすれば、彼の母方の曾祖父は、雀部臣男人だったことになる。これが「蘇我と雀」の意味である。「雀」とは、馬子の母方の祖母、紗手媛の実家雀部臣氏のことだったのである。馬子にとって、蘇我本宗家は安閑天皇の血脈に雀部臣氏の血筋が交わってできたものであり、雀はそのシンボルであった。「蘇我と雀」という意味不明の事柄が、実は稲目の正妻の身元を暗示していたのである。

蘇我氏が雀部と血縁関係にあったことは、当時の社会一般に知られていた事実であったろう。さもなければ、馬子が雀にたとえられたり、蝦夷や入鹿に白い雀が献上されたりするはずはない。また、蘇我氏側にとっても、秘匿する必要もない事実だったはずである。

蘇我氏と雀部氏の関係については、『先代旧事本紀』にその記述がある。加藤謙吉は、蘇我氏と尾張氏との関係について、「蘇我氏と尾張氏との結びつきを裏付ける他の史料に蘇宜部首がある。『天孫本紀』尾張氏系譜は天照国照天火明櫛玉饒速日尊の九世孫弟彦命の弟に玉勝山代根古命の名を載せ、割註に『山代水主雀部連、軽部造、蘇宜部首祖』と記している。蘇宜部首は、ソガ部の管掌に当たった氏族とみられ……」（加藤謙吉『蘇我氏と大和王権』五七～五八頁）と記述している。これは、蘇我氏と尾張氏との関係を系図上から説明したものだが、同時に、たくまずして全く同じ内容で、雀部氏と蘇我氏との関係をも説明している。雀部氏は、系譜上尾張氏と同祖とされ、かつソガ部の管掌に当たった蘇宜部首とも同祖となっている。蘇我氏と雀部氏とは、実際に密接な関係にあったのである。

稲目の正妻の素性が隠蔽されたのは、安閑に子孫なしとした以上、紗手媛に皇女があったとは披露できないうえ、稲目の妻が皇女であったとなると、蘇我氏の正体がそのまま顕れてしまうからだ。後世のことであるが、五世までの女王（皇子から四世、天皇からは五世）は臣下には降嫁できないという規定があり、この当時でも王女が皇族以外に嫁いだ例がないことから、同様の規定があったのは確実である。稲目の妻が皇女であったと認めることは、蘇我氏が皇族だったことを証明することにほかならず、『書紀』編纂を企画した政治集団にとって、それは何が何でも隠蔽しなければならない秘密だったのである。

同時に、この雀部男人の氏名変更の逸話は、天武八姓が単なる姓の授与にとどまらず、各氏族の系譜の創作でもあったことを表している。

四、蘇我氏と葛城の本居《うぶすな》

蘇我氏が葛城屯倉を本居としたと主張したことから、稲目の妻は葛城氏の出身だったという説がある。稲目は妻の実家の格によって自家の格を高め、娘を欽明の妃に入れ得たという説で、現在のところほぼ通説となっている。だが、稲目が安閑天皇と山田皇后との間に生まれた皇子であったことは、これまでの説明で証明できたと思う。では、蘇我氏と葛城県および葛城氏との関係は、本当はどうだったのだろうか。

図3、山田皇后系譜（三七五頁）は、『書紀』から作成した山田皇女の系譜である。稲目の正妻の名は不明なので、出自である雀部氏から名を借りて、「雀部皇女」としておこう。春日山田皇女の父親仁賢天皇は、磐坂市辺押羽皇子と苐媛《はえひめ》との間の子である。苐媛は蟻臣の子で、蟻臣の父親は葛城の葦田宿禰であり、葛城氏本宗とされる。磐坂市辺押羽皇子の母親黒媛は蟻臣の姉妹であり、こちらも葦田宿禰につながる。

苐だ蟻だと、奇妙な名前が続くので実在を疑いたくなるが、蟻については、葛城氏の勢力圏の中心であったとされる尺土《しゃくど》のすぐ東に蟻野という地名がある（大和高田市蟻野）。古代からの地名かどうかは不明だが、蟻臣はこのあたりに居住した葛城氏の有力者ではなかったかと考えられる。ハエについては、応神天皇皇子の大葉枝皇子、小葉枝皇子など、名前とする人物は結構多い。苐媛は、『略記』仁賢天皇記に「母苐宮姫也」と書かれており、ハエはやはり地名だろう。その実際の位置は、夫磐坂市辺押羽皇子の市辺宮の近辺だった可能性が高い。『日本書紀』顕宗前紀の歌謡、「石の上　振るの神椙　本伐り　末截ひ　市辺宮に」から考えると、天理市石上付近であろう。

蘇我氏の血脈は、この苐媛、蟻臣を経由して葛城氏の系譜の中枢に直接つながっている。さらに、仁賢の祖父履中の母親は磐之媛であり、その父親は伝説的な葛城氏の祖先、襲津彦《そつひこ》である。どこまでが神話でどこからが史実なのか、その境界すら判然としないが、馬子が自分こそ葛城氏の末裔であると主張した根拠は、実はここまで遡ると考えられる。そして、その主張は同時に、蘇我氏が山田皇后を通して前皇統の血脈を受け継いでいると主張することと同義でもあった。稲目の妻が葛城氏の出であったなどという、ささやかな問題ではない。蘇我氏の血統の正当性がかかっていたのである。馬子ならずとも必死になるであろう。

さらに、この当時、葛城氏の後継者はすでに絶えており（敏達紀に登場する葛城臣烏那《おな》羅《ら》が誰であるかについては後述する）、葛城県下賜の奏請は、馬子にすれば本来自分が祖母を通して継承するはずだった母方の先祖の財産を返してほしいと主張しているだけなのである。

もっとも、この馬子の言い分には大きな問題があり、そのため、後、蘇我本宗家は葛城臣烏那羅一族との抗争を余儀なくされることになる。そして、それが蘇我氏のみならず皇統にまで影響を及ぼし、最終的に蘇我氏衰亡の原因の一つとなるのだが、現在に至るまで誰もそれを理解していないようである。それについては、葛城臣烏那羅の項で触れる。

もし、稲目の妻が本当に葛城氏の出であったのなら、これほどまでにその正体が秘匿される必要はなかったであろう。

五、稲目の臣籍降下の意味

では、蘇我氏の創設はいったいなぜ行われたのか。

安閑天皇の子、稲目皇子は蘇我氏を創設し、父の死後、宣化天皇の即位と同時に大臣となった。したがってこれには、安閑、宣化、稲目の三人共同の意志が働いていたはずである。いや、全員にそれを納得させたのは、その四年前に崩御した継体天皇だったと考えられる。なぜなら、山田皇后に匝布屯倉《さほのみやけ》を与えたのは、生前の継体だったからである。蘇我氏の創設は、明らかにある確固たる目的を持って行われたのである。

継体は、跡継ぎの絶えた大和政権に新たに天皇として迎えられた。迎えるために奔走したのは、大伴や物部の旧政権の有力氏族たちであった。継体にとって、彼らはある意味自分を引き立ててくれた恩人であり、臣下とは言え一目置かねばならない相手でもあった。さらに彼らは、前代からの既得権と膨大な資産および兵力を有していた。そのため、継体天皇の政治的権限はかなり制限された可能性が高い。実際に継体の政庁では、大夫の合議が大きな決定権を持っていたとされている。事態を放置すれば、継体一族は、彼らに実権を握られ、飾りものに祭り上げられて消滅してしまう可能性があった。これには、歴史上多くの類例がある。継体一族は、周囲の氏族を弱体化し、自らの権力基盤を強化しなければならなかった。蘇我氏の創設は、そのための手段として案出されたものと思われる。

これを現代の例に当てはめてみよう。老舗の個人会社のオーナー社長が、後継者を決めずに急死した。専務・常務らの役員たちは相談して、会社の株の何割かを所有する、死んだ社長の遠縁の男を新しい社長として招聘した。新社長は自ら経営に参画しようとするが、役員たちは経理内容を見せないし、業務内容も教えようとしない。「まあまあ、そんな賤業は社長がなさるようなことではありません。先代は、そういう些末事は全て私どもにお任せでした。私どもが処理しておきますので、社長は商工会の偉いさんとのお付き合いでもなさっていてください」と言われて、本社から追い出されかねない勢いである。危機感に駆られた新社長は、強引に副社長のポストを新設し、大手の商社に勤めていたやり手の息子を迎え入れた、ということにでもなろうか。

稲目は臣籍に降下し、大伴・物部らの旧来の氏族の上に蘇我「大臣」として君臨した。彼ら臣下のトップとして、政権内部の実権を握るためである。稲目は、宣化朝では先代天皇と皇后の間に生まれた皇子として、最も有力な皇族の一人であった。それが臣籍降下したとなれば、政権内で隔絶的に有力な臣下となったであろう。さらに、稲目は周辺の弱小氏族と婚姻関係を結び、生まれた子らを大和政権の構成員として迎え入れた。河辺臣、小治田臣、田中臣、岸田臣、桜井臣、箭口臣など、蘇我の八腹と言われた諸族であり、彼らは蘇我を支える藩屏となった。蘇我氏は、やがて大和政権内の最大勢力となり、旧来の勢力を圧倒し始めた。

最高会議における大夫の構成は、欽明朝では、蘇我氏は大臣一人であった。それに対して推古朝では、全大夫二十七氏三十七人中、蘇我系の大夫が九氏十二人を占めた。実に三分の一である。これは、本宗家滅亡後の孝徳朝でも同様で、二十一氏三十三人中、蘇我は七氏九人を占めていたという（倉本一宏『蘇我氏と古代国家』黛弘道編、二〇二〜二三六頁）。飛鳥時代とは事実上、蘇我政権の時代であったと言えよう。

六、金村の失脚

欽明天皇元年、大伴金村は、継体六年の任那四県割譲の責任を問われて住吉宅に退き、天皇がいくら翻意を促しても出仕しようとしなかったという。三十年近く前の事件を原因に失脚したことに対する様々な憶測が取り沙汰されているが、これはあくまで後付けの名目にすぎない。欽明天皇元年は、蘇我氏出現の四年後である。金村は、継体天皇一族の意図に基づき、早々に中央政界から身を引いたのであろう。小墾田屯倉や桜井屯倉などが下賜された経緯から考えると、おそらく金村自身が蘇我氏創設に関わったと考えられる。安閑天皇元年十月の安閑と金村との会談で、妃、実はその子供たちに独立のための財産を分与することが決定したのであるから、この会談は事実上、蘇我氏創設のための会議だったと考えられる。稲目が大臣となりナンバー2になると、それまでナンバー2だった金村は必然的にその座を降りなければならなくなる。彼は、自分の子供たちに蘇我氏の麾下《きか》で働くよう命じて、表舞台を去ったのである。

金村が「失脚」したあと、引き籠もったとされる住吉の宅について考えてみよう。難波は、元々大伴氏の勢力の強いところであったが、『書紀』はわざとらしく次の記事を特記している。清寧天皇即位前紀で、星川皇子の反乱に荷担して誅されかけ、大伴室屋に命を救われた河内三野県主小根が、その礼として、室屋に難波の来目邑大井戸十町の土地を贈った。この三野県主は、河内国若江郡を本拠とし、現在の東大阪市から八尾市にかけて勢力を持っていたとされる。江戸時代に書かれた『畿内志』摂津志は、摂津国住吉郡遠里小野について「旧名難波来目大井戸」としているところから、この地は現在の大阪市住吉区遠里小野付近と考えられる。遠里小野は、現在は大和川の付け替え工事によって南北に分断されているが、元々は難波大道の西、住吉大社の南にあり、当時、難波津とならぶ有力な港津であった住吉津の後背地であった。ここそまさに、住吉の宅と呼ばれるのに相応しい。大伴氏は三野県主からこの地を譲られて（おそらく取り上げて）手に入れたのである。この地は交通と貿易の要地であると同時に、軍事上の要衝でもあった。ここを押さえれば、その付け根を扼《やく》して上町半島を離断することができ、難波屯倉の機能を制限することができた。

当時、難波屯倉は宅媛の子孫に引き継がれ、守屋の玉造宅とあわせて、難波は事実上物部氏の支配地となっていた。万一、物部氏が蜂起すれば、大和朝廷は西からの物資の流入を押さえられて半身不随となる。さらに、この地は、後世、豊臣氏の拠った大坂城を攻略しようとした家康が手を焼いたように、南からしか攻められない要害の地でもあった。金村は、その牽制のために住吉の宅に駐留したのである。この態勢は、後の丁未の役で実際に機能し、物部軍の制圧に貢献した。もし、住吉宅がなければ、難波と渋河は連携して機能し、戦局は物部有利に進んだかもしれない。

金村は、失脚したわけでも隠居したわけでもなかった。安閑天皇に屯倉の下賜を進言して蘇我氏を創設したとき、金村は将来勃発するかもしれない抗争を予想して、その抑止のために住吉宅に陣取ったのである。

金村の子たちは、実際に丁未の役では、蘇我氏の指揮下で物部氏と戦った。金村の子比羅夫は、馬子の邸にはせ参じて終日警護に当たり、もう一人の子囓は、守屋討伐軍に加わって渋河を攻撃した。大伴氏にとって、馬子に従うことは天皇に仕えることと同義だったのである。

金村以後、大伴氏が没落したとする説が多いが、大伴氏は没落などしていない。大伴氏は、皇族宰相たる蘇我氏の元で、それまで通り活躍し続けた。狭手彦は半島征討軍の大将軍となって大功をたて、その子の囓も半島遠征軍の大将軍となり、また隋使の歓迎式典にも参加した。彼らは大和政権の最高幹部であり続けた。さらに後、長徳は大化政権下で右大臣となり、馬来田・吹負兄弟も天武政権成立に重要な役割を果たし、大錦上、大納言など高位高官に昇っている。いずれも蘇我氏を含む皇族を除けば人臣の最高位にあって、没落したなどとはとても言えない。元々大伴氏は、天皇直属の親衛隊として警察力を担当していた。金村が執政官的な立場にあったのは、武烈崩御後「今絶無継嗣」という緊急事態になったため、一時的に担当せざるを得なかったからだろう。皇位が安定し、蘇我氏が成立して皇族執政官が誕生したため、大伴氏は本来の職務に復帰しただけである。

大伴氏が歴史上から姿を消すのは、平安時代貞観八年（八六六）の応天門の変後である。大伴氏は、新しい時代に適応することで、なお数百年を生き抜いたといえる。

七、丁未の役と宅部皇子について

次は丁未の役についてであるが、その前に解明しておかなければならないのが、宅部皇子の問題である。宅部皇子とは何者だったのか。

筆者は先に、宅部皇子は物部守屋が穴穂部皇子の代わりに皇位に立てようとして、それが馬子に漏れて殺害されたと推論した。守屋が、穴穂部では無理でも、宅部なら勝てると計算したのであるから、相当有力な皇子であったと考えられるが、その実像はほとんど伝わっていない。

『書紀』における宅部皇子の記述はわずか一行である。

宅部皇子、檜隈天皇之子。上女王之父也。未詳。

宣化天皇の子で、上女王の父であると言われながら、「未詳（詳しくは分からない）」とされている。子供の名まで分かっているのに、わざわざ未詳と書かれているのも奇妙な話である。この文章、上女王と言えばそれでもう十分だろうと言わんばかりで、どうやら古代よほど有名な存在だったようだが、詳細は「不詳」である。さらに、記紀の宣化天皇系譜には、宅部皇子の名はどこにも見えない。『釈紀』『略記』『紹運録』は、穴穂部皇子の同母弟としている。それなら欽明天皇の子のはずであるが、欽明の系譜にも見当たらない。いったい、この混乱は何に由来しているのだろう。宅部の素性に、何か秘密があると考えるしかない。

皇子という称号がついているからには、明らかに天皇の子であろう。父親の候補として考えられる天皇は、継体、安閑、宣化、欽明、敏達の五人しかいない。継体は五三四年に八十歳以上という高齢で崩御しているため、宅部がその子であれば、五八七年の崇峻天皇即位前紀で活躍するには年齢的に無理がある。正史である『書紀』には宣化の子とされているが、本当に宣化の子なら、わざわざ「未詳」と、おもわせぶりに書く必要はないし、宣化の系譜中にもその名はない。欽明の子なら、何憚る必要もなく、そう書けばいいはずだが、欽明の系譜にないのは既述した通りである。敏達の子とすると、彦人の弟となり若すぎるし、欽明の皇子が皇位を争っている状況下では、守屋が担ぎ出すには非力すぎよう。結局、疑わしいのは、ここでもまた安閑だけとなる。宅部は安閑の皇子である可能性が高い。

宅部という諱から考えれば、資養氏族は御宅部、すなわち屯倉の運営氏族だったのではないかと推測される。『姓氏録』は摂津国諸蕃に三宅連の存在を記し、また直木孝次郎は、西成郡に三宅忌寸が居住していたと指摘（『古代難波とその周辺』二一〇〜二一六頁）しているが、忌寸姓は連姓に属することが多く、三宅連が三宅忌寸を使役して難波屯倉の運営を行っていたのではないか。この三宅連氏が、宅部皇子の資養を担当していた氏族だったと考えられる。部や氏族は、刑部・日下部のように皇族の私有財産化して後継者に引き継がれたと考えられるから、宅部皇子も宅部を親から引き継いだのだろう。直木は、親と子の名前が一致しない例が多いと論考しているが（直木孝次郎『額田王』四六〜四九頁）、厩戸皇子と馬屋古女王、蚊屋采女と蚊屋皇子の例もあり、また宝、田村もやはり親子で引き継がれたと考えるほうが自然である。そこで、皇統図から他に宅（部）を探してみると、安閑天皇の妃、宅媛が浮かび上がる。宅媛は安閑から難波屯倉を下賜されたが、宅部皇子は、安閑とこの宅媛との間に生まれ、三宅連に資養された皇子だったのではないか。だとすれば、稲目とは異腹の兄弟であり、馬子には叔父に当たる。世代的にも無理がない。『書紀』は、一貫して安閑天皇には子孫なしとしているため、宅部をその皇子と書くわけにいかず、宣化の子としたのではないか。また、穴穂部と同時に殺されているため、多くの史書も穴穂部の同母弟としたのであろう。

そう考えると、守屋が穴穂部を抹殺して宅部を擁立しようとした理由も、それを知った馬子が慌てて穴穂部とともに宅部を殺害した理由も理解できる。宅部は母宅媛を通して物部氏の血を引く皇子であり、守屋からすれば身内であった。皇位継承戦の錦の御旗としては、当然ながら穴穂部よりもずっと擁立しやすかったはずである。さらに、安閑の皇子であれば、穴穂部よりも世代的に一代上であり、より有利という計算もあったろう。物部腹の皇子では皇位は継げないのではないかとも心配されるが、卑母の子が皇位を継ぐのは、安閑・宣化ですでに先例ができている。

さて、丁未の役である。崇峻天皇即位前紀は次のように記す。

用明天皇二年（五八七）秋七月、蘇我馬子宿禰大臣勧諸皇子与群臣、謀滅物部守屋大連。泊瀬部皇子、竹田皇子、廐戸皇子、難波皇子、春日皇子、蘇我馬子宿禰大臣、紀男麻呂宿禰、巨勢臣比良夫、膳臣賀施夫、葛城臣烏那羅、倶率軍旅、進討大連。大伴連嚙、阿倍臣人、平群臣神手、坂本臣糠手、春日臣〈闕名字〉倶率軍兵、従志紀郡到渋河家（馬子は諸皇子と群臣に勧めて守屋誅滅を謀った。泊瀬部皇子・竹田皇子・廐戸皇子・難波皇子・春日皇子・蘇我馬子宿禰大臣、紀男麻呂宿禰・巨勢臣比良夫・膳臣賀施夫・葛城臣烏那羅は、倶に軍旅を率いて進撃し、大連を討った。大伴連嚙・阿倍臣人・平群臣神手・坂本臣糠手・春日臣〈名字を闕く〉は倶に軍兵を率いて、志紀郡より渋河家に至った）。

守屋征討軍は二手に分かれ、馬子の本隊は守屋を攻め、別働隊は渋河家を攻めた。この記述を信じる限り、守屋は渋河家にはいなかったことになり、衣摺の地で戦ったとする後段とは、明らかな食い違いを見せる。むろん、主力は馬子が率いた本隊であり、その向かった先は、『補闕記』に「眞難波自後而襲」とあるが、実際は難波であった。攻撃目標は間違いなく難波屯倉であったろう。難波屯倉は、宅媛から宅部皇子に受け継がれ、当時宅部一族の本拠地だったはずであり、守屋もともに立て籠もっていたのだろう。相手が守屋だけなら、臣下であり、別働隊だけで十分なはずであった。難波を攻めた本隊に皇子が五人も加わっていたのは、難波屯倉には宅部一族がいたからである。宅部もこの時点ではまだ生きてそこにいたのかもしれない。万一、宅部が登極すれば、他の皇子たちに皇位は二度と回ってこないから、諸皇子も必死だったのだろう。『書紀』は、激戦のため聖徳太子と馬子が勝利を願って四天王と諸天に祈念したと記すが、それはこの難波屯倉の戦いの際だと考えたほうが整合性は高い。諸皇子の何人かがその後一切史書に現れないのは、このとき戦死した可能性もある。結局、宅部一族は滅亡、難波屯倉は制圧され皇室所有に戻った。孝徳朝の子代屯倉がその後の姿であり、孝徳天皇が子代の行宮を造営したときには、難波屯倉はすでに皇室領にもどっていたのである。

四天王寺は守屋の鎮魂のために建てられたとする説がある。だが、それなら守屋が死んだとされる渋河に建てられるべきで、現在の地に建てられたのは、難波の戦いで滅亡した宅部一族の鎮魂のためだったのかもしれない。まあ、当時の寺に鎮魂という機能があればの話だが。

この事件がなぜ『書紀』のような形に改変されたかというと、安閑に子孫なしとした以上、宅部の素性も難波屯倉のことも表に出せなかったため、改竄せざるを得なかったのであろう。

この仮説の傍証の一つが、守屋の資人、捕鳥部万が最後に叫んだ「万為天皇之楯将効其勇而不推問（万は天皇の楯としてその勇をふるわんとしたが、許されなかった）」という言葉である。物部氏が天皇になれるはずもない。万が仕えようとした天皇とは、宅部皇子だったのである。

この争いの種は、安閑が難波屯倉に宅部王家を創設した際に蒔かれたといえる。金村が住吉宅に籠もったのは、当時からいずれ紛争が起きることが予想されたからだろう。もし守屋が宅部登極に成功していれば、守屋は補弼《ほひつ》の臣として強大な権力を手にし、大伴氏に取って代わったはずである。丁未の役は、皇位継承争いだけでなく、大和政権最後の巨大氏族同士の闘いという一面も持っていたのである。

八、蘇我氏と天皇制

権力は、常に自らのナンバー2によってその地位を脅かされ簒奪される恐怖の中にある。これは、権力の持つ宿命でもある。ナンバー1が権威の象徴となって実務を離れると、実務を執行するナンバー2のもとに権力が集中し、やがて実権を握ったナンバー2がトップを駆逐する。そして、その後にはまた同じことが起こる。前漢を滅ぼした王莽、魏の司馬一族、さらに北周の楊氏や隋における李氏の謀反など、中国南北朝の諸国家の滅亡劇は、継体一族にとって絶好の反面教師であったろう。このことは、洋の東西、時代のいかんにかかわらず、歴史的必然でもある。だが、もしナンバー2以下の有力者が全て身内で、それも絶対的な自分の支持者であればどうか。トップがナンバー2に取って代わられる恐れは、きわめて小さくなるはずである。通常、どう考えても、そんな都合のよい方法はないように思われる。だが、継体一族は実際に対策を講じ、そして成功したのだった。それは、天皇家を二つに分離させて、本家に権威を、もう片方の分家に実務的な権力を担当させるというものであった。蘇我氏は、そのために創設されたのである。

権威を持つトップと、実権を掌握するナンバー2が、信頼しあって車の両輪になる。絶対信用できる身内が大臣として存在していたからこそ、継体一族はその皇統を後世に繋げることができた。我が国天皇制の顕著な特徴とされる、権威を保持する天皇と実権力をふるう大臣（後の摂政・関白も）という、権威と権力の二分化はこのとき実現したといえる。

蘇我氏は本来、継体王朝の護持者として誕生し、そして歴代当主はその責務に徹した。欽明朝を支えた稲目、敏達・推古朝を支えた馬子、そして、舒明系に皇統を転換させ、それを支えた蝦夷。古人大兄を支えようとした入鹿。古代天皇制は、蘇我氏によって支えられたと言える。
欽明から舒明に至る天皇の影がきわめて薄く、蘇我氏の存在ばかりが大きく映るのは、実際の政務は大臣が執行するという政治形態のために、天皇の政務に関与する場面がほとんど表に出ないためである。実際は、政策作成段階で両者の間に入念な意思のすり合わせがあったと思われるが、実施に際しては、大臣が表に出て執行する形態を取る。その事情を理解できず、天皇と対立する豪族というステレオタイプの認識で当時の政治事情を理解しようとすると、蘇我氏天皇論などに陥ってしまうのである。

天皇制が有史以来今までなぜ継続できたかという、壮大な問いがある。この国の歴史上きわめて特異なことに、ナンバー2がいくら強大になっても、天皇に取って代わることはなかった。その理由としては様々な意見が出されているが、筆者もその答えとして、この継体一族がとった戦略を提唱しよう。蘇我氏の役割は、その後、藤原氏が引き継いだ。そのことが、長期にわたって天皇制の安定に大きく寄与したと思われる。さらにその後の源平政権も本質的には天皇家の枝族であり、征夷大将軍などの役職を占めて、天皇制の運営機関という枠から大きくはみ出ることはなかったのである。

継体王朝については、政治史的にいくつもの説が提唱されている。継体政権は全く新しい征服王朝であったとする説、安閑・宣化と欽明がそれぞれ別の王朝を立て対立したとする両朝並立説、継体から安閑への史上初めての天皇譲位に対する疑惑から、安閑による継体の暗殺説、さらに宣化と欽明による安閑暗殺説まである。

だが、稲目が安閑天皇の皇子だったとすると、これらの説は全て、そのよって立つ根拠を失う。まず、継体王朝が本当に大和を軍事的に制圧したのなら、前政権の旧臣たちを排除するのに長い時間をかける必要はなく、わざわざ蘇我氏を創設する必要もなかったろう。両朝並立説などの成り立つ余地など全くないことも明白であろうし、また様々な暗殺説に至っても同様である。

先述したように、継体は安閑に譲位した当日崩御したとされる。

継体紀二十五年春二月辛丑朔丁未、男大迹天皇立大兄為天皇。即日男大迹天皇崩（継体紀二十五年春二月七日、男大迹天皇は、大兄を立てて天皇とされ、その日のうちに崩御された）。

これは我が国における譲位の初例だが、実際にあったかどうか多分に疑問視されている。だが、継体一族の置かれた立場を理解すれば、それは必須の戦略だったことが分かる。

継体天皇の後継者は、前政権の皇女手白香皇后との間に生まれた欽明天皇だった。それはおそらく、彼を天皇として迎えた政治集団の要求事項だったはずである。なぜなら、通常皇后を指名するのは天皇だが、継体に限っては、手白香皇女を皇后に奨めたのは、大伴金村だったからである。これはまた、合法的に政権掌握を図る継体一族側にとっても了解事項だったたと思われる。だが、後継者欽明はまだ若すぎ、継体崩御の後には幼君が残されることになる。基盤の弱い継体王朝にとって、事態はどう展開するか分からない。欽明が成長するための時間稼ぎと、即位するまでに彼の勢力基盤を少しでも強化しておくために、継体が年長の長男に後事を託そうとしたのは当然のことと言える。だが、いくら中継ぎとはいえ、卑母腹の、皇室本宗の血の薄い連れ子の即位を、旧臣達が納得するかどうかは疑問だった。したがって継体としては、自分の息のあるうちに、何が何でも勾大兄を皇位に就けねばならなかった。史上初の譲位は、そのために行われたと考えられる。

勾大兄を皇位に据えるための策はそれだけではない。例えば、大兄という称号もそうである。大兄と呼ばれた存在は、『書紀』では九人いる。

①彦人大兄（仲哀天皇叔父）
②大兄去来穂別天皇（履中天皇）
③勾大兄皇子（継体天皇長子、安閑天皇）
④箭田珠勝大兄皇子（欽明天皇長子、夭折）
⑤大兄皇子（欽明天皇皇子、用明天皇）
⑥押坂彦人大兄王（敏達天皇長子、舒明天皇父）

⑦山背大兄王（厩戸皇子長子、被殺）
⑧古人大兄皇子（舒明天皇長子、被殺）
⑨中大兄（舒明天皇皇子、天智天皇）

このうち、①は実在そのものが疑われている仲哀天皇の叔父である。娘の大中姫は仲哀の妃となって、籠坂皇子と忍熊皇子という、応神天皇のライバルを産んでいる。ほとんど神話の中の存在といえる。おまけに、彦人大兄の名の上に押坂をつければ、そのまま舒明天皇の父の名となる。何やら、押坂彦人皇子が大兄であったことを強調するためにつけられたような諱である。②は履中天皇の諱大兄去来穂別であるが、この大兄は名前の頭に立ち、また『古事記』では大江伊邪本和気命と表現され、後の大兄とは異なる意味であったと考えられる。そうなると真に大兄の称号を持つ者は、③の勾大兄が史上最初であったことになる。大兄とは、継体天皇が勾大兄を皇位に就けるために強引に創出した地位だったのではないか。継体天皇が彼を「春宮」と呼び、天皇の補闕たるべき特別な詔勅を与えたのも、そのための必死の手段だったのだろう。全ては、勾大兄即位のための布石であった（したがって、同時期に大兄が複数いたとする説は再考を要する）。

安閑天皇は、中継ぎとして即位した。中継ぎは自らの子孫に権力を引き継がせようとして、時に権力闘争を引き起こす。典型例が、南北朝の争乱を引き起こした後醍醐天皇である。事実、勾大兄がいったん皇位に就けば、皇后は皇女であり、生まれる子供は皇子となる。自ら皇統の主流になろうとすれば、不可能ではなかったろう。だが、結果を見れば、安閑は見事に父親の遺託に応えたことが分かる。彼は自らの子孫に皇位継承権を放棄させ、臣籍に降下させた。皇子稲目は、父の遺志通り大臣として欽明に仕え補弼の権をふるい、娘を後宮に入れ、皇室の補完者に徹した。

　稲目は早い時期から、欽明の補佐役として位置づけられていたのだろう。父親である勾大兄は継体の庶子にすぎない。もし、父親が天皇にならなければ、稲目は継体の庶孫としての権利しかなく、強大な力は発揮できなかったろう。稲目が大伴・物部両大連や他の王族を凌駕する力を持つためには、皇子になることが必要であった。そのためには、継体は何としても勾大兄を皇位に就けなければならなかった。また安閑崩御後に、弟の檜隈高田皇子が皇位に就かなければ、大臣という今まで存在しなかった官職を創設し、稲目をそれに任命することはできなかった。稲目が補弼者としての職能を全うするためには、叔父宣化の即位が是非とも必要だったのである。こう考えると、『書紀』が描き出すこの一連の継承劇は、きわめて合理的かつ合目的的だったことが分かる。二人の異腹の兄のおかげで、欽明は八年間という時間と、より強化された基盤と、稲目という最強の補佐役を得て、皇権を確立することができたのである。

　最終的に、継体一族の家系は欽明に収束する。宣化の娘たちは全て欽明の妃となり、安閑の子孫は蘇我大臣家となった。そして、稲目の子供たち、蘇我の諸族を次々と政権内に取り込んでいった。大和朝廷内は、継体の子孫で文字通り埋め尽くされた。継体一族は、一致団結して壮大な計画のもと四代八十年という時間をかけて、大和朝廷を完全に掌握することに成功した。蘇我氏創設は、そのための切り札だったのである。

だが、天皇の皇子は、稲目一人ではない。例えば、宣化天皇の子どもたちの中にも皇子はいた。その子どもたちは、皇子ではあっても、せいぜい高級官僚として政治に参加し、その子孫はやがて君や真人などの姓を賜って臣下の列に連なった。誰も、蘇我氏のような特別な権力を持たなかった。

では、なぜ、蘇我氏のみが天皇に匹敵するような力を持てたのか。

稲目は自らの子どもたちに臣の姓を授け、中央政治の場に迎え入れた。馬子もまた、同様に自分の子どもたちを臣として政権に参加させた。こんなことができたのは、蘇我氏だけである。

皇極天皇二年十月壬子、蘇我大臣蝦夷、縁病不朝。私授紫冠於子入鹿、擬大臣位。復呼其弟、曰物部大臣。(皇極天皇二年十月六日、蘇我大臣蝦夷は、病で出仕できず、紫冠を私的に子の入鹿に授けて大臣の位に擬した。また、その弟を物部大臣と呼んだ)。

これを見ると、蝦夷は何か特別な紫の冠を所有しており、晩年それを入鹿に与えることによって大臣の位を継承させ、そして入鹿の弟に「物部大臣」という、新たな蘇我の枝族を開かせたことになる。つまり、この紫冠が大臣の位の証で、その権力の象徴となるレガリヤ（聖器物）だったと考えられる。おそらく、稲目が蘇我氏を創設したさい、安閑または宣化から授けられた、大臣の証としての特別な冠だったのだろう。それは、冠位十二階などの通常の位階からは隔絶した、この国の副王とも言える権力の象徴だった。

まさしく蘇我氏はこの国の副王だった。その権力がいったい何に由来するかは、さらに論議を積み重ねて、本論の最終章で論考する。

九、蘇我葛城臣についての考察

葛城県をめぐる問題を分析する。これは、先に葛城臣烏那羅と蘇我本宗家が葛城県の所有権をめぐって抗争したと述べたことの説明である。

蘇我氏は、馬子に至って葛城氏の末裔であることを主張し、推古に葛城県の下賜を奏請した。例の葛城県に関する奏請である（本書四一～四二頁）。

それによると、馬子の主張は、①葛城県は元々自分の本貫である。②そのため、自分は葛城臣を名乗っている。③葛城県は本来自分のものであるから下げ渡してほしい、ということになる。この時点で、馬子は葛城臣を名乗っていたらしい。その理由は、先に述べたように、稲目が春日山田皇后を通して葛城氏の血脈を継承していたからだろう。

それでは、当時の葛城はどうなっていたのだろうか。欽明紀十七年七月条に「遣蘇我大臣稲目宿禰等於備前児嶋郡置屯倉、以葛城山田直瑞子為田令（稲目宿禰等を備前児嶋郡置屯倉に派遣し、葛城山田直瑞子を田令とした）」とある。葛城山田は現在の奈良県葛城市山田である。稲目が児嶋屯倉を経営するのに葛城の豪族を配下として使役していることから、葛城は実際に稲目が支配していたことが分かる。葛城も稲目の領地となっていたのである。葛城の所有権は、葦田宿禰→蟻臣→荑媛、そして仁賢から山田皇后を通して稲目に伝えられていた。ところが馬子の奏請によると、馬子の時代、葛城県は皇室領になっていたことになる。稲目の後を継いだはずの馬子には継承されなかったのだ。いったい何があったのだろう。

古来の葛城氏は、雄略紀を最後に記紀から姿を消す。葛城氏は、玉田宿禰系と葦田宿禰系の二系統があったとされるが、玉田宿禰の系統は允恭天皇によって宿禰本人が殺され（允恭紀）、葦田宿禰系は円臣家が雄略天皇の手によって韓媛を残して族滅させられた（雄略紀）。雄略と韓媛の間には清寧天皇が生まれたが、その清寧には子がなく血脈も絶え、葦田宿禰の系統もまた、蟻臣以後その名を見ることはない。したがって、稲目の時代、古来、葛城氏はこの世に存在しなかったことになる。なにより、馬子が葛城の末裔を主張しその遺産を継承しようとしたこと自体が、すでに葛城氏がこの世から消滅していたことを如実に示している。

したがって、この時期、葛城氏を名乗ったのは蘇我氏だと考えられている。証拠として、葛城寺に関するいくつかの文献記録がある。『帝説』には、太子が「葛木寺を葛木臣に賜う」とあるが、『傳暦』には、同じ内容で蘇我葛木臣に賜ったとある。これを見る限り、葛木臣とは蘇我氏の一族の誰かであることは明らかであり、馬子本人であるとされている。

だが、奇妙なことにこの当時、蘇我氏のほかにも葛城臣を名乗る人物が存在した。崇峻天皇即位前紀に登場する、葛城臣烏那羅である。馬子が葛城臣を名乗っていたとすると、馬子と烏那羅とが同一人物でなければならない。それは果たして本当なのだろうか。

烏那羅は、五八七年丁未の乱に際して初めて歴史に登場し、馬子の主導した物部追討軍に参加した。『書紀』には諸皇子とともに、蘇我馬子宿禰大臣、巨勢臣比良夫、膳臣賀陀夫とならんで葛城臣烏那羅の名が記されている。したがって、最初の登場の時点から、蘇我馬子と葛城烏那羅が同一人物である可能性はごく低いことが分かる。また、実戦に参加し、馬子や巨勢膳の諸将と並記されているところを見ると、烏那羅は軍を実際に指揮した、相当高位の将軍であったことになる。

崇峻天皇四年（五九一）、崇峻が任那再興のために新羅征討軍を組織したときには、烏那羅は紀男麻呂宿禰、巨勢猿臣、大伴囓連とならんで大将軍に任命され、さらにその下の副将や指揮官である各氏族の長とともに二万余の軍勢を率いて築紫に出兵した。国力を傾注した派遣軍である。その大将軍となれば、烏那羅は軍事に長けただけでなく、大和朝廷内においてきわめて高い地位を占めていた重臣だったと推測される。

この新羅出兵時に、馬子は崇峻天皇を暗殺した。したがって、このとき大和にいたことは確実であり、一方の烏那羅は筑紫に遠征途中のはずで、烏那羅が馬子と別人であることはほぼ確実となる。

また、馬子は当時飛鳥寺を建立しており、葛城寺まで同時に建立したと考えるより、葛城寺は葛城臣が自家の氏寺として建立したと考えるほうがずっと自然である。とすると、ここで言われる葛城臣とは、馬子より烏那羅だと考えたほうがよさそうだ。『帝説』『傳暦』に現れる蘇我葛城臣とは、どうやら烏那羅のことらしい。だが、この烏那羅は、この派遣記事を最後に以後の歴史から一切姿を消してしまう。そして十数年後、馬子が自ら葛城臣を名乗って葛城県下賜の奏請を行うのである。

この一連の経緯から見れば、葛城臣の氏名が、十数年の間に烏那羅から馬子に移ったと考えるしかない。大将軍、蘇我葛城臣烏那羅の身に何が起こり、彼はどこへ消えてしまったのだろう。そして、この烏那羅とはいったい何者なのだろうか。

蘇我葛城臣と言うからには、当然蘇我氏の一員に違いない。蘇我氏は稲目以前には存在しないから、馬子の兄弟に当たると考えるしかない。蘇我大臣は、臣を任命する権利を持っていたと推定されると、筆者は先に述べた。とすると、稲目は、馬子以外の、自分の子の誰かに葛城臣を名乗らせて葛城氏を継承させた、という可能性が考えられる。

馬子の弟で、軍事に長けた大和朝廷の重臣である人物、となると私たちは一人の男をよく知っている。そう、境部臣摩理勢である。

摩理勢は境部臣氏の初代であり、『傳暦』に「大臣（蝦夷）叔父」とされていることから、馬子の弟と考えられている。摩理勢の『書紀』における初出は、推古天皇八年（六〇〇）、新羅征討のため大将として一万の兵を率い半島出兵したという記事である。新羅の五城を抜いたというから、これが本当ならかなりの名将と言える。一方の葛城臣烏那羅は、崇峻天皇四年（五九一）の出兵記事以後一切史書に姿を見せなくなる。両者はともに馬子の兄弟という素性と、よく似た履歴と能力を持ちながら、同一の時間帯を占めたことはない。

両者の関係記事を年次別に列挙する。

五七〇年　蘇我稲目薨去
五八七年　葛城臣烏那羅、丁未の役に参戦
五九一年　葛城臣烏那羅、新羅征討軍に参加
五九六年　葛城臣、聖徳太子を供奉して伊予に（伊予湯岡碑文）
六〇〇年　大将軍境部臣、新羅征討軍に参加
六一二年　堅塩媛の改葬に境部臣摩理勢奉誄
六二三年　大徳境部臣雄摩侶ら新羅出兵

六二四年　馬子の葛城県に関する奏請
六二六年　馬子薨去
六二八年　推古崩御、境部臣摩理勢死亡

境部臣雄摩侶は摩理勢の別名だとされている。息子という説もあるが、大徳という冠位の高さからすれば、息子ではなく本人であろう。もし、五九一年と六〇〇年の間に烏那羅が葛城から境部に氏族名を変更したとすれば、今まで述べた両者の類似点と相違点、および史書に同時に登場しない点など、全てが非常にきれいに説明される。

だいたい、同じ一族の中から、というより同じ兄弟の中から、ほぼ同時期に二人も外征軍の大将軍が出るなどということがあり得るだろうか。また、蘇我氏と皇室の命運をかけた丁未の役で、馬子の実弟であり、蘇我氏きっての武人であった摩理勢が参戦しなかったなどということも、またあり得るだろうか。これらもまた、烏那羅と摩理勢が同一人物とすれば、全て氷解する疑問である。

六二八年、摩理勢は蝦夷の放った兵に、子供ともども殺されている。父親である稲目が死去したのは欽明天皇三十一年（五七〇）とされるから、摩理勢が稲目の晩年の子で、稲目の薨去時十歳であったとすると、丁未の役（五八七）には二十八歳で参加し、死亡時には六十八歳であったことになる。当時としても、不自然な生涯ではない。

稲目の母は山田皇后であるため、稲目の息子にあたる摩理勢は、仁賢天皇を通して葛城の血統を継承していたことになる。摩理勢が葛城臣を名乗っても、別段何の不思議も不都合もあるまい。

『姓氏録』によると、岸田臣の先祖は稲目の子、小祚臣という。また、倉麻呂は別名雄当《おまさ》とも言ったという。摩理勢の別名が雄摩侶なら、蘇我の男には、いずれも「お＋〇」という名をつけられていた可能性が高い。烏那羅という名も、そのパターンを踏襲している。

蘇我葛城臣や葛城臣烏那羅と呼ばれ、太子から葛木寺を賜ったのは、実は境部臣摩理勢であったと考えられる。

ではなぜ、葛城臣烏那羅が境部臣摩理勢になったのか。葛城県下賜の奏請に際して、馬子は葛城臣を名乗った。それ以前にそんな主張は一切見られないので、馬子はどうやらそれまでの方針を撤回して、自ら葛城氏の後継者を称したと考えられる。その時期は、摩理勢が境部臣として登場してくる六〇〇年以前であろう。馬子は、摩理勢が名乗っていた葛城臣の氏名を奪ったことになる。

摩理勢に葛城の氏名を名乗らせたのは、当然ながら父親の稲目だったと考えられる。稲目は、馬子に蘇我本宗家を継がせ、葛城の氏名は摩理勢に与えたのであろう。このこと自体は、跡継ぎのいなくなった母方の実家を息子の一人に嗣がせようとする行為で、現在でも普通に見られるありふれた相続にすぎない。だが、父親の死後、馬子はその父親の定めた方針を撤回して、自ら葛城臣を名乗ることにしたのである。その結果、葛城臣烏那羅は史上から消え、代わりに境部臣摩理勢が登場する。由緒ある葛城の氏名と葛城氏旧領の相続権を奪われた摩理勢が、馬子に対してどういう感情を抱いたか、現代の我々にも想像は容易であろう。

馬子の時代、葛城県は馬子に相続されず、皇室領となった。稲目の死後、推古天皇が所管していたのである。馬子は晩年、推古に葛城県の下賜を奏請したが、推古はこれを許さなかった。なぜだろう。本来、葛城県の相続権は山田皇后から稲目に伝わり、欽明十七年には実際に稲目が支配していたのであるから、葛城氏の後継者に下賜することに問題はなかったはずである。実際その後、蝦夷の代になって、葛城県は蘇我本宗家の所有となったとされている（『皇極紀』）。どうして、推古は馬子に下賜することを拒絶し、また馬子も拒絶されてあっさり引き下がったのだろう。それは、本来の葛城県の相続権は稲目から摩理勢に与えられていたことを、推古自身がよく知っていたからではないか。摩理勢も、推古にとっては叔父である。祖父稲目の遺志を無視して、葛城県を馬子に与えるわけにはいかなかった。推古はそのことを指摘して拒否した。そのため、馬子も引き下がらざるを得なかったのではないか。

摩理勢は、推古崩御後の皇位継承者問題で蝦夷と対立し、馬子の桃原墓築造用の廬を打ち壊して、斑鳩宮に立てこもったとされる。庇護者の泊瀬仲王（山背大兄王の弟）が急遽亡くなったため、蘇我田家に帰ったところを、蝦夷の差し向けた軍勢に子供もろとも絞殺され、境部氏は断絶した。

だが、この事件の経緯もまた不可解である。皇位継承者問題と馬子の墓の築造とは、本来全く別の問題のはずである。また、皇位継承者をめぐって摩理勢が争った相手は蝦夷であって、馬子ではない。なのに、摩理勢はなぜ、馬子の墓の工事を妨害したのか。また、墓の工事小屋を壊したくらいで、叔父のみならず、その子まで殺して親族一家を断絶させた、蝦夷の反応もまた異常である。

さらに、葛城県は、蝦夷の代にいたって蘇我氏に返還されている。皇極紀によると、皇極元年（六四二）、蝦夷は葛城の高宮に宗廟を建てたとされるから、葛城の旧領を支配したことは間違いないらしい。馬子ですら解決不能であった葛城県の相続問題を、蝦夷はいとも容易《たやす》く解決した。どうやったのだろう。どうもこの一連の事件は、原因も不審なら経緯も不可解、結果もとんでもない、奇妙なものになってしまっている。論理的整合性に欠けるのである。何か隠された事情があると考えねばならない。

蘇我本宗家への葛城県の返還を抑えていたのは、推古であった。馬子は推古崩御に先立つ二年前に薨去している。馬子の代では、葛城県の相続はならなかった。それは、蘇我本宗家の宿願として蝦夷に受け継がれただろう。だが、馬子の死後、推古の元で葛城県の所有問題は、摩理勢有利に傾いた可能性すら考えられる。その推古が崩御した。蘇我本宗家の葛城県相続を妨げていた、最大の障害がなくなったのである。

蝦夷は、推古天皇の後継者として田村皇子を擁立した。それは推古の遺勅だと蝦夷は主張したが、もし蝦夷があくまで天皇の遺勅を奉じる忠臣なら、本宗家には葛城県を与えないという遺志をも遵守しなければならないはずである。蝦夷の行為は矛盾というしかない。

では、蝦夷はどのようにして葛城県問題に決着をつけたのだろう。もし、田村皇子ではなく、山背大兄が皇位に就いていたなら、葛城県の相続問題はどうなっていたかと考えることは、この疑問の解決にヒントを与えてくれそうである。

『伊予湯岡碑文』は、元は伊予の湯に立っていた石碑に書かれていた碑文で、石碑自体はすでに失われているが、その内容は『伊予風土記逸文』に転記され、『釈紀』に引用されて見ることができる。『風土記』奏上の命は七一三年であるから、碑文はそれ以前に書かれたもののはずである。それによると、推古天皇四年（五九六）、太子が恵慈と葛城臣を伴い伊予の湯泉に遊んだという。この記事が『書紀』にないことと、葛城臣を馬子と見て、馬子が伊予に行ったはずはないとして、碑文は偽作の疑いをかけられている。だが、崇峻政権は五九二年には半島出兵を謀って失敗し、六〇〇年には太子自らが境部臣を将軍として一万の遠征軍を半島に送っている。摩理勢が新羅の五城を抜いたのは、この時のことだ。したがって、この伊予行は温泉行ではなく、遠征がらみと考えるべきである。太子一行が出兵のために伊予の湯、というより熱田津に行ったとしても何ら不思議はない。舒明天皇が十一年と十二年の二度にわたって伊予に渡り、また約七十年後、斉明天皇自らが遠征軍を率いて熱田津で潮待ちしたことを考えれば、記事にも現実味が湧いてくる。とすると、この碑文の葛城臣とは摩理勢だった可能性が高く、摩理勢は太子の身近に仕えていたことになる。上宮王家と摩理勢とは、特別に親密な間柄だったのである。摩理勢が山背大兄の皇位継承にあくまで拘ったのも、それが理由の一つだったのかもしれない。

さらに、推古天皇生前の意思は、本宗家に葛城県は相続させないということであった。もし山背大兄が皇位に就けば、稲目と推古天皇の遺志を楯に、葛城県問題を摩理勢に有利な結果に導いた可能性が高い。葛城は、既述したように当時のハイテクセンターであった。摩理勢が葛城の氏名とその旧領を手に入れれば、彼はたんなる蘇我の枝族ではなく、葛城氏という巨族の後継者として蘇我本宗家に匹敵する存在となっただろう。いや、元々仲が悪かったようだから、本宗家に取って代わった可能性すらある。二十数年後、倉山田石川麻呂が実際にその企図に成功したことを思えば、蘇我氏の内部分裂はすでに始まっていたのだろう。それを考えれば、蝦夷は山背大兄を皇位に据えることは決してできなかったはずである。推古の後継者問題には、葛城県と蘇我氏の宗主権の行方もかかっていたのである。

推古崩御後、境部臣氏は蝦夷によって滅ぼされ、皇位には蝦夷が推した田村皇子が就いた。蘇我氏きっての武人であった摩理勢が、実戦経験もない甥相手に、何の抵抗もせずに子供とともに殺されたというのも不自然だが、今はそれは置いておくとしよう。邪魔者が全ていなくなって、蝦夷はゆうゆうと葛城県を手に入れることができた。馬子には、姪（推古）の目前で弟を殺すことはできなかったが、田村を推し立てた蝦夷には、もはや何の遠慮も容赦も必要なかった。蝦夷が境部氏を滅ぼした理由は、皇位をめぐる争いだけではなかったのである。これがこの章の冒頭で述べた、葛城県をめぐる紛争の顚末である。

境部氏は上宮王家の近臣であった。必然的に、蘇我本宗家と上宮王家とは、境部臣氏を間において対立する関係となっていた。境部臣氏を滅亡させれば、蘇我本宗家は上宮王家の怒りを直接買わざるを得ない。本宗家は、本来身内のはずの上宮王家を敵に回したのである。山背大兄が皇位に就いた場合事態がどう動くかは、本宗家にとっても深刻な問題だったに違いない。本宗家が山背の皇位継承にむしろ執拗に抵抗したのは、一つには山背側の報復が予想されたためだろう。この確執が、上宮王家滅亡の原因の一つになった可能性は高い。

また目の前で、相続争いによって摩理勢が殺されるのを見ていた他の親族は、どう思っただろうか。蝦夷は、田村皇子の皇位継承は推古の遺勅であるとし、葛城県の帰属については推古天皇の遺志を無視して我がものとした。都合のよい遺勅は尊重し、都合の悪い遺勅は破棄するというのは、ご都合主義というものである。蝦夷は、かなり身勝手な人物だったらしい。莫大な遺産と巨大な権力がかかっているとなると、蝦夷ならずともそうなるだろうか。本宗家は身内である境部臣氏を滅ぼして葛城県を手に入れた。他の分家からみれば、本宗家は自家権力強化のためなら身内すら滅ぼす、という危惧を持たざるを得なかったであろう。葛城から峠（平石峠）一つ越えれば、河内国石川郡である。石川郡は、倉家、桜井氏、箭口氏、高向氏など蘇我の諸族の領地であった。その諸族の領地に、本宗家の手が伸びてくる危惧が俄然わき起こったのである。とりわけ、その名から石川を勢力基盤としたと考えられる、石川麻呂の立場は深刻であったろう。

蘇我本宗家は、最終的に石川麻呂の裏切りで入鹿が暗殺され、高向臣国押が武装解除することによって、蝦夷も自滅することになるのだが、一族内部の確執はすでに馬子の代から芽生えていた。そして、蝦夷による境部臣氏と上宮王家の族滅で決定的になったと考えられる。

最後に残る問題は、なぜ、烏那羅と摩理勢が同一人物であることを『書紀』が隠蔽したかである。単なる記録漏れであろうか。それでは、葛城県下賜の奏請で、馬子が自らを葛城臣と呼んだことに対する説明を欠くことになる。むしろ、両者を別人としておけば、推古天皇後継者争いにおける摩理勢の反抗が、実は葛城氏の氏名と遺産とをめぐる争奪戦でもあったことを隠蔽できるからであろう。葛城氏の氏名と遺産の争奪戦となれば、それは間違いなく武力闘争であり、摩理勢が駄々をこねたような小さな騒擾であったはずはない。ましてや先述したように、摩理勢は蘇我氏きっての武人である。おとなしく他人が自分の首に紐を巻くのを待っているような人間ではなかっただろうし、ましてや目の前で自分の子の首が締められるのを座視していたはずはない。蝦夷と摩理勢の抗争は、実は凄絶な武力闘争だったのではないか。舒明登極を前にして起こったのは本格的な戦争であり、これこそ記紀が隠蔽したかったものだったのではないだろうか。これが、どういう意味を持つかは、さらに後章で考える。

奈良県橿原市和田町に、田圃の中にぽつんと盛り上がっている土饅頭がある。かつては、馬子が初めて塔を建てた大野丘の塔跡とされてきたが、一九七四年と七五年の二度にわたる発掘調査によって七世紀後半に創設された寺の塔跡であることが分かり、時代的に大野丘塔跡であることは否定された。その後、和田廃寺と呼ばれてきたが、近年の研究でこれが葛木寺の跡である可能性が高くなっている（小笠原好彦『日本古代寺院造営氏族の研究』一三七〜一七六頁）。

この寺の活動は比較的短かったらしく、早く八世紀後半には、この地における痕跡は断たれている。葛木寺が比較的早く消滅するのは、境部臣氏という、経営主体を失ったためと考えられる。葛木寺は後、藤原氏の手によって平城京外京に再建されたが、『続日本紀』によれば、こちらのほうも宝亀十一年（七八〇）火事で焼亡したということである。

十、押坂王家をめぐる諸問題

1　広姫の出自に関する一考察

蘇我氏が皇族であったとすれば、もう一つ、根底から考え直さなければならなくなるのが、押坂王家の性格である。押坂王家は敏達の子押坂彦人大兄を家祖とし、舒明から天智、天武と続く、現在の皇統の源流である。上宮王家が蘇我の血を色濃く受け継ぐ蘇我系王族であったのに対し、族内婚を繰り返して純血を守ってきた、最も正統に近い皇族であったとされてきた。例えば、次のような考え方が一般的といえる。

この皇統は、蘇我氏の血を全く引いていない（和田萃『飛鳥』七九頁）。

上宮王家が蘇我系王族の中心とすれば、押坂王家はそれとは全く異なり、まさしく非蘇我系の王族の主軸をなす人々であった（吉川真司『飛鳥の都』三六頁）。

これらの考えの根本には、蘇我氏が天皇家の対抗勢力であり、押坂王家は純粋な皇族で蘇我氏と対立していた、という固定観念がある。そして、押坂彦人大兄は、最も正統に近いにもかかわらず蘇我氏によって皇位継承を阻まれ皇位に就けなかった、というのが通説となっている。

だが、蘇我氏が安閑天皇の子孫で、天皇家にとって最も近い親族だったとすれば、右の概念は根底から覆る。なぜなら、安閑の子孫である蘇我氏に血縁的により近い者こそ、むしろ皇統の本流に近かったと言えるからである。息長真手王という、かなり遠い皇族を外祖父に持つ彦人大兄は実は傍流で、その子孫であり後世政権を掌握した天武政権下で、大兄とされ嵩上げされたのではないかという疑念さえ浮かぶ。

だが、これもまた、本当にそうなのだろうか。

押坂彦人大兄の素性について、論理的に考察してみよう。彦人大兄は、敏達天皇と広姫との間の子とされている。敏達天皇については、宣化天皇の娘石姫を母とする欽明天皇の次男で、長男の箭田珠勝大兄が早逝した後、欽明天皇の後を継いだとされている。こちらについては何の問題もない。

問題は母親の広姫である。広姫について、敏達紀は次のように記述する。

敏達天皇四年春正月丙辰朔甲子、立息長真手王女広姫為皇后。是生一男二女。其一曰押坂彦人大兄皇子、更名麻呂古皇子。其二曰逆登皇女、其三曰菟道磯津貝皇女。〈中略〉、敏達天皇四年冬十一月、皇后広姫薨(敏達天皇四年正月九日、息長真手王の娘広姫を立てて皇后とした。広姫は一男二女を産んだ。一を押坂彦人大兄皇子といい、更名を麻呂古皇子と言った。次が逆登皇女、その三が菟道磯津貝皇女と言った。〈中略〉、敏達天皇四年冬十一月、皇后広姫は薨去した)。

広姫薨去後、皇后となったのが額田部皇女、後の推古天皇である。

広姫の父親とされる息長真手王であるが、同時に継体天皇の妃である麻績娘女《おみのいらつめ》の父親でもある。継体紀は次のように記す。

息長真手王女曰麻績娘子。生荳角皇女。是侍伊勢大神祠（息長真手王の女を麻績娘子といい、荳角皇女を産んだ。皇女は伊勢大神の祠に仕えた）。

だが、継体天皇の生誕は、様々な議論はあるが、『書紀』では西暦四五〇年頃、『古事記』では四八五年頃とされるのにたいして、敏達の誕生は五三八年頃とされている。両者が同年齢時にそれぞれ麻績娘女と広姫を娶ったとすれば、この間、実に五十三年または八十八年の時間差がある。したがって、姉妹であるはずの麻績娘女と広姫の年齢差は、五十三歳または八十八歳程度と考えなければならない。一夫多妻の時代のこととしても、同一人物の娘とすることはきわめて困難、というより不可能である。可能であると主張している研究者もいるが、多少は医学的常識も考慮すべきである。だいたい、きわめて高齢まで生きた祖父が遅くつくった子の、さらにその子（孫）の妻が、祖父の妻の妹だとするのは、いくら異腹といえ不可能であろう。したがって、真手王と麻績娘子、真手王と広姫の親子関係のどちらかは事実ではないと考えられる。では、過誤か造作のどちらかというと、祖父と孫の配偶者が姉妹だとは、当時の常識から見ても不合理であったろう。したがって、造作の可能性が高いと考えねばならない。

では、どちらが造作なのか。それは当然、広姫と真手王との関係のほうが怪しい。理由の一は、妃を娶った時点での継体と敏達の身分の違いである。継体が麻績娘女を娶ったのは、皇位に就く以前の諸王のときであった。そして、その諸王時代の男大迹王の嫡妻は継体紀に元妃とされる目子媛であり、麻績娘女は嫡妻ですらなかった。真手王家の家格は、尾張連家以下だったと考えるしかない。それに対して、敏達は兄の箭田皇子の夭折後、事実上の皇太子であった。その皇太子の嫡妻、すなわち未来の皇后に、突然真手王の娘がなったという。常識的に考えて納得できる話ではない。

理由の二は、後の者を先の者の業績で飾り立てることはできようが、先の者を後の者の業績で飾るのは無理だからである。キリストはダビデの家系から出たという説はあり得ても、キリストが出たからダビデは英雄であったとするのは無理なのである。

理由の三は、麻績娘女の娘、荳角皇女は伊勢斎宮になったとされており、子孫はないはずで、その母親の出自を飾り立てたり、隠蔽したりする必要のある人間はいなかったはずである。それに対し、広姫の子押坂彦人大兄の系統は、舒明・皇極・孝徳・天智と以後の皇統の主流となり、その子孫、天武が記紀編纂を主導したことを考えると、造作は広姫の出自において行われたと考えるのが常識的であろう。

つまり、広姫の父親の素性を改竄するために、息長真手王の名が使われた可能性が高いのである。記紀編纂者は、麻績娘女の父親と伝えられていた真手王を、広姫の父親として強引に皇統譜に押し込んだのである。使われた真手王家にとっても、公式に家格が上がるので文句が出るはずはない。したがって、広姫の父親の素性には問題があると言わざるをえない。

広姫の母親の素性が記紀に全く書かれていないのも問題である。この当時、皇后の母親についてはよく記録されており、皇后で母親の名が記載されていない例はほとんどない。継体皇后手白香皇女の母春日大娘皇女、安閑皇后春日山田皇女の母糠君娘、宣化皇后橘仲皇女の母春日大娘皇女、欽明皇后石姫の母橘仲皇女など、全皇后の母親の経歴が書かれている。また、欽明天皇の妃である日影皇女について、『書紀』は次のように記す。

此曰皇后弟。明是檜隈高田天皇女。而列后妃之名。不見母妃姓与皇女名字。不知出何書。後勘者知之（ここにいう皇后の妹とは、明らかに宣化天皇の娘である。しかし、后妃の名とともに、母の妃の姓と皇女の名を見ないし出典も不明である。後世の考える人に待とう）。

皇后でない妃ですら、母親の出自は記録されねばならなかった。さらに、継体の母親振媛の素性が、「振媛活目天皇七世之孫也（振媛は垂仁天皇七世の孫である）」と書かれるのが『書紀』の系譜記事である。それなのに、敏達の皇后とされる広姫には、母親の名すら記録されていない。これは大変奇妙なことで、堅塩媛の母親の存在が隠蔽された事例が思い出される。つまり、広姫については、堅塩媛同様、母親の名を表に出せない理由があったとしか考えられない。広姫には、父親にも母親にもその素性に重大な疑惑があることになる。いったい、広姫とは何者だったのだろう。なぜ、ここまで身元を偽られなければならなかったのか。

通常こういう場合、最初に考えられることは、出自の低さであろう。押坂王家の家祖である女性が、実は身分が低かったため、それを隠蔽しようとした、という疑惑である。ところが、実はそれも考えにくいのである。

広姫の息子である彦人大兄には、敏達と推古との間の娘である小墾田皇女や、『古事記』にいう玄王《ゆみはりおう》、すなわち桜井弓張皇女が嫁いでいる。さらに、敏達と伊勢大鹿首の娘菟名子との間に生まれた皇女糠出姫（田村皇女または宝王）も嫁いでおり、舒明天皇はこの妃の所生である。婚姻関係から見れば、彦人大兄は当時の皇室内においてきわめて重要な存在であったことが理解される。卑母の子の場合、舒明の子蚊屋皇子のように正史には事績さえ残らないことが多い。それゆえ、母親であった広姫も、相当高位の家系の出身だったと推測される。広姫とは、きわめて高貴な身でありながら、その素性を正史に残せなかった存在ということになる。

さて、ここで手掛かりとなるのが、広姫が皇后であったという記紀の記述である。後世の天武政権の正当性を高めるため、その祖先系譜を飾ったとして、改竄の可能性さえ指摘される（大橋信弥『継体天皇と即位の謎』一三一～一三四頁）この記述だが、先の彦人大兄の婚姻関係の分析からすると、広姫は皇后となってもおかしくない家系の出身だった可能性が高く、造作とは見なしにくい。当時、皇后となることができたのは、当然ながら皇族だけであった。広姫が皇后だったとすれば、彼女も皇族出身だったことになる。記紀編纂者が、相当な無理をして息長真手王を父親に仮託したのもそのせいだったと思われるが、真手王が広姫の父親であり得ないのは、すでに調べたとおりである。

以上を整理すると、広姫の素性は次の二点に集約される。

①広姫は敏達の最初の皇后であり、皇族であった。

②その真の出自を記紀に記載することは、編纂時の事情から不都合だった。

敏達天皇即位の頃の政治状況を、もう一度思い出してみよう。何度も言うが、継体王朝は、欽明一族、宣化一族、そして安閑一族（蘇我王家）の三家族から成り立っていた。彼らは欽明一族を核として、協力して皇権の確立を目指していた。欽明亡き後、敏達は継体王朝の後継者であり、広姫はその伴侶であった。そして本書一三五頁で述べたように、皇后を出す資格のある家は、安閑の子孫か宣化の子孫しかなかった。宣化の家系からは、石姫をはじめとして后妃を数人輩出しているが、それを隠蔽はしていない。実際、その必要もなかったろう。以上の状況下で、①②を同時に満たす解答は、となると、もうお分かりだろう。そう、広姫は蘇我氏の出身だったのである。世代的に考えれば、稲目の娘と考えるしかない。母親は不詳だが、稲目の正妃だったとすれば、筆者の想定する、雀部皇女だった可能性が高い。欽明政権が欽明と稲目の二人三脚で運営されたとすれば、その正嫡たる敏達の皇后は、稲目の娘以外には考えられない。

だからこそ、広姫が薨去するまで額田部皇女すら皇后に即位できず、そしてその息子に、推古は自らの娘を二人も与えたのである。彦人大兄は、その身の半分に蘇我氏の血を受け継ぐ、敏達皇統の正統な嫡子だったのである。

2 息長氏をめぐる問題

では、それがどうして後世改竄され、息長真手王という、広姫とは全く無関係な人物の娘とされたのか。それは後、蘇我本宗家を倒して政権を手に入れた皇極一族が、自らを正統とするためには蘇我氏を朝敵とする歴史を編纂せざるを得なかったからだろう。そのため必然的に、彼らは蘇我氏と自家との血縁関係を抹消せざるを得なくなり、広姫の素性が改竄されたのである。広姫の出自として息長真手王が選ばれたのは、たまたまかつて継体に妃の一人を入内《じゅだい》させていたのと、皇親ゆえに広姫が皇后であったという事実を満足させるのに都合がよかったためだと考えられる。

息長氏は、天武天皇十三年（六八四）十月の天武八姓制定時には真人姓を与えられ、皇親であることが強調された。同時に、本来皇親であるはずの蘇我の諸族には、皇室とは血縁関係を持たない氏族に与えられるはずの朝臣姓が与えられた。宣化の子孫である丹比公と威奈（猪名）公には真人姓が与えられたのに対して、安閑の子孫である蘇我の諸族は皇親であることを否定されたのである。天武八姓は、蘇我の諸族の処遇を決定する意味をも持っていたのである。

さらに、舒明天皇に息長足日広額という和風諡号を奉ることによって、広姫の出身氏族としての息長氏を強調し、真の出自である蘇我氏から後世の目を逸《そ》らそうとしたのだろう。天皇の和風諡号に母方の祖母の出自である氏族名を入れたような例は、他に類例を見ないきわめて異例で特殊な事例である。息長足日広額を分解すると、息長＋広（姫）＋糠（出媛）とちゃんと系譜になっており、しかも息長と広姫の間に足日が入って、両者の間に断層があることを示している（何と言ったらいいのか……、私はこのことに気づいたとき、唖然としてしまった。この諡号をつくった人物は凄まじく暗い諧謔の持ち主であったに違いない）。この諱は、息長氏と皇室との密接な繋がりを示すというより、息長氏に後世の目を向けるための目眩ましと考えるべきだろう。息長氏は、蘇我氏のダミーだったのである。

皇極一族に流れる蘇我の血は、それだけではない。皇極の母吉備姫皇女の父親が、欽明と堅塩媛との子の一人、桜井皇子であることは現在ほぼ認知されていると言ってよいだろうが、この血縁関係は『紹運録』などに記されてはいるもので、記紀には一切触れられていない。記紀は、押坂王家と蘇我氏との血縁関係を、正史から全て抹消しようとしたのである。

舒明の大葬における奉誄儀礼で、息長山田公が歴代日嗣のことを奏したことをもって、息長氏が舒明の出身氏族であることを強調する説がある。これに対して多少の議論を加えておく。

まず、舒明紀の大葬の誄は、巨勢臣徳太が大派皇子に代わり、粟田臣細目が軽皇子に代わり、大伴連馬飼が大臣（蝦夷）に代わり、そして翌十四日、息長山田公が歴代日嗣の次第を誄したとされる。これを見て目につくことは、前三者は本来誄を奏すべき者が自ら行わず代理の人間に奏させているのに対し、息長山田公のみが本人自ら奏していることである。しかも、誄日も別日に改め、他の奏者の誄が内容を記録していないのに、わざわざ歴代日嗣の次第と記して系譜状の関係を強調している。

息長山田公の特異性は他にもある。氏名の順である。息長山田公は氏＋名＋姓《かばね》と考えるべきであろう。息長山田が一つの氏という見方もあるが、その場合、歴代日嗣のことを奏した人間のみ奏者の名前を欠くという、奇妙なことになる。『書紀』ではそういう場合、「闕名也（名を欠く）」と説明することが多いのに、ここではそれがなく、さらに奇妙であろう。すると、この記事では、彼以外の人名は、巨勢臣徳太のように全て氏＋姓＋名の順となっているのに、息長山田公だけが、他の誄の奏者とは異なった順で書かれていることになる。通常、『書紀』では人名は、氏＋姓＋名か、氏＋名＋姓のどちらかで書かれている。この両者の書き順はかなり入り交じって使用されており、同一記事内に両者が混在していることも稀ではない。それは理解できるとしても、この場面で山田公一人が異なる書かれ方をした理由は何か、疑念を持ちたくもなろう。

したがって、息長山田公は他の奏者とは右の四点で異なる、異質の存在である。これは、彼に関する記述は、巨勢臣徳太、粟田臣細目、大伴連馬飼の誄とは別に、『書紀』編纂上のある時点で挿入された可能性が高いことを示している。すなわち、捏造の可能性がぬぐえない。これも、息長氏を蘇我氏の代替にしようとしてなされた作為の一つではないだろうか。

3　舒明天皇の即位をめぐる問題

そうなると、押坂王家の性格自体も見直さねばならない。彦人大兄は、確かに本来、天皇になってもおかしくない存在であった。だが、それは、蘇我の血の入らない純血の皇族であったためではなく、欽明と稲目という、継体王朝の最も正統な後継者の血を直接受け継いだという意味でであった。その意味では、敏達崩御後皇位を受け継いだ用明や崇峻は、欽明の皇子であると同時に、堅塩媛と小姉君という稲目の娘をそれぞれ母親としており、卑母腹ではない。両天皇が皇位を引き継いだのは、当時の皇位継承システムが兄弟相続を内包していた以上、当然のことであった。

押坂王家は、決して非蘇我でも、蘇我の血がかかっていない純血の皇族（そういう概念そのものが本来存在しない）でもなく、上宮王家と同様に、蘇我氏の血を色濃く引く皇室内の一家系であった。そして、その最大の特性は、実は敏達直系という点にあったのである。

その彦人大兄の子である田村皇子が、推古天皇崩御後、皇位を山背大兄と争い、最終的に皇位に就いた。この過程を追ってみよう。

ところで筆者は、厩戸皇子は実際に天皇となったと考えている。本論から少し外れるが、当時の政治史を考えるうえで避けて通れない問題である。太子が皇位を踏んでいたと考えられる理由は、すでに諸賢が上げておられる通りである。

①『用明紀』に「天皇事」する、とある。

②推古天皇十一年十一月、大楯、靫を作り旗幟を立てたとある。これらは、天皇の宮の標である。

③息子の山背大兄王が大兄である。山背以外の大兄の全てが皇子である。山背大兄一人が皇子でなかったとすれば整合性がとれない。

④太子は斑鳩宮および斑鳩寺を造営している。斑鳩宮は、法隆寺、斑鳩宮、中宮、飽波宮、岡本宮等からなる総合施設で、それまでの宮とは根本的に異なる宮都であった。さ

らに、南北軸を約二十度傾けることによって、斜行道路を介して小墾田宮と連携していたらしい。つまり、斑鳩宮は、小墾田宮と統合的計画下で造られた副都であったことになる。このような首都計画を、大山誠一が『聖徳太子の誕生』で言うような、単なる「有力な王」が造営できるはずがない。天皇でなければ不可能な事業であろう。

⑤推古紀二十九年条に、太子を磯長陵に葬ったとある。『書紀』で墓を陵と呼ぶのは、天皇・皇后の場合だけである。

以上は旧来からの説であるが、筆者的に、もう二、三付け加える。

⑥本来、聖徳とは仏教の聖者のことではない。皇帝の位に就く者に備わっているとされる徳である。『史記』五帝本紀に「高陽有聖徳」という。高陽氏とは五帝の一人顓頊《せんぎょく》であり、彼には帝となるべき聖徳があったため帝となった、という意味である。『書紀』編纂者が原義の聖徳を使ったとすれば、聖徳太子とは帝王の徳を持っていた太子という意味となる。

⑦太子が天皇であったとすると、山背大兄の子の世代は皇孫となり皇位継承権を持っていたことになる。上宮王家が族滅させられた真の理由は、押坂王家以外の皇位継承候補者を皆無にするためだったと考えた時、初めて山背大兄の兄弟および子女までもが滅ぼされた理由が理解できる。

⑧筆者の説からすれば、大臣は副王である。天皇の権威の元で実権をふるう。その副王の

存在する状況下で、万機を総摂する皇太子という地位は存在し得ないであろう。地位のバッティングが起こるからである。

ではなぜ、後世太子が皇位に就かなかったとされたのか。一つは『書紀』編纂時に、天智・天武の父田村皇子が皇子であった山背大兄を滅ぼして皇位に就いたことを、正史に書き記すことを嫌ったためと考えられる。雄略が実力を以って皇位を奪い取ったことを英雄視する時代では、もはやなくなっていたのだ。さらに、外交問題も絡んでいると考えられる。当時隋の煬帝は、新羅と同盟して高句麗遠征を企画していた。そこに、倭国からの使者が無礼千万な国書を持参してやって来た。煬帝は怒ったものの、倭国を怒らせて敵方に走らせれば、高句麗遠征の重大な支障になる。倭国が半島に出兵すれば、隋を助けるべき新羅は、そちらに兵力を割かなければならなくなるからである。隋にとって、それは非常な不都合であり、煬帝は倭の国書に接し、「蕃夷の書無礼なり」と怒ってはみても、せいぜいできることは、もう二度と見たくないと愚痴ることぐらいだった。筆者自身は、天皇号は、太子に天子と名乗られて困惑した煬帝が、何とか皇帝とは別の称号で納得させようとして考え出したものだと思っている。中国では、天王という号が、五胡十六国の時代から唐初に至るまで盛んに使われていたから、これを格上げして天皇という号をつくり出すことは、さほど困難ではなかったろう。対隋外交では、倭国が隋の弱点を突いて勝利していたのである。時の皇帝が蕃国の王に皇帝に比肩する称号を認めたという、この中国側にとってきわめて不都合な真実が『隋書』に残ったのは、煬帝を非難することに血道を上げていた、唐太宗の仕業であろう。ところが、この外交上の勝利が、後に白村江で唐新羅連合軍に敗れた政治状況下では、時の天武政権にとって重荷になった。天武政権は白村江における敗北を処理すべき責任を負っていた。勝利外交の立役者であった厩戸は、正史を編纂する際に天皇から皇太子に格落ちさせられた、というのが筆者の考えである。太子に関する奇妙な記述は、全てここに由来していると思われる。

したがって、太子の死後、皇位継承がそれまで通りのルールで行われていれば、当然兄弟相続制のもとに同母弟が継嗣した可能性が大きい。だが、実弟の久米皇子は半島遠征の途上で薨去し、後を引き継いだ当麻皇子も途中で撤退した。用明天皇の子世代には後継者候補がいなくなり、皇位継承者としては、太子の長子山背大兄が最有力になったと考えられる。大兄の称号はそれ故であった。厩戸天皇説に納得できない方は、単に皇太子の後継者として山背が最も有力であったと考えていただいてもよい。いずれにせよ、山背大兄が次期天皇候補として最有力であったことには変わりがない。ところが実際には、山背大兄は皇位を継がず、血縁的にはかなり遠い田村皇子が後継者となった。

両者を比べれば、血統的には、蘇我氏を含む皇族間の純血種であった山背大兄のほうが、伊勢大鹿首の娘を母方の祖母に持つ田村皇子より多少優位にあったろうし、政治的地位から見ても、聖徳太子を父親に持った山背大兄のほうが、皇位に就かなかった彦人大兄の子田村皇子より、ずっと有利であったろう。まして太子が皇位を踏んでいれば、両者の争いは皇子と皇孫の争いとなる。つまり、皇位後継者としては、山背大兄のほうが、田村皇子より断然優位にあったはずなのである。ならばなぜ、田村が即位し、山背は皇位に就けなかったのだろう。

現在は、田村皇子が馬子の女法提郎女《ほていのいらつめ》を娶り両者の間に古人大兄が生まれていたため、蝦夷が外戚としての力をふるえるように支持したという説が強いようである。この説によると、舒明天皇の登極は蘇我氏の専横の一つと思える。だが、その説の基礎には、元々太子と馬子との間に権力をめぐる確執があり、太子の声望を受け継ぐ山背が天皇となるのを蘇我本宗家が嫌ったとする固定概念がある。筆者がすでに指摘したように、蘇我氏は皇族であり、皇統の維持と皇権の執行を目的に創設された宮家であった。したがって、太子と馬子との間には後世言われるような確執などはあり得なかったはずである。さらに、先述したように蘇我本宗家と境部氏が葛城県の所有をめぐって対立していたとしても、それだけで全てを説明するのは無理である。なぜなら、田村皇子の即位は、蘇我本宗家の意向だけではなく、当時の世の趨勢そのものであったように見えるからである。

『書紀』は、その経過を次のように記す。推古天皇は、田村には「昇天位而経綸鴻基。馭万機以亭育黎元。本非輙言。恒之所重。故汝慎以察之、不可軽言」、山背には「汝肝稚之。

而勿諠言、必待群言以宣従」と詔じている。蝦夷や大夫会議は、後継者決定にこの遺詔を奉じ、田村皇子に決定したとする。門脇禎二は、先帝の遺詔が後継者決定に関与した先例はなく、さらにこの言葉だけでは決定要素にはならないとした（門脇禎二『「大化改新」史論』三三～五一頁）。確かに、推古のこの言葉は、両者にどちらが皇位継承者に決まったか告げているというより、むしろ、後継者がすでに決定したあとに、両者に対して結果を受け入れるように言い含めているような内容に思える。

次が、「以寄臣田村以聞、臣厩戸言」という『傳暦』の一節である。病床の太子が田村皇子を呼んで後事を託したと読める内容である。

さらに、『大安寺碑文』の一節「舒明天皇龍潜日、為問病故、詣太子宮。太子以此道場、附嘱天皇」も、即位前の舒明天皇が病床にある太子の元に赴き、此道場の後事を託されたとする内容である。此道場とは熊凝道場のことであり、後、舒明天皇によって百済大寺として建立され、さらに高市大寺から大官大寺となり、最終的に大安寺となった、わが国最初の官製寺院である。大安寺は、後、天智と天武の間で、皇位継承の正当性の証として扱われた（岸雅裕「上宮王家滅亡事件の基礎的考察」『日本史論叢 一』日本史論叢会、七八頁）。したがって、この大安寺碑文の一文もまた、舒明天皇が太子から委嘱を受けた後継者であることを意味している。『略記』も同様に、田村皇子が推古天皇の勅命で病床の太子を見舞い「若有所願、朕将随之」、願い事があれば私が引き受けましょうと、遺言を受けたとする内容を記す。これらの史料を素直に読解すれば、太子生前すでに皇位継承者は田村に決定していたことになる。

『傳歴』も『大安寺碑文』も『略記』も、いずれもかなり後世の成立であり、資料として使用するには問題があると言われている。また、後の皇統の家祖となった田村に対する、後世の追従も当然に考えなければならない。だが、『傳暦』には、滅亡した上宮王家王族の全名簿などの記紀にない独自の情報があり、また太子薨去七年後に一族が族滅するというような全く独自の内容も含まれており、後世の創作とばかりは言い切れない。『略記』もまた、多くの引用文献によって成り立っていると言われている。元々これら太子関係の資料は、『補闕記』が主張するように、『書紀』などが委曲を尽くしていないことを不満として、仏教界側から書かれた、本来上宮王家寄りの史料のはずなのである。その山背皇子のはずの史料の多くに、太子生前に田村皇子の後継者としての地位が決定したことをうかがわせる記事が存在している。それも、太子一人の意向ではなく、推古を含め相当広範囲な支配者層の合意のように見える。こう考えると、これらの様々な史料にバラバラに収載されている要件の全てが、実は一つの方向性を持っていることが理解されよう。一概に、舒明天皇系に対する追従として切り捨てられないのである。これは一体、どう考えればよいのだろうか。

これら全ての要件を満足させる仮説が一つある。それは、社会的ルールの突然の変更である。つまり、相続法が一瞬にして変わったと考えるのである。そして歴史上この時期こそ、それが起こった変革期の一つと考えられる。我が国には隋との交流を始めて以後、律令、官僚制度、大陸仏教、都城制などの様々な文物が雪崩込んできた。律令制度を導入することはまだ無理でも、律令の概念は当然流入してきたであろう。そうなると、当然のこととして相続法も随伴してきたはずである。少し後のことながら、養老令では、相続は継嗣令で規定されているからである。中国の相続法は、古来、長子相続である。つまり、太子が行った隋との外交を通じて、中国の帝位継承法が我が国にもたらされ、その結果、山背大兄の皇位後継者としての立場が崩れ去ったのではないか。山背大兄は確かに太子の長子であった。前代までの相続法からすれば、もっとも有力な後継者候補であったろう。だが、もし我が国が皇位継承法として長子相続を受け入れるならば、皇位は欽明天皇以来の嫡系子孫の手になければならない。中国で行われていたこの規定を、当時の我が国は、ごく生真面目に受け入れたのではないか。そのため、太子の長子である山背大兄よりも、敏達の長子である彦人大兄の、さらにその直系である田村皇子の継承権が急遽浮上したのではないか。次期天皇に最も近かったはずの山背の優位は消失し、突然田村皇子が後継者として浮かび上がった。山背がその結果を受け入れたなら事態は収まったかもしれないが、『書紀』その他を見る限り、山背はかなり抵抗したように見える。新しい国際的な相続法か、旧来の相続法か。グローバル・スタンダードかローカル・ルールか。皇位継承をめぐって、天皇家は山背派と田村派の二つに分裂してしまったのである。

この対立した二つの王家に、分裂して争っていた蘇我氏の二家がそれぞれついた。境部臣は、元来上宮王家と緊密な関係にあり、皇位継承戦においても当然山背側についた。本宗家が田村側についたのは、境部氏との対抗上もあったが、相続法の世界規範に基づいてもいた。皇位をめぐる山背と田村との角逐《かくちく》、葛城県と蘇我の宗主権をめぐる蘇我本宗家と境部臣氏との抗争。そして、皇位継承法をめぐる葛藤が同時に起きていた。それらを辛うじて抑制していたのは、厩戸崩後に天皇となった推古の存在であった。その推古が崩御した。三つの争いは、同時に抑止力を失ったのである。

決着は、境部臣氏の族滅という形でついた。摩理勢は、墓の工事を妨害して斑鳩宮に逃げ込んだが、庇護者であった山背大兄の弟泊瀬仲王が突然薨去したためついに誰の庇護も受けられなくなり、蝦夷の放った兵に殺されたという。まるで駄々をこねた子供が叱られて行き場をなくしたような、不可解きわまる話である。一見、本宗家が命令に従わない分家に懲罰を加えた蘇我氏の内部抗争のように見えるが、これが事実とはとうてい考えられず、おそらく両者の抗争が本格的な武力闘争だったと想像されることは、葛城臣烏那羅の項で示したとおりである。そして、境部氏を滅亡させることによって、結果的に山背大兄を沈黙させ、田村皇子を皇位に就けることに成功した。これは結果的には、政権を賭けた武力行使と同じである。つまり、田村皇子と蝦夷は、最終的には武力をもって山背大兄を政権から排除したのである。『書紀』が相続法の変更を隠蔽したのは、蘇我氏の専横を際だたせるためであろう。

この事件と全く同じパターンの政変劇を、我々は『書紀』にもう一つ見ることができる。皇極天皇四年、中大兄が入鹿を暗殺した結果、蘇我本宗家が滅亡して、古人大兄が失脚した、乙巳《いっし》の変である。中大兄らが殺したのは、舒明天皇の後継候補であった古人大兄《ふるひとのおおえ》ではなく、その支持者の入鹿であったが、結果的に古人を皇位継承戦から脱落させ政権を奪うことに成功した。こういうパターンを、中国史では「君側の奸を除く」という。古来中国では易姓革命を行おうとする者は、打倒皇帝の本音を隠し、「君側の奸を除く」とするスローガンを立ち上げる。倒すべきは皇帝ではなく、皇帝の近臣で権力をふるう君側の奸なのである。むろん、それは単なる建前で、君側の奸が除かれたその後、今度は皇帝が除かれ易姓革命が完成する。我が国にも少し後の、藤原弘嗣の乱、橘奈良麻呂の乱など、よく似た反乱例がある。広嗣は吉備真備と僧玄昉を、奈良麻呂は藤原仲麻呂を除くことを名分に兵を挙げた。むろん、我が国では、乱が成功しても皇統が変わることはなかったであろうが、かたちとしては同類である。このときも、蝦夷は君側の奸である摩理勢を除くことによって、中大兄は同じく入鹿を排除することによって政権奪取を成し遂げた。これはある意味、絵に描いたようによくできた儒教的革命劇であって、本来の標的である皇族の身体生命には指一本触れずに、その政治生命を絶つことに成功している。もっともその後、山背も古人も若干のタイムラグをおいて殺害されているので、結果的には同じである。この二つの変の同一パターン化は何を意味しているのであろうか。これについては、後章でさらに掘り下げて考察する。

4 舒明天皇崩御に関する一考察

即位十三年（六四一）、舒明天皇が崩御する。『紹運録』によると、その降誕は推古元年（五九三）であるから、崩御時の年齢は四十九歳となる。崩としか書かれていないから、その死は横死ではなく病死自然死と思われる。当時としてもかなり若いうちに崩御されていることになり、多少の違和感を覚える。

年齢でさらに違和感を覚えるのは、后妃とされる田眼皇女との関係である。田眼は、敏達と額田部皇后との間に生まれた皇女で、敏達紀には「是嫁於息長足日広額天皇」と書かれながら、舒明紀では完全に無視されているのは既述したとおりである。都合の悪いことには徹底的に沈黙するという、今まで見てきた『書紀』の改竄の手口から考えると、かえって真実らしく思える。父親の敏達の崩御は五八五年。母親の額田部は、推古紀によると十八歳で敏達に嫁ぎ、敏達崩御時には三十四歳であったという。七人の子を産み、田眼はその六番目の子とされるから、額田部三十歳頃の所生として、田眼の生年は五八一年前後というのが常識的な線だろう。舒明生誕年を推古天皇元年とすると、田眼は舒明より十二歳以上年長となる。舒明二十歳にして、年上の三十二歳の女性を妻に迎えたのか、田眼二十歳にして八歳の舒明に嫁いだのか、いずれにせよ婚姻自体に相当な無理がある。これについては、疑義を目にすることはあるが、多くはその原因を政略的な理由に求め、本格的な考証はなされていない。だが、両親ともに天皇という貴種中の貴種である皇女の結婚が、そのような変則的な形態で行われるわけがない。ここはやはり、額田部と同様、十八歳前後に結婚したと考えるのが常識的だろう。となると、生誕記事か結婚記事のどちらかに問題があることになる。どちらがおかしいのだろうか。

皇族の挙児年齢は比較的妥当なもので、『紹運録』のいうように、欽明の誕生が継体三年（五〇九）、皇極の生年が五九四年とすれば、この間親子四代（欽明・敏達・彦人大兄・茅渟王）八十五年となる。欽明の長子は箭田珠勝大兄だったが、夭折し、同母弟敏達が継承した。両者の年齢差を五歳として計算すれば、一代あたり二十年となる。したがって結婚年齢は十八、九歳となり、驚くべき規則正しさで、作為の入る余地は小さい。おそらく、皇族の婚姻は幼少期に定められ、結婚は十八歳前後で成長儀礼に組み込まれていたのだろう。もし一代二十年で経代したものならば、舒明の生誕年五九三年には彦人は約四十歳となり、舒明は兄の茅渟王より二十歳前後年少になる。あり得ないことではないが、やや不自然である。これに対し、田眼の生年は、敏達の崩年と推古の年齢の両方から推定したもので、信頼性が高い。どうやら、怪しいのは舒明の生誕年らしい。そこで、舒明の年齢を田眼と同年とすると、実年齢は『書紀』の記載より十二歳程度上だと考えられる。とすると、舒明と茅渟王の年齢差は七～八歳となり、常識範囲内におさまる。また四十九歳という、やや若すぎる舒明の崩年齢は六十一歳となり、違和感が緩和される。舒明生誕は、『紹運録』の記述する推古元年より十二年ほど早かったのではないか。これだけでは意味不明であるが、後で息子中大兄の年齢と比較したときに意味を持ってくる。

『舒明紀』の末尾は、次の通りである。

舒明天皇十三年（六四一）十月九日　天皇崩于百済宮。十八日　殯於宮北。是謂百済大殯。是時東宮開別皇子、年十六而誄之（舒明天皇は百済宮で崩御された。十八日　宮の北で殯《もがり》をした。これを百済の大殯という。皇太子開別皇子が十六歳で誄をされた）。

開別皇子とはむろん、中大兄のことである。この奉誄記事は、古来、中大兄の皇位継承権の正当性をあらわすものとして扱われてきた。だが本当に、誄を奉じるということは、そういう意味にとれるのだろうか。検証するため、皇族の大葬の奏誄についての類例を調べてみよう。

まず、推古天皇二十年二月二十日の、堅塩媛の檜隈陵への改葬における誄である。堅塩媛は欽明天皇の皇后であったから、天皇の大葬に準じて行われたと考えてよいだろう。まず、阿倍内臣鳥が天皇（推古）の、中臣宮地連烏摩呂が馬子の代理として誄し、最後に馬子が摩理勢に氏姓のもとについて述べさせた。つまり、実際に奏誄したのは全て代理人なのである。

次が、推古天皇の大葬であるが、これにはあまりはっきりとした内容は残されていない。朝廷の中庭に殯宮を建て、半年後初めて天皇の葬礼を行い、群臣が殯宮に誄し、その四日後、竹田皇子の陵に葬ったとある。奏誄の内容は不詳である。

そして、舒明天皇の大葬である。舒明崩御は舒明十三年（六四一）十月九日、十八日に宮の北に殯宮を築き、百済の大殯と呼ばれる殯を行い、東宮開別皇子が奏誄したとする。ところが、皇極紀には次の文があり、我々を困惑させる。

皇極天皇元年（六四二）十二月十三日甲午、初発息長足日広額天皇喪。是日、小徳巨勢臣徳太、代大派皇子而誄。次小徳粟田臣細目、代軽皇子而誄。次小徳大伴連馬飼、代大臣而誄。十四日乙未、息長山田公奉誄日嗣。

舒明崩御の約一年後、初めて喪を発して、誄を奏したのである。驚いたことに、前年の開別皇子の奏誄は喪の中に含められていない。このときには、巨勢臣徳太が大派皇子の、粟田臣細目が軽皇子の、大伴連馬飼が大臣のそれぞれ代理として誄し、翌十四日には息長山田公が歴代日嗣の次第を誄した。ここには中大兄の奏誄の記事は見られない。中大兄の奏誄は、舒明紀の末尾に、他の誄に一年以上先行して唐突に置かれ、皇極紀自体が喪と認めていないという、実に不思議な記事なのである。常識的に考えれば、この記事は皇極紀が出来上がったあとで加筆された象徴的なものだったと考えるしかないであろう。

もう一つ、ここでも奉誄は堅塩媛の改葬記事と同様、全て代理人が行っている。どうやら、誄そのものがそもそも代理人の仕事だったらしい。

孝徳天皇の大葬は、殯宮を南庭に建て、百舌鳥土師連土徳に殯宮のことを司らせたという一行だけ。冷淡とも言える記述である。孝徳天皇はその元年に、後に薄葬令と呼ばれる詔勅を発布している。葬儀は大層にするなかれ、墓は豪華にするなかれと定めた当のご本人のことであるから、葬儀は当然簡素であったから、かもしれない。

斉明天皇、天智天皇の大葬に関する記述はほとんどない。斉明は唐と新羅との戦争の最中、天智は壬申の乱の直前であったからだろうか。

天武天皇の大葬となると、これはもはや完全に国家行事と化している。それ以前の大葬が、身内の関与が大きかったのに対して、国家による葬儀となっているため、比較すること自体無意味となる。まず壬生事、次に諸王事、宮内事、左右大舎人事、左右兵衛事、内命婦事、太政官事、法官事、理官事、大蔵事、兵政官事、刑官事、民官事、諸国司事など次々に誄が続き、さらに百済王、国々の造などが随参し、種々歌舞が奏されたとある。

こうしてみると、どうやら誄というのは、高位の人間は直接自分ですることなく、代理の人間にさせることが一般的だったらしい。特に、皇族の場合にそれが顕著である。それは、いくら天皇の葬儀とはいえ、やはり死は穢《けが》れだったからではないか。古代、死を穢れとして忌むことは一通りではなかった。神代紀下第九段に、天稚彦の葬儀にやってきた味耜高彦根神が、容貌が天稚彦に似ていたため間違われ、怒って喪屋の柱を切り倒す話があるが、ここで彼は次のように言っている。

故不憚汚穢。遠自赴哀。何為誤我於亡者（汚穢も憚らず遠くから来たのは哀悼の意を表すためである。なのに、なぜ私を亡者と間違うのか）。

死とはかくも汚穢《おえ》であった。大化の詔勅にも、行路が穢れをもたらすとして賠償を取り立てる行為が横行しているとして、その禁止が命ぜられているが、これも死が穢れである一例である。

では、死の穢れに対してはどうすべきか。敏達崩御後の後継者争いで、三輪君逆誅殺に自ら赴こうとした穴穂部皇子に、馬子が言って押しとどめた言葉がそれを表している。

時諫曰。王者不近刑人。

王者は刑人に近づいてはいけない。それは、刑人が死者に近いから（春秋公羊伝）である。天皇の死といえどもやはり穢れであり、高貴な人が直接誄することは忌まれたのである。

もう一つ、大化の薄葬令は次のように定めている。

或為亡人断髪刺股而誄、如此旧俗、一皆悉断（あるいは亡くなった人のために誄するのに、髪を断ち股を刺すなどは旧俗であり、一切禁止する)。

薄葬令以前には、誄する人は、まず髪を切ったり自傷したりする風習があったのである。これでは、貴人はおいそれと奉誄もできまい。そこで、代理の者が誄をしたと考えられる。

そう考えると、中大兄が自ら誄したという記事が真実だったかどうか、ますます疑わしくなる。また、万一それが真実だったとしても、中大兄自身が誰かの代理だった可能性もあり得る。堅塩媛の改葬儀式で、馬子の代理を弟の摩理勢が務めたように。

どうやら、『舒明紀』の開別皇子の奏誄記事は、中大兄の皇位継承権の優越性を保証するものではないようである。

5 孝徳天皇の即位に関する一考察

推古天皇後の皇位継承に関して、田村皇子を推す新たな力が働いた。それは、大陸から伝わった新しい相続法であった。兄弟相続が主流であった我が国の相続法が、大陸の相続法の影響を顕著に受けたのが、遣隋使を派遣したこの時期であったと考えられる。これによって、敏達直系の彦人大兄の子である田村皇子の相続権、すなわち皇位継承権が浮かび上がり、欽明天皇の第二子、用明天皇の血統である山背大兄の相続権が後退した。舒明天皇は彦人大兄の第二子であって嫡孫ではないが、少なくとも山背よりは正嫡に近い。以下、この経緯について解析を試みる。

周武王は、殷紂王を牧野の一戦で破り殷を征服したが、その後間もなく崩御する。後を継ぐべき武王の子成王はまだ幼弱であり、敗れたとはいえ殷の残存勢力は強勢で、周の天下は未だ定まっていなかった。幼王では天下を保てるはずもなく、武王の弟周公旦が摂政となり、武王后の邑姜とともに、紂王の子武庚禄父の反乱、実弟管公蔡公の反乱を鎮圧した。成王成人の後、周公は成王に政権を返還した。後世、周公は孔子により聖人として尊崇された。王位を継ぐべきは王の長子か弟かという問題は、古代から国家、いや歴史を動かす大問題であった。隋文帝の皇太子は、長子の勇であった。次男の広は、南朝陳征服の大将軍であり隋による南北朝統一の功労者であったが、皇太子の地位は不動であった。広は勇を讒言して皇太子の地位から追放し、皇位を継いだ。隋の煬帝である。唐の二代皇帝太宗も次男であり、皇太子であった長兄建成を自らの手で殺害して皇帝の座に就いた。中国では、母親がよほど卑賤の出である場合を除いては、家督は長子による直系相続であり、次男以下の相続の可能性は低かったことが分かる。それでも、帝位をめぐる兄弟間や叔父甥間の争いは絶えなかったが。

翻って我が国を見れば、古代の皇位継承は兄弟相続が原則だったと考えられる。皇統譜の古代皇位継承記事を見るかぎり、誰もがそう考えざるを得ないであろう。

今、継体天皇以後の皇位継承過程を再検討してみよう。継体天皇の相続者は欽明天皇であり、継体王朝は欽明に収束した。継体の長子、安閑天皇後の皇位継承問題は、卑母問題と蘇我氏の創設という手段で解決された。その欽明の長子は箭田皇子であったが、夭折したため、皇位は次子の敏達が継いだ。ここまでは、皇位継承に大きな問題はなかったと言える。敏達の嫡子は押坂彦人大兄であったが、後嗣は旧来の相続法により兄弟相続のメカニズムが働き、敏達の異母弟用明が嗣いだ。用明崩後には安閑傍系の宅部による皇位継承戦が起きたが、鎮圧され、敏達の異母弟である崇峻に継承された。崇峻の後は、本来、敏達の子の世代に戻って彦人大兄が継承するはずであったが、実際はそうならなかった。彦人薨去の経緯が全く記載されていないことから彦人暗殺説があるが、彦人が暗殺されていれば、その子孫は断絶した可能性が高く、茅渟王や田村皇子が生き残ることも難しいため、彦人は横死ではなく自然死だったと考えられる。宅部皇子の項で述べたように、丁未の役は本質的に安閑の子と欽明の子との戦いであり、欽明の孫にあたる彦人大兄の関与する余地はなかったであろう。

崇峻の後は、前節で述べたごとく、厩戸が継いだと考えている。その厩戸の治世中、隋から後継者は長子または嫡孫に限るという、長子相続法が入ってきたのは間違いない。令には継嗣条項が含まれているからである。厩戸後の皇位継承は紛糾したであろう。敏達の孫であった田村の継承権が、グローバル・スタンダードによって浮上したからである。今度は、先帝の長子であった山背大兄が抵抗勢力となった。そして結果を見る限り、田村皇子の皇位継承権が優先され、舒明天皇が即位したと考えられる。

だが、本当の長子相続となれば、実は田村はその相続人ではない。彦人は、敏達の長子であった。母親広姫は稲目の娘であったため、彦人の血統的正当性はきわめて強固なものであったと考えられるが、彦人は皇位に就けなかった。では、彦人の長子はとなると、これは田村ではなく、茅渟王なのである。田村皇子は、茅渟王の腹違いの弟なのである。

舒明新天皇がどのような経緯を経て決定したか、当時の皇位継承過程の記録は一切残されていないためそれを知ることは不可能だが、可能な限りの推測をしてみよう。目安となるのは、養老令の継嗣令である。継嗣令は、時代的にやや下るし、三位以上に適応されたため、厳密な意味では皇位に対して適応されたかどうかは問題もある。だが、相続という意味では皇位継承も同様であり、時代的にも皇位継承権についての根本的な概念はあまり変わらなかったのではないかと思われる。

それによると、「継嗣には嫡子をあてよ。嫡子なきときは、嫡孫をあてよ。嫡孫がなければ、嫡子の同母弟をあてよ」となる。

茅渟王の母は、漢王の妹とされる大俣王である。他の記録に一切見られないためその出自は不詳であるが、一応皇族と考えられ（出自を書けない皇族となると、蘇我氏の一員かもしれない）、卑母ではない。ではなぜ、茅渟王の即位が実現しなかったか。記紀には横死などの記録が全く残されていないため、おそらく長く続いた推古・厩戸体制の間に自然死していたのであろうと考えられる。そうなると、継承権は嫡孫にいくはずだが、茅渟王の長子軽皇子はすでに三世王（天皇の曾孫！）となるため、継承権は認められなかったのだろう。その結果、異腹ながら弟の田村皇子が皇位に就いたと考えられる。これは厳密には、継嗣令の規定に反している。嫡孫であり、茅渟王の正統な後継者であった軽皇子は、事態をどう受け取っただろうか。そして、宝皇女が入内し、軽皇子は天皇義弟となった。

やがて、舒明天皇が崩御し、皇后とされた宝皇女が皇位を継いだ。皇極天皇の即位であるが、この瞬間、皇位継承法の次の条項が発動する。すなわち、皇兄弟子条にいう、「凡そ皇兄弟皇子は、皆親王と為せ。女帝子《ひめみこ》も亦同じ」である。これによって、軽皇子は親王すなわち皇子としての資格を得たことになる。三世王には皇位継承権がないが、皇子は当然のこととして継承権を持つ。軽皇子は皇位に手が届く位置にきたのである。この後に引き続いて起きたのが、乙巳の変である。中大兄と中臣鎌足によって蘇我本宗家が滅ぼされたが、その真の意義が、舒明天皇の長子古人大兄から皇位継承権を奪うことであったのは間違いない。これによって、軽皇子は後継者としての地位を得たことになる。そして、姉皇極の譲位を受けて皇位に昇った。このように見てくると、孝徳天皇の即位は、まるで彼を天皇とするために、定規で線を引いたように皇位継承者が次々交代した結果だったことが理解されよう。推古から舒明へ、舒明から皇極へ、そして皇極から孝徳へと。

むろん、この結果は偶然の産物ではあり得ない。先述したように、軽皇子は上宮王家族滅に積極的に加担し、さらに遠山美都男の詳細な分析（遠山美都男『大化の改新―六四五年の宮廷革命』）によれば、乙巳の変についてもその首謀者の可能性が高いとされている。軽皇子の行動は、まず①上宮王家を滅亡させて押坂王家以外の皇位継承者を皆無とし、②義兄を皇位につけ、その崩御後、③乙巳の変で蘇我本宗家を滅亡させて古人大兄の継承権を奪い、④さらに姉を皇位に就けることによって自ら継承権を獲得し、⑤最終的に姉の譲位を受けて皇位に昇ったということになる（③と④の順序が逆ではないかと言われそうだが、次章で説明する）。彼の行動は、きわめて首尾一貫したものであり、遠大な計画と皇位に対する強い執念を感じさせる。元来は三世王であり、舒明天皇の義弟にすぎなかった軽皇子が実力で皇位をめざしたのは、傍目からは一見無謀に見える。だが、軽皇子は、長子相続制に則れば、継体王朝の正統な継承者は山背大兄でも舒明天皇でもなく、自分であると密かに自負していたのではないか。

そう考えたとき、上宮王家が族滅された理由が初めて理解されよう。他王家絶滅という発想は、皇位継承戦で優位にあった田村皇子のものではなく、軽皇子にこそ思いつかれてしかるべきものだったのである。変当時、皇位継承権を持たなかった軽皇子が継承権を得るには、それを持つ王族を全て抹消するしかなかったのである。

孝徳天皇は一般的には、中大兄と鎌足の傀儡《かいらい》であったように認識されている。そして最終的には、中大兄や皇極上皇、そして皇后の間人皇女《はしひと》にも見捨てられ、難波宮で一人寂しく崩御したように、『書紀』には書かれている。だが、別の視点から見れば、今までとは全く違う姿が見えてくる。軽皇子は、彦人大兄から茅渟王へと嗣がれた敏達皇統の直系である。また母親である吉備姫王の父親は、欽明天皇と堅塩媛の子、桜井皇子とされる。この皇子の事績は全く伝わらないが、血統上の優位性は高い。したがって、両親を通して受け継いだ軽皇子の血統の正当性はきわめて高く、自らもそれを認識していただろう。そして、軽皇子は自ら皇位を掴むためにあらゆる手段を駆使したと考えられる。おそらく、皇位に就くにあたり、自らの敏達天皇からの正嫡性を訴えて正当性を主張し、そしてそれを支持した政治集団が存在したのだろう。孝徳天皇を支えたのは、当時のグローバル・スタンダードだったのである。

孝徳が、中大兄の傀儡であったなどと言われるようになったのは、『書紀』編纂以降であろう。これは、唐建国における最大の功労者は高祖ではなく太宗李世民であるとする唐の歴史書に倣い、『書紀』編纂時に、乙巳の変における主体は孝徳天皇ではなく中大兄であったと改変したためであろう。それ以前には、自らの力で皇位を勝ち取った英雄的天皇というイメージだったのではないか。それを暗示するものが、文武天皇の、可留（軽）という諱である。なぜ、孝徳天皇と同じ諱が文武天皇につけられたのか。血統的に直接繋がらず、記紀に傀儡であったとされる天皇の諱を我が子につけるのは、傍目から見てもあまりよい趣味と思えない。ということは、『書紀』編纂以前には、孝徳天皇の評価は今と全く異なるものだったのに違いない。蘇我氏を滅ぼし、自らの手で皇位を勝ち取り、それまでの宮都とは隔絶して巨大な長柄豊崎宮を造営し、様々な改革を実行した英雄的な帝王、それが孝徳天皇に与えられた評価だったのではないか。そう考えて初めて、草壁皇子がその諱を我が子に与えた理由が理解できるのである。

十一、皇極天皇の即位に関する一考察

蘇我本宗家は、皇極天皇の治世下で没落した。その原因を知るには、皇極天皇の治世の分析が必須であろう。本章では、あまり問題として取り上げられることのない、皇極天皇の即位問題について多少の考察を試みる。

皇極天皇は特異な天皇である。それは、推古以来の史上二人目の女帝であり、重祚した最初の天皇であり、唐・新羅連合を相手に世界戦争を戦った天皇であったことなどによる。さらに、奇妙な石の建造物や狂心の溝を造って人民に労苦を負わせたと、様々に『書紀』に悪口を書き連ねられた天皇でもある。だが、それ以外にも、ほとんど指摘されることがないが、皇極天皇にはもう一つ変わった特徴がある。それは、正史である『書紀』に即位前紀が全くないという事実である。

通常、天皇には即位前紀がある。各天皇の即位前紀を、『書紀』に辿ってみよう。

欽明天皇には、春日山田皇后との皇位禅譲のやりとりがあった。その意味には諸説あるが、稲目が安閑天皇の皇子だったという事情が分かると、皇位継承をめぐる真の意味が理解される。

敏達天皇即位前紀は全く内容がない。これは、欽明天皇の長子として、皇位を争う相手がいなかったことに由来すると思われる。稲目が皇子であれば、敏達以外の最も有力な皇位継承者は、堅塩媛の長子、大兄皇子（用明天皇）であろう。しかしながら、敏達の母石姫が宣化天皇の皇女であるのに対し、大兄皇子の母堅塩媛は皇孫であり、敏達の優位は動かなかったと思われる。したがって、皇位継承には混乱がなかったと考えられる。

崇峻天皇即位前紀は、穴穂部皇子らの殺害と丁未の役が主軸になっている。仏教をめぐる宗教戦争とされているが、実態は物部氏が宅部皇子を擁立して起こした皇位争奪戦であったのは、先に述べた通りである。結果、物部本宗家が滅亡し、安閑の子孫の血筋が一条絶えた。

推古天皇即位前紀の主軸は、それとして書かれてはいないが、事実上、崇峻天皇暗殺事件であろう。

舒明天皇即位前紀には、山背大兄と後嗣をめぐって紛糾した経過が延々と書かれている。蘇我氏が真っ二つに分裂し、蝦夷が身内の境部臣摩理勢一族を抹殺したという、深刻な事件である。

孝徳天皇即位前紀は、皇極禅譲後の皇位を辞退するよう、中大兄に勧めた中臣鎌足の言葉が主軸であるが、事実上は皇極紀末年に書かれている、乙巳の変と考えてよいであろう。

天智天皇即位前紀は、斉明天皇末期と称制期間になるが、有間皇子の賜死および対唐新羅戦争に関する記事にほとんど占められている。

そして、天武天皇即位前紀は、第二十八巻全巻を占める。壬申紀と呼ばれ、壬申の乱の経緯を記して、天武が正統な皇位後継者であり、戦いが正義の戦いだったことを主張している。

敏達以外の、ほとんどの天皇の即位前紀は、その天皇がいかにして皇位に就いたかという事情、すなわち戦争、内乱、謀略、暗殺など様々な政治的事件を記録している。これは、皇位継承には、皇族間で肉親同士の葛藤が必要であったという、当時の政治状況を如実に示している。

ところが、皇極天皇即位前紀には、その即位に至った経過が、全く書かれていない。即位前紀そのものは、形式的に一応存在する。

天豊財重日足姫天皇。渟中倉太珠敷天皇曾孫。押坂彦人大兄皇子孫。茅渟王女也。母曰吉備姫王。天皇順考古道、而為政也。息長足日広額天皇二年、立為皇后。舒明天皇十三年

十月、息長足日広額天皇崩（皇極天皇は敏達天皇の曾孫、彦人大兄の孫、茅渟王の娘である。母を吉備姫王という。古道にしたがって政を行った。舒明天皇の二年皇后となった。舒明天皇十三年十月、天皇が崩御した）。

だが、これでは単なる血統譜と、舒明天皇の皇后となって舒明天皇が崩御したというだけの記事でしかなく、とても即位前紀と言える内容ではない。なにより、皇極天皇がなぜ、そしてどのようにして皇位に就いたかという経過について、全く沈黙している。

筆者が何を問題としているのかについては、多少説明が必要かもしれない。なぜなら、筆者がきわめて大きな問題だと考える事件が、他の研究者には問題として認識されることがほとんどないらしいからである。現代の代表的な解説の例を挙げる。

（前略）宮の北で行われた殯には中大兄皇子が「東宮」として誄をしたという。したがって次の皇位は、舒明の嫡長子、中大兄がつぐべきであったろうが、皇子は十六歳であり、即位の年に達していなかった。そこで、舒明即位の時に諸臣のおした山背大兄王こそ有力な候補者であったが、大臣の蘇我蝦夷は、同じ舒明の子でも馬子の娘、法提郎媛の所生である古人大兄皇子を望んでいたと察しられる。それゆえ、いずれが即位しても政情の不安をかもしだすおそれがあった。おそらくそのためであろう、舒明の皇后、宝皇女が、推古が故敏達の皇后として即位した例にならって位につくこととなった。これが皇極女帝であった（井上光貞、小学館日本の歴史③『飛鳥の朝廷』二七九頁）。

つまり、皇位継承戦で有力候補者が三人もいたため、モラトリアム的処置として、皇后であった宝皇女が、緊急回避的に繋ぎとして皇位に就いたという解釈である。だが、ちょっと考えれば、この文の中には論理的破綻があることがすぐ分かる。なぜなら、繋ぎであろうとなかろうと、いったん皇位に就けば天皇であることには変わりがなく、皇極以後の皇位は間違いなくその血筋にいくであろうということである。実際、後世の光仁天皇、桓武天皇、嵯峨天皇、仁明天皇の例に見られるように、いったん家系を変えた皇位が、後に元の家系に戻った例はほとんどない。複数の家系から交代で天皇を出そうとして国家的騒乱を引き起こした南北朝の皇位継承争いを鑑みれば、継承家系の変更など実際にはあり得ないことが分かる。つまり、皇極が即位するということは、次は中大兄が即位することと事実上同義で、山背も古人も二度と皇位に就く機会を持てないということなのである。この点、自前の皇位継承者である竹田皇子を失った推古の場合とは、根本的に事情が異なる。皇極の登極は、舒明崩後の皇位継承戦の回避策として全く不適当で、政治的変動であったことを意味している。動機と結論が乖離しているわけで、したがって論理的に破綻しているというのである。

では、なぜその破綻が問題視されないのか。それは、こういう見方が一般的であるからだろう。

（宝皇女は）『日本書紀』は皇女と表記するが、実際には押坂王家に属する「孫王」に過ぎなかった。したがって、血統的には天皇位からかなり遠い人物であったが、有力な皇位継承候補者として山背大兄・中大兄・古人大兄皇子という三人の大兄がおり、上宮王家、押坂王家、蘇我本宗家それぞれの思惑から紛擾が予想されたため――彼女としては長子中大兄の成人を待つべく――、大后という立場から皇位についたものと考えられる（吉川真司、シリーズ日本古代史3『飛鳥の都』五〇頁）。

これは先の井上の説にも共通するが、宝皇女は崩御した舒明の皇后という資格で皇位に就いたということになる。つまり、誰にでも理解できそうなこの論理的破綻が問題視されなかったのは、ひとえに宝皇女が皇后であったという一点によっているのである。そして、その前提には、蘇我氏の血を引き血統的に劣る古人に対して、中大兄の出自押坂王家は純血の王族で高貴であるという、暗黙の了解があるのは言うまでもない。

だが、ここまで小論を読まれた方は、違和感を感じるはずである。まず、押坂王家が純粋の王族で、蘇我氏が血統的に劣る豪族という前提条件は、すでに崩壊している。蘇我氏は安閑天皇と春日山田皇后の子孫であり宮家であったということは、もはや否定できない。また、押坂王家が蘇我氏の血を色濃く受け継いでいたこともすでに証明した。したがって、中大兄が高貴で古人が卑しいとは、すでにもう言えないのである。

同様の理由で、宝皇女が舒明の皇后であったという、『書紀』の記述そのものにも疑問がわいてくる。宝は欽明三世の女王であるが、対する法提郎女も馬子の娘であるからには安閑三世の女王である。決して血統的に劣るものではない。それに、宝はいったん高向王に嫁ぎ漢皇子をもうけた後に、舒明に嫁いでいる。最初から舒明に嫁いだ法提郎女のほうが、おそらくずっと早くから舒明の側にいたはずである。それは、乙巳の変の直後、誰が皇位に就くかという論議になったとき、鎌足が言った「古人大兄は殿下の兄なり」という言葉にも表れている。同じ三世女王で、後から嫁いだものが、それも再婚だったものが皇后になるというのも奇妙な話である。さらに、敏達紀は田眼皇女が舒明に嫁いだと明確に記している。田眼は両親とも天皇という貴種中の貴種である。宝皇女は三世の女王にすぎない。どちらが皇后として相応しいかと考えると、宝皇女が舒明の生前に皇后であったという皇極紀の記事には、簡単に首肯はできない。

そして、中大兄の皇位継承権を担保すると考えられていた、春宮としての奉誄記事がきわめて信憑性の薄いものであり、さらにまた奉誄そのものが、中大兄の皇位相続権を保証するものではなかったこともすでに小論で証明した。したがって、古人大兄に対する中大兄の優越性は、『書紀』の主張通りには受け取れないことが分かる。

では舒明崩御後、三人の後継候補の中で誰が一番有力だったか。それは間違いなく古人大兄であったろう。舒明の長子であり、年齢的にも最年長であり、母親も安閑三世の女王であり、さらに執政官であった蘇我大臣の強力な支援があった。舒明崩御の時点での皇位継承がどうなっていたか考えた場合、古人大兄の優越性は動きそうもない。したがって舒明崩御後、古人大兄が皇位を継ぐ可能性はかなり高かったと考えられる。

ところが実際に皇位に就いたのは、次子の母親、宝皇女だった。これは、実はかなり意外な展開のはずなのである。何しろ、本命が即位レースから外れたということなのだから。皇后でなく、単なる「孫王」にすぎなかった宝皇女が、「皇子」であった古人大兄という強力なライバルとの相克に打ち勝ち、皇位に就いたのである。宝皇女の即位は、何らかの政治的駆け引きなしには、実現不可能であったはずである。だが、その経緯について『書紀』は全く触れない。筆者が、皇極天皇即位前紀には全く何も書かれていない、というのはそういう意味である。その間に何が起こり、どのような経緯でそうなったかは、全く記録にない。いったい、どういうことなのだろう。

もし古人が皇位を継承していればどうなっていたかと考えることは、この答えを得るために有益であろう。もし登極していれば、古人は自家の力だけでなく蘇我氏の力をも合わせて、かなり強力な政権を構築しただろう。そうなれば、皇位は二度と宝皇女、軽皇子、中大兄ら茅渟王家には回ってこない。さらに、古人は押坂王家の後継者でもある。舒明が所有していたはずの押坂王家の莫大な資産、皇祖大兄御名入部も古人が嗣ぐことになる。そうなれば、茅渟王家の得るものは、何もなくなってしまう。古人の登極は、そのまま茅渟王家の没落につながるのである。

軽皇子の立場は、さらに先鋭的だったはずである。軽皇子は茅渟王家の代表として、自ら上宮王家殲滅《せんめつ》に加わったほどである。皇位継承が長子相続で貫かれるなら、舒明天皇は正統な後継者であるべき父茅渟王の異腹の弟にすぎず、本来の正統な継承者は自分だと自負していたのではないか。さもなければ、自ら手を汚して上宮王家殲滅などしなかっただろう。その軽皇子が、古人大兄の登極など認めるだろうか。むしろ、いよいよ待ちに待った時が到来した、と思ったのではないか。

また、蘇我氏の枝族にとっては、境部臣氏を滅ぼして葛城県を手に入れた本宗家が、次には稲目の遺産である石川併合の事を起こす可能性を恐れたろう。もしかしたら、次に没落するのは自分たちかもしれなかった。石川麻呂と入鹿との間には、本宗家の後継者争いもあったろう。

ここで、軽皇子、中大兄、そして蘇我枝族の行動目的が一致した。坐して待てば、やがてくるのは自らの没落である。政治力学上、彼らは、古人の登極を阻止するために、何らかの行動を起こさなければならなかった。その時期は、当然のことながら、舒明崩御以後、古人が正式に即位する以前でなければならない。古人が皇位に就いてしまえば、全ては終わる。彼らは何をすべきであったか。古人は押坂王家の長子であり、蘇我本宗家の血をも引く皇子であった。個人的能力を別とすれば、長幼の序、大義名分、母方の実家の勢力、いずれをとっても、軽皇子も中大兄も古人にはおよばない。さらに、政治の実権は蘇我本宗家が握っていた。通常の手段では、茅渟王家側に勝ち目はない。となれば方法はただ一つ、武力クーデターしかないであろう。

我々は、その武力クーデターが実際に行われたことを知っている。それは非常に効率よく行われ、ただ一人を殺害することによって、蘇我本宗家を壊滅させ、古人に皇位継承権を放棄させた。だが、それは舒明天皇の崩御直後にではなく、皇極天皇四年に行われた、乙巳の変である。蘇我本宗家の当主であった入鹿が、中大兄を中心とするグループに太極殿で殺害された、あの事件である。我々の予想は、実際には四年のタイムラグをもって行われたことになる。

だが、もし乙巳の変が、『書紀』の記述通り、皇極天皇四年に起こったとすると、非常におかしなことになる。なぜなら、乙巳の変当時の政治状況は、四年前の舒明崩御の時とは一変していたからである。当時、皇位に就いていたのは皇極天皇であった。中大兄はその皇子として、大海人皇子とともに、両親とも天皇というきわめて尊貴な立場となった。古人の地位は、母の法提郎女が三世女王であろうが、蘇我本宗家が擁護しようが、もはや中大兄にはとうてい及ばず、中大兄の皇位継承権は揺るぎないものになっていたはずである。また、皇極天皇が即位した時点で、軽皇子も皇子となって、皇位継承権を手にしたと考えられる。茅渟王家の優位は、舒明天皇崩御当時とは比べものにならないものになっていたのである。

中大兄の立場と入れ替わるように、古人の立場は四年前に比べて一気に低下していた。皇位はすでに、彼の手から滑り落ちていたと言える。当時、譲位という概念は一般的でなく、皇極は崩御するまで皇位にあるはずだった。即位時、皇極は四十七歳前後であって常識的にはまだかなりの治世が予想され、その後には中大兄・大海人の兄弟が控えていた。皇位が古人大兄に回る可能性はほとんどなくなっていた。皇位はすでに茅渟王家の専有物となっていたのである。

今や何かをしなければならなくなっていたのは、逆に古人と入鹿の側だったはずである。だが、その入鹿がしようとしていた悪事についての『書紀』の記述は、矛盾と不合理の中にあり、理解しがたいのは小論で述べたとおりである。入鹿が古人大兄を即位させようと思えば、皇極に譲位させるか、実力を以《もっ》て排除するしかない。皇極が譲位などするはずもないから、結局、とりうる手段は武力排除しかないであろう。もし、入鹿によるそんな企みが実際にあったとすれば、『書紀』は必ずそのことを記録したはずである。『書紀』編纂を命じた為政者にとって、改新の正当性を主張することは全てに優先するテーマであり、そのためには蘇我氏非難の恰好の名分となったはずだからである。だが、入鹿がそのようなことをしようとしていたとは『書紀』のどこにも書かれていない。実際、入鹿が何をしようとしていたか、『書紀』を見る限りきわめて分かりにくいのである。梅原猛は、「(皇極天皇と)入鹿の間に男女の関係がなかったであろうか」(『海人と天皇(上)』二二〇頁)と言っているが、やはり理解できなかったのだろう。いくら何でも五十一歳という、当時としてはすでに老人の部類に入る女性に男女の関係もないだろうが、そういう意見が出てもおかしくないほど、この記事の内容は論理的に成立困難なのである。そして、このことは一般には問題と認識されてすらいないのが現状なのである。

逆に、皇極にすれば可能な限り皇位に留まり、自らの万一の際に中大兄に即位させればよい。中大兄も、なにも入鹿を暗殺したり古人大兄を出家させたりせずとも、いずれ確実に皇位に昇れたはずである。乙巳の変は、圧倒的優位にあった者(中大兄)が追い詰められた者(入鹿)を暗殺したという、非常に大きな矛盾を抱えているのである。現在、クーデターの首謀者は軽皇子であったという説(遠山美都男『大化の改新―六四五年の宮廷革命』)があり、筆者もその支持者であるが、中大兄がその実行に加わっていたのは、間違いないだろう。

つまり、クーデターは舒明天皇崩御の時点でこそ必要で、また成立するものであり、皇極天皇四年の時点では、もはや成立し得ないのである。茅渟王家にとっての最大の危機は、四年前の舒明天皇崩御直後にあり、乙巳の変の時点では、すでに危機を脱していたと言える。その最大のターニングポイントが、宝皇女の登極にあったのは明らかである。権力交替の天王山は、入鹿暗殺ではなく、宝皇女の登極だったのである。そのターニングポイントで、なぜか先帝の長子が跡を継がず、孫王であった妃が位を継いだ。何か特別な事態が起こらなければ、成り立たない経緯であろう。その過程で何が起こったか、正史はそれについては全く触れない。ここに至って、皇極天皇即位前紀が『書紀』に全く書かれていないことの異様さが改めて理解されよう。

ここまで言えば、もうお分かりだろう。もし、中大兄たちが武力クーデターで入鹿を倒さねばならなかったとすれば、それは皇極天皇四年六月の時点ではなく、舒明天皇十三年（六四一）十月の舒明天皇崩御の直後、次期天皇が即位する前でなければならなかった。本格的な武力闘争になると、茅渟王家側に勝ち目は薄かった。勝負をかけるには暗殺しかなかったであろう。暗殺の現場には、古人もいたとされ、当日二人がもろともに狙われた可能性が高い。おそらく、それは実際にそのように決行され、入鹿は暗殺され、古人大兄は屈服し失脚した。その結果として宝皇女が皇位に昇ったとすれば、全ての矛盾が消失する。

『書紀』は、クーデターの日時を改変したのである。遠山美都男は、古人の出家が入鹿暗殺の二日後ではなく、暗殺当日であったという説を唱えているが（遠山美都男、前掲書）、実際の改変はそれよりずっと大胆に行われ、暗殺そのものが日時を四年後に改変されたと考えるべきである。『書紀』編纂者が自らのために必要な改竄をいかに平然と行うかは、今まで見てきたとおりである。

この改竄を認めると、今までの矛盾点が全て消滅する。さらに、入鹿暗殺が、茅渟王家にとっては、これ以外にない必然、そして最善の作戦であったことが理解されるのである。

なぜ、『書紀』は改竄されたか。事態を『書紀』にそのまま書けば、乙巳の変は舒明天皇崩御後の、単なる跡目争いにすぎなかったことになる。先帝の長子であった古人大兄を武力で打倒したことになり、改新の大義名分が立たなくなってしまう。『書紀』編纂を命じた者にとって、乙巳のクーデターは、あくまで正義の旗の下で行われなければならなかった。そのため、『書紀』は入鹿の最期を四年後ろにずらし、上宮王家を滅ぼし皇位簒奪を企んだ極悪人入鹿が天誅を受けたように改変したのである。

乙巳の変が実際には舒明崩御直後に起こったと考えれば、皇極天皇即位前紀は書かれていなかったのではなく、即位四年のエピソードに偽装され、本来とは別の箇所に挿入されていたことになる。『舒明紀』の最後は、天命開別尊が舒明大葬の殯の席で誄を奉じたところで終わっているが、もしかすると、本来そのシーンの代わりに、入鹿暗殺のシーンがあったのかもしれないのである。

　では、『書紀』の中に、クーデターが舒明崩御直後に起こったとする証拠は見いだせるのだろうか。実は、数は少ないがいくつか指摘できる。

　一つは、天智と山田麻呂の同盟時期の改変である。乙巳の変に先立ち、中臣鎌足は中大兄に近づき、蘇我氏を滅ぼすために、石川麻呂の娘遠智娘を娶るように勧めた。これを、『書紀』は六四四年とする。この間に生まれたのが、後の持統天皇、菟野讃良《うののさらら》皇女である。持統天皇は、大宝二年（七〇二）崩御とされており、『紹運録』に従って崩御時五十八歳だったとすると、生年は大化元年（六四五）となる。したがって、中大兄と遠智娘との結婚は、少なくともその一年以上前となり、六四四年という『書紀』の記述通りとなる。ところが、持統には大田皇女という同母姉がいて、やはり天智に嫁いでいた。このことから、両者の結婚はさらに数年遡らざるを得ず、六四三年以前になってしまう（加藤謙吉『蘇我氏と大和王権』一六一～一六二頁）。さらに、医学的には、出産から次の妊娠までには半年程度の時間が必要であり、中大兄には複数の妃がいたとされているから、妊娠の機会はさらに遅れることになる。両者の結婚は、おそらく六四二年以前に遡ると考えられる。つまり、中大兄と石川麻呂との婚姻を介した同盟は、『書紀』に書かれている六四四年より実は数年早く、舒明崩御の六四一年に近いことが分かる。したがって、中大兄と石川麻呂との同盟の端緒は、舒明天皇崩御以前に遡る可能性がある。

もう一つ、『書紀』によると、舒明天皇は崩御後、皇極天皇元年十月二十一日、滑谷岡に葬られたが、一年後の皇極二年九月六日、忍坂にある押坂内陵に移転されている。滑谷岡は現在の明日香村冬野とされるが、元の陵がどこにあったかは不明である。稲淵にある塚本古墳ではないかとする説もあるが、証拠はない。同古墳は、一辺約四〇メートルの、ほぼ石舞台に匹敵する堂々たる方墳であるが、埋葬者が誰なのか全く記録がないのである。だが、移転された先が、現在押坂内陵に治定されている段ノ塚古墳であるのは、まず間違いないであろう。

段ノ塚古墳は、数少ない八角墳である。外鎌山（古代の忍坂山）の南斜面に三段の方形の土台を設け、その上に二層の八角形の墳墓を築いた。この基盤構造が、後世、上円下方墳と勘違いされたようである。

八角墳は、舒明系天皇の陵墓の基本デザインであるとされている。「やすみしし（八隅知し）」という、「おほきみ」の枕言葉とも一致する。舒明系天皇の陵としてほぼ確実視されているのは、天智天皇の山科陵とされている御廟野古墳、天武・持統合葬陵である檜隈大内陵とされている野口王墓の二つである。御廟野古墳は、周辺に他の大きな古墳が皆無であることから古くから天智陵として確実視され、野口王墓は十三世紀の盗掘事件の記録である『阿不幾乃山陵記』によって石室内に石棺と蔵骨器があったことが判明し、天武・

持統の真陵であることがほぼ確実視されている（天武天皇は火葬、持統天皇は火葬にされた）。いずれも八角墳である。また、奈良県橿原市越にある牽牛子塚古墳は、二房の石室を持つことから、間人皇女と合葬されたと伝えられている、斉明天皇の越智岡上陵ではないかと従来から言われてきたが、近年考古学的に調査され、陵前に大田皇女の墓と思われる横口式石郭墓（越塚御門古墳）が発見されたことなどから、『書紀』の斉明天皇の埋葬記述がほぼ裏付けられた。埋葬者が考古学的にほぼ特定され、このとき同時に、八角墳であることも確認された。さらに、草壁皇子墓ではないかとされる束明神古墳、文武天皇真陵の可能性が高いとされる中尾山古墳も、やはり八角墳である。舒明系の天皇陵は八角墓であるとの説は間違いないようである。

それに対して、蘇我系天皇、すなわち用明・崇峻・推古の各天皇陵は、方墳とされている。『書紀』によると、用明天皇はいったん磐余池辺陵に葬られたが、その後、推古天皇元年九月に河内磯長陵に改葬された。磐余池辺陵は不明であるが、河内磯長陵は現在、春日向山古墳に治定されている。また崇峻天皇陵は、現在の治定とは異なり、近年、赤坂天王山古墳一号墳が有力視されるようになっている。さらに、推古天皇も崩後いったん竹田皇子と合葬されたが、後時期不詳ながら、やはり河内の磯長山田陵に改葬されており、こちらは現在山田高塚古墳に治定されている。春日向山古墳、赤坂天王山古墳一号墳、山田高塚古墳のいずれも方墳であり、またこれらの治定が確実ではないとしても、その周辺の真陵候補となる陵墓も含め、この付近の大古墳がほとんど方墳またはその変形の長方墳であるため、蘇我系天皇陵はやはり方墳であると考えて間違いないようである。

舒明天皇の大臣は、蘇我蝦夷であった。彼が身内の血と引き換えに自ら皇位に就け、そして大臣として仕えた舒明天皇の陵を、自家の勢力圏である奥飛鳥の地に設けようとしたのは、ごく自然なことであったろう。そして、彼が舒明天皇のために造った陵墓は、やはり蘇我氏独特の方墳であった可能性が高い。

その舒明陵が、埋葬後一年もたたないうちに、飛鳥の地から忍坂の地に移転された。忍坂は押坂王家の本拠地であり、蘇我氏の勢力圏からはかなり離れている。そして、陵墓の基本デザインも、蘇我氏系の方墳から全く新規な八角墳に変わった。これはいったい何を意味しているのだろう。

舒明天皇の柩をいったん滑谷岡陵に納めたということは、その時点で、当然ながら押坂内陵はまだ出来上がっていなかったはずである。また、滑谷岡陵が気に入らず、すでに押坂内陵の計画が始まっていたのなら、出来上がるまで殯《もがり》をすればよい。それまですでに、一年間にわたる殯をしていたのである。天武天皇の殯は二年間だったとされるから、さらに一年殯を継続することに問題はなかったであろう。つまり、舒明天皇の遺体が滑谷岡陵に埋葬された時点では、押坂内陵は未着工であったと考えねばならない。押坂内陵の計画は、柩を滑谷岡に納めてから開始されたのであろう。

天皇陵を全く新しく一から造ると、どれぐらいの期間がかかるものだろうか。残念ながらデータはないが、段ノ塚古墳となると、どんなに急いでも一～二年程度はかかるのではないだろうか。いったん棺を陵に納めた後、何らかの理由で事情が変わり、慌てて新陵を造り始めて、出来上がって柩を移す。一～二年という期間は、そのためには短いような気もするが、逆に最低それぐらいの時間は必要だったのではないか。

馬子が軽の衢で行った堅塩媛の欽明天皇陵への合葬の式典は、蘇我氏の権力を満天下に示す事業であったとされ、蘇我氏の専横の一つに数えられてきた。確かに、この儀式は今誰がこの国の執政者であるかを端的に示すパフォーマンスであった。だとすれば、舒明天皇の陵を、蘇我氏が造った滑谷岡陵からその勢力圏外の忍坂に移転し、さらに陵墓形式まで新規の八角墓に改めるという事業は、押坂王家が蘇我氏の束縛から離れて完全に自立したということを天下に示す、象徴的なパフォーマンスとなったはずである。また、皇極天皇がそれを主宰したということは、同時に押坂王家の本流がすでに古人ではなく、自分であると宣言したともいえる。舒明天皇陵の忍坂移転は、その両方を一挙に顕示する一石二鳥の事業であった。これによって、皇極天皇は、自らがこの国の最高権力者であることを天下に宣言したのである。

はたしてこのような事業が、蘇我氏が専横をきわめている時期に、何の抵抗もなく実行できたであろうか。蝦夷や入鹿、それに古人が、そのようなことを容認したであろうか。

いや、そのようなことはとうてい不可能であったに違いない。それは、蘇我本宗家の行った舒明朝の政治《まつりごと》を根本から否定し、その権力喪失を天下に示す示威行為となったはずである。舒明天皇陵の忍坂移転は、蘇我本宗家がすでに政権の中枢にいなかったことを示す、象徴的な事件だったのである。

皇極天皇二年九月丁丑朔壬午。葬息長足日広額天皇于押坂陵。

この『皇極紀』の一行は、この時すでに、蝦夷も入鹿も、そして古人大兄もこの世にいなくなっていたことを明示しているのである。

舒明崩御後、『書紀』によると事態は次の順序で進んだとする。

一、舒明崩御
二、皇極即位
三、上宮王家族滅
四、入鹿暗殺
五、孝徳即位
六、古人殺害
七、石川麻呂の変

だが、実際の順序は異なる。実際は、

一、舒明崩御
二、入鹿暗殺
三、古人殺害
四、皇極即位
五、孝徳即位
六、石川麻呂の変

と進んだと考えられる。

だが、舒明崩御と入鹿暗殺、そして蘇我本宗家の滅亡とが連続して起きたとすると、皇極紀の四年間に起こったとされている事件は、発生できなくなってしまうはずである。『書紀』の記述に矛盾はないだろうか。皇極紀から、蝦夷・入鹿親子の関わったとされる記事を抽出してみよう。

①皇極天皇元年二月二十二日、天皇は高麗百済の使節を饗応し、答礼使を遣わせるように蝦夷大臣に命じた。
②同年七月二十三日、入鹿の従僕と蝦夷が白い雀を手に入れた。
③同年七月二十五日から二十七日、蘇我大臣が雨乞いをしたが効果は小さく、それに対して皇極の雨乞いが顕著な効果を生んだ。
④同年九月、天皇が大臣に大寺を造営するための丁《よぼろ》を集めるよう命じた。

⑤同年十月十二日、蘇我大臣が蝦夷を自宅で慰問した。
⑥この年、蝦夷が祖廟を葛城に造営し、また百八十に余る部曲を使って自らの双墓を造った。
⑦皇極二年二月、蝦夷が祖廟に詣でる際に多数の巫女が託宣をしたが、蝦夷には理解できなかった。
⑧同年十月、蝦夷は病気となり、入鹿に紫冠を私的に授け、弟を物部大臣と呼んだ。
⑨同年十一月一日、山背大兄の変。
⑩皇極三年三月六日、双華の蓮の記事。
⑪同年六月、大臣が橋を渡る際に巫女が託宣をしたが、理解できなかった。
⑫同年十一月、蝦夷と入鹿は甘橿の岡に並べて家を建てた。以後、家を宮門といい、子女を王子と呼び、さらに武器庫を作り、用水桶を置き、武器を持った者に邸を守らせたなど、蘇我氏が何かに備えたとする記事が延々と続く。クーデターが目前であるような不穏な記事である。そして、四年六月十二日の乙巳の変に至るのである。

このうち、①②③④⑤⑥⑦⑧⑩⑪⑫の十一の記事からは、事件が起こった時期を特定することは不可能である。つまり、他の時期から移動させてこようが造作しようが、判定のしようがない。特に、⑦と⑪は全く同じ記事をわずかに変えた重出記事として問題視されており、明らかに編纂上の改竄が入ったことを示している。また④は舒明天皇十一年七月の百済大寺建立の詔と重複するもの、⑩は舒明天皇七年七月の記事と同じ双華の蓮の記事で、こちらも重出の可能性が高い。舒明紀と皇極紀には重出記事が多い。おそらく、『舒明紀』の記事を皇極紀に重複させ、皇極紀の内容を水増ししたのだろう。⑧と⑫は蘇我氏の専横を強調する記事であり、蘇我氏滅亡の予兆記事で、乙巳の変以前ならどこにあろうと問題は起きない。したがって、これら十一の記事は、いずれも年次を改竄しようとすれば可能であり、明らかに造作と推定できるものもある。

問題は、⑨の山背大兄の変である。この記事だけは、蝦夷・入鹿親子が舒明天皇末年にすでに滅びていたとしたら起こりえない事件である。これは一体どういうことなのだろう。筆者の仮説が間違っていたのか、それとも上宮王家の滅亡が皇極天皇二年十一月一日に起こったという記事のほうが間違いなのであろうか。

筆者は先に、舒明の陵墓が滑谷岡から忍坂に移転されたことをもって、蘇我本宗家がすでに滅亡していたと推測した。実は、上宮王家族滅事件にも、同様の可能性を示唆する記事がある。

皇極天皇元年（六四二）十二月是歳、蘇我大臣蝦夷（中略）又尽発挙国之民、并百八十部曲、預造双墓於今来。一曰大陵、為大臣墓。一曰小陵、為入鹿臣墓。望死之後、勿使労人。更悉聚上宮乳部之民。役使塋垗所。於是上宮大娘姫王発憤而歎曰。蘇我臣専擅国政、多行無礼。天無二日、国無二王。何由任意悉役封民。自茲結恨、遂取倶亡。

入鹿親子が、上宮乳部《みぶべ》の民を含む百八十部の民を使役して自家の墳墓を造し、それを陵と呼んだという、蘇我本宗家の横暴の証として有名な事件である。だが実際には、これはあり得ない記事と言える。なぜなら、当時の財産の根幹とは、労働力だったからである。農地は広闊な未開拓地があり、耕作されている農地も当時の技術では数年で農地として使えなくなるため、耕地は常に流動的であった。したがって、生産財とは土地よりも労働力に比重が大きかった。だからこその「部」なのである。上宮王家が有していた財産とは、上宮乳部の集団そのものだったのである。したがって、入鹿親子が上宮乳部の民を悉く徴発して自家の工事に投入したというのが本当であれば、それは上宮王家の財産がすでに蘇我氏の所有となっていたことを意味し、山背大兄ないしその後継者が健在ならば絶対にあり得ないことなのである。この事実は、壬生部の所有者である上宮王家の王族が、このときすでに誰一人この世にいなかったことを意味している。

また、この述懐の主である上宮大娘姫王は、一般に舂米女王とされているが、それならばそう明記すればいいのであって、今まで聞いたこともない、上宮大娘姫王という抽象的な名前を、わざわざことさらに挙げる必要はなかったはずである。この時、舂米女王はすでに世に亡く、入鹿親子を非難させるために、上宮大娘姫王という架空の存在を新たに造作する必要があったと考えられる。すなわち、山背大兄も舂米女王も、皇極天皇元年のこの時点で、すでにこの世の人ではなかったことになる。この記事は、蘇我氏非難の発言が上宮王家の存在証明を兼ねるという、よくできた構造となっているのである。

そう考えると、上宮王家滅亡事件は、皇極天皇元年の時点ではすでに完了していたことになる。

この経緯をどう解釈すればよいのだろうか。実は、筆者が入鹿暗殺を皇極天皇四年ではなく舒明崩御直後であると考えるのと同様に、上宮王家族滅事件が皇極天皇二年に起こったのではないとする学説がすでに存在する。

岸雅裕は、推古紀の暦年の研究から、推古天皇三十四年の馬子薨去の記事前後から干支の整合性に乱れが生じ始め、舒明天皇元年の春正月の舒明即位に至るまでそれが続き、以後、舒明紀皇極紀と干支の整合性が復活していると指摘、暦の知識については門外漢であった編纂者によって、政治的な配慮のもとに、記事の削除、移動、挿入が行われたとする。そしてその目的が、推古天皇三十六年の条に元来存在した、舒明即位時の紛争事件の削除にあったのではないかとしている。また『大安寺碑文』の研究から、百済大寺・大安寺の前身である熊凝道場が舒明天皇即位時の兵乱によって全壊したと、兵乱の実在が示されているとし、この兵乱が皇極天皇二年に起きたとされている、上宮王家滅亡事件と推定されるとする（岸雅裕「上宮王家滅亡事件の基礎的考察」、『日本史論叢　二』日本史論叢会、六九～九七頁）。さらに『傳略』の、「百済法師奏曰　之為蚩尤旗兵之象也　恐太子遷化之後七年有兵滅太子家歟（百済法師が言うには、これは蚩尤旗で兵乱の兆しであり、おそらくは上宮太子薨去後七年で上宮王家が滅びる）」という記述から、山背大兄の変は太子薨去の七年後の六二九年、つまり舒明天皇即位の年であるとした。つまり、上宮王家族滅事件が起こったのは、舒明天皇即位前紀にいう、境部臣氏族滅事件と同時であったと主張しているのである。

また、山尾幸久は、『皇極紀』の記事のうち絶対年代を決定しやすい対外記事を分析して、皇極天皇即位に関するいくつかの記事が、他の外交記事から十七カ月引き上げられていることを指摘し、即位の日が実は皇極天皇二年四月である可能性を示唆している。また、山背大兄滅亡に関する記事が、山背大兄一族が滅亡する「上宮王家物語」と、蘇我本宗家が滅亡する「入鹿誅滅物語」の二つから成り立ち、「上宮王家物語」が実は推古崩御後に起こった可能性が高いとしている。また、中臣鎌足の三嶋への隠棲が、『書紀』では上宮王家滅亡事件に対してのものであったと暗示されているのに対し、『家傳』では推古天皇崩御後の争乱に起因していると暗示されていること、さらに舒明即位後、上宮王家の誰一人として、滅亡したとされる十五年後まで登場しないことの不自然さを指摘するなど、岸雅裕と同様の主張をしている（山尾幸久「大化改新直前の政治過程について」、『日本史論叢 一』日本史論叢会、九九〜一三五頁）。

また、大橋信弥も同様に、上宮王家族滅は推古崩御から舒明即位に至る間で行われたと主張している（大橋信弥『日本古代国家の成立と息長氏』一九五〜一二三五頁）。

これらを総合すると、上宮王家族滅事件は推古崩御後間もなく、田村皇子と山背大兄王の二人が皇位を争う過程で起こったと考えられる。つまり、摩理勢討伐事件と上宮王家族滅事件は同一事件であり、摩理勢に対する一方的な懲罰ではなく、両者ともに武力を行使した戦闘であったと推測される。山背大兄の変で、上宮王家を襲った二人の将の一人、土師娑婆連が山背側の反撃で戦死したことが、奴の三成の武勇伝として『書紀』に記載されているが、完全装備の兵による一方的な奇襲であれば、攻め手の将が討たれることなどは、通常あり得まい。両者の間に展開したのが、本格的な戦闘だった証拠である。そう考えるほうが、筆者が葛城氏の相続問題から推測した経過ともよく一致し、武人であった摩理勢の最期としても相応しいといえる。

実際、皇極天皇二年の時点では、皇位はすでに茅渟王家が握っており、山背が皇位を望むことはほとんど不可能であった。というより、舒明即位の段階ですでに山背即位の可能性はなくなっているのである。したがってこの時点ですでに、山背は茅渟王家にとって危険な人物ではなくなっていたはずで、逆に山背側からすれば、本人が武力クーデターでも起こそうとしない限り殺される理由はなかったことになる。その意味で、上宮王家の滅亡は皇極天皇二年の時点で起こる必然性は全くと言っていいほどなく、きわめて違和感が強い。彼の存在が障害になるのは、推古崩御後、その後継者を選ぶ時点でなければならなかったはずなのである。

この一連の説に従うと、上宮王家族滅事件は、実は皇極天皇二年ではなく、推古天皇崩御後の争乱時に起こったことになり、蘇我本宗家滅亡事件が皇極天皇四年ではなく、舒明崩御後の皇位継承争いの一環として起こったという、筆者の主張が成立可能となる。

したがって、事件は推古崩御後から、次の順序で起こったことになる。

①推古天皇崩御
②山背大兄の変　上宮王家・境部臣氏族滅
③舒明天皇即位
④舒明天皇崩御
⑤乙巳の変　入鹿暗殺・蝦夷自害
⑥古人大兄の変
⑦皇極天皇即位
⑧孝徳天皇即位
⑨石川麻呂の変

⑥と⑦はどちらが先でも成立可能であろう。

『書紀』によると、古人大兄は皇位をめぐる抗争から身を引き、僧となって吉野に籠もったが、そこで密殺されたといわれる。「将兵三十人攻古人大兄、斬古人大兄与子。其妃妾自経死」、子も殺され、妃はみな自ら命を絶ったとされる。

古人大兄の妃たちが何者であったか、『書紀』には何も書かれていないが、皇女と蘇我王家出身の女王であったと考えるのが自然であろう。ここで問題となるのが、先述したように、敏達天皇の皇女であった田眼《ための》皇女が、敏達紀では「是嫁於息長足日広額天皇」とされているにもかかわらず、舒明紀后妃伝に一切その記述が見られないことである。今まで見てきたように、『書紀』における自己矛盾は、何らかの隠蔽や改竄の結果であることが多い（というより、必要な隠蔽改竄のためなら自己矛盾にも意を払わないというべきか）。田眼皇女が舒明に嫁したのが事実だったとすれば、后妃伝から抹消されたのは、何らかの政治的事情によったものと考えられる。

考えられる事情としては、まず先ほどから述べているように皇后位の問題がある。舒明の皇后は史書では宝皇女であったとされているが、敏達・推古の両天皇を両親とする田眼皇女が存在する以上、三世王にすぎない宝皇女が皇后位につくのは、困難というより不可能であったろう。宝皇女が、後皇位に昇り、天智・天武の母となったため、後世皇后であったように造作されたのではないかとの指摘は、以前からある。

もう一つは、田眼皇女の子女の履歴を抹消したかったことが想定される。もし皇子がいれば古人以上に有力な後継候補となり、さらなる混乱を招いたであろうから、皇子はいなかったと考えてよい。問題は皇女である。「いなかったはずの皇女」については、前章で蘇我氏の家祖雀部皇女（仮名）の存在や、宅部皇子の娘上女王の事績が抹消された痕跡など様々指摘したが、この場合も同様に処理された可能性が高い。皇女の存在を抹消するために、田眼皇女后妃伝全てが抹消されたのではないか。もし、田眼皇女に娘がいたとしたら、その嫁ぎ先はこの当時の血統の序列と年齢からして、皇位継承候補であった古人以外になかったであろう。もし、古人の正妃がこの皇女であれば、古人の皇位継承をより有利にする要素となったはずである。そして、古人の娘で、古人王家唯一の生き残りであった倭姫王を、天智が自らの皇后としたことの理由が推測可能となる。倭姫王の母親が誰であったかは『書紀』には一切書かれていないが、天智という『書紀』の主人公の一人である偉大な天皇の、皇后の母親の出自がどこにも書かれていないのはきわめて異例である。再三述べてきたように、皇后の母親の出自は『書紀』の重要なテーマの一つであり、書かれていないことには、書くに書けない事情があったことを示している。したがって、倭姫王の母親の素性は、田眼皇女の存在を抜きにしては考えられないと思われるが、現在さすがにそれを証明する手段はないようである。

古人大兄一族は滅亡した。山背大兄一族の族滅と同様のことが、ここでも行われたわけである。『書紀』によると、この二人が政権から排除された過程は、実によく似ている。つまり、摩理勢と入鹿という、政治的パートナーが殺害されることによって彼らは政権から排除され、失脚したその後で抹殺されているのである。このクーデターのやり方は、対象であるはずの皇位継承候補者には指一本触れない、「君側の奸を除く」方式であり、つまり、記事は儒教的倫理観で勝者の側にきわめて都合よくまとめられていると言える。実際の出来事が、記事とは全く異なったものであった可能性は十分考えられ、摩理勢討伐事件と上宮王家滅亡事件が同時に起こったと考えられるのなら、古人が入鹿と同時に殺害された可能性も十分考えられる。むしろ、そう考えた方が、蝦夷が何の抵抗もせずに自害した理由が、理解しやすくなるというものである。

結論として、今までの推論を再構成すると、事態はまず推古天皇崩御後の皇位をめぐる戦いで上宮王家と境部臣氏が滅亡し、ライバルであった舒明天皇と蘇我本宗家が権力を掌握した。次に舒明天皇崩御後、その蘇我本宗家が、押坂王家の一分家であった茅渟王家の手によって抹殺され、同時に舒明天皇の長子であった古人大兄一族が姿を消すという、非常にシンプルな経過を辿ったと推測される。

そもそも暗殺とは、力において劣る者が、その劣勢を一気に挽回するためにふるう非常の手段である。狙われた者の方が、本来は優勢であり有力であって当然なのである。したがって、宝皇女が本当に皇后で中大兄が舒明の正統な後継者であったとすれば、皇極天皇側には、何も危険を冒してまで入鹿を暗殺し、古人大兄を失脚させる必要は全くなかったはずである。クーデターとは、乾坤一擲回天の大博打であり、失敗すれば仕掛けたほうが破滅するからである。

『書紀』は、その時期を改変した。発生した時期をずらすことによって、それぞれのクーデターに正当性を付加したのである。正史とは、所詮支配者の自己主張の一手段にすぎない。『書紀』編纂を命じた天武・持統両天皇にとって、自らの血統が最も正統であるという主張を正史で行うことは当然のことであった。というより、そのためにこそ正史は編纂されるのである。推古天皇崩御後、天武政権の家祖であった田村皇子の登極は、正当で、前天皇に祝福されたものでなければならず、戦いによって身内の血を代償に得られたものであってはならなかった。そのため、紛争は蘇我本宗家と境部臣氏との蘇我氏の内部抗争に改変され、上宮王家鏖殺という惨劇は、舒明登極には何の関係もない崩御後の事件として後に十五年移動され、入鹿という稀代の悪人の手によってなされた凶事とされたのである。

そして、舒明崩御後の政変では、蘇我本宗家と古人王家とがほとんど同時に葬り去られたが、その時期は舒明崩御時から四年後の皇極四年、皇位簒奪を窺う極悪人に天が人の手を仮りて鉄槌を下すという形に改変され、古人一族の族滅も、謀反を企んでの誅殺であるとされたのである。

以上、『書紀』の蘇我氏関連の記事について分析した。最後に、なぜこのようなややこしい改竄をしたのであるかという点について一応の解説を加えたい。もっとも、もうことさらわざとらしい解説も不要であろうが。

本論の冒頭で述べたように、正史は主権者の意思を主張するものであり、勝者にとって都合のよい歴史観を、敗者に強引に押しつけるものである。当然そこには、多くの隠蔽改竄が埋め込まれている。『書紀』は、編纂者にとって都合のよい歴史を創出した。それは、編纂を企画した天武政権に直接繋がる押坂王家の正統性の主張であり、押坂王家内における茅渟王家の正統性の主張であった。さらには、孝徳天皇を矮小化して、天智・天武両天皇の存在を巨大化したのである。

そのためにいくつもの作為がほどこされた。その最大のものが、蘇我氏の素性の改変であった。蘇我氏は本来、皇室の分家で天皇家の補完機関であったが、怪しげな出自の、皇位簒奪を企む「謎の豪族」とされた。いかにも外国から渡来したような、それも相当いい加減な系譜が急遽捏造され、正史に仰々しく掲げられた。その目的の最たるものは、蘇我氏の血を引く皇族の貴種性の毀損であった。

作為のもう一つは、押坂王家と蘇我氏との血縁関係を、正史から徹底的に排除することであった。敏達の最初の皇后であり彦人大兄の生母であった広姫は、実は稲目の娘と考えられるが、その広姫を蘇我の血統から引き離し、強引に息長真手王という地方王族の娘とした。さらに、皇極の母親吉備姫王と、その父親桜井皇子との血縁関係を黙殺することによって、押坂王家は蘇我氏との血縁関係を全く持たない、純血の皇族であるかのように主張したのである。それによって、押坂王家に属する皇族の貴種性を嵩上げすることを意図したわけである。

さらにその操作により、押坂王家の中でも、蘇我氏出身の母親から生まれた古人大兄の貴種性を損ない、皇極天皇親子の属する茅渟王家の正当性を強調することが可能となった。蘇我氏の出自の改変は、そのための一石三鳥の非常に優れた方策であった。

『古事記』の序文が伝える天武の詔勅、「朕聞く、諸家のもてる帝紀及び本辞、既に正実に違い、多く虚実を加ふと。今の時に当たりて其の失を改めずは、未だ幾年を経ずして其の旨滅びなむとす（中略）偽りを削り実を定めて、後葉に流へむと欲す」とは、以上の経過をふまえ、官制の歴史を正史とし、それ以外の歴史は虚偽として抹消することであった。その結果、現在我々が目にしているような、天智・天武およびその後継者の正統性を主張する歴史観が成立したのである。

『書紀』編纂者は、正史のもつ意味をよく理解し、その目的達成のために最大限の努力を払ったことが理解されるであろう。そして千数百年にわたってその成果は守られてきたのである。

大化の改新とは茅渟王家の人々が、一族の総力を挙げて上宮王家、蘇我王家、そして古人王家を打倒して勝利したということであり、そして、継体以後の政治的角逐の最終勝者が決定したということであった。

十二、入鹿の暗殺場面について

乙巳の変には、日本史上特に有名なシーンが付帯している。入鹿暗殺直前に刺客が怖じ気づき、また石川麻呂が震え出して暗殺の実行が危ぶまれた時、中大兄が自ら剣をふるって入鹿に斬りつけたという、あのシーンである。このシーンをめぐっては、様々な解釈がたてられている。

だが、この経緯をいくら分析しても、得るところはあまりないはずである。なぜなら、この経緯には虚構の疑いがきわめて濃厚だからである。

北周（五五六年～五八一年）は、五胡十六国以来分裂していた中国の北半分を統一し、隋の母胎となった帝国であるが、建国当時から皇帝一族の宇文護に実質的に支配されていた。宇文護は孝閔帝・明帝と二人の皇帝を相次いで暗殺し専断をふるったため、武帝がついに逆クーデターを起こす。この記事を『北周書』「晋蕩公護列伝」から引用する。

帝禦文安殿、見護訖、引護入含仁殿朝皇太后。先是帝於禁中見護、常行家人之礼。護謁太后、太后必賜之坐、帝立侍焉。至是護将入、帝謂之曰「太后春秋既尊、頗好飲酒。不親朝謁、或廃引進。喜怒之間、時有乖爽。比雖犯顔屢諫、未蒙垂納。兄今既朝拝、願更請」因出懐中酒誥以授護曰「以此諫太后」護既入、如帝所戒、読示太后。未訖、帝以玉珽自後撃之、護踣於地。又令宦者何泉以禦刀斫之。泉惶懼、斫不能傷。時衛王直先匿於戸内、乃出斬之。（武帝は、文安殿で宇文護に会うと、護を含仁殿に案内し、皇太后に引見させた。これ以前より、護が宮中に来ると、武帝は常に年長の親戚として接し、礼をとっていた。皇太后は護に席を勧め、武帝は傍らに立って侍するのが常であった。ある日、武帝は宇文護に、「太后もお歳なのに、この頃酒が過ぎ、人と会われないし、喜怒哀楽も変です。意見しても朦朧として聞いておられないようだし、兄さん〈宇文護のこと〉太后に会って意見してくれませんか」と懐から酒誥〈酒の害を解いた尚書の一節〉を取り出し、「これで太后を諫《いさ》めてください」と護に渡した。護は承諾して、太后に酒誥を読み聞かせ始めたところ、武帝が手に持っていた玉珽で突然宇文護を後ろから撃ったため、護は地面に倒れた。宦官の何泉に刀で切らせようとしたが、何泉は懼れて切れない。衛王直〈武帝の弟〉はこの時戸棚の中に隠れていたが、飛び出して護に斬りつけた）。

結果、宇文護とその一派は誅殺され、武帝が北周の実権を取り戻した。北周は、その後、数年にして北斉を滅ぼし華北を統一するのだが、一読してこの場面は、『書紀』の入鹿誅殺のそれによく似ていることが分かる。
①どちらも上からのアンチクーデターで、
②舞台は母后または女帝の眼前であり、
③誰かが文書を読み上げている最中に、
④刺客が襲ったが、相手を恐れて斬りかかれない状況に陥り、
⑤耐えかねた帝族（皇族）が自ら刀で斬りつけた。

など、実によく似ている。入鹿を恐れた暗殺者が手を出せず、見かねた中大兄が飛び出すところなど、プロットはそのままである。『書紀』の編纂者はこの場面を、当時すでに完成していた『周書』の記事を参考に記述したに違いない。

むろん、暗殺劇の配役名などは実際に参加した者のそれであろうし、事件を取り巻く状況もそれに合わせて改変されているであろう。だが、斬りかかるシーンや、入鹿の断末魔の言葉など、個々の場面をあまりに重視しすぎると、事件の真像を見失いかねない。あれは、あくまでも『書紀』編纂者の造作だと考えるべきである。その証拠に、あのシーンには、本来登場すべき人間が全く登場していないのである。

三韓進調の儀礼であるなら、その式は国家的式典である。それがどのようなものであったかというと、ごく近い実例が『書紀』の記事にある。推古天皇十八年十月に行われた、新羅任那両使節の上表式典である。朝廷に、時の政府高官全てが参列し、それぞれ役割分

担して行事の一翼を担った。高官誰一人が欠けても行事が遅滞紛糾したであろう。実質、新羅一国の上表の式典でもあの有様であった。三韓使節の進調というなら、さらに盛大であってしかるべきである。少なくとも、朝廷の構成員、高位の高官全員の参加があって当然であろう。そうなると、暗殺は高官全員の目前で行われなければならない。それが、暗殺場面に出てくるのは、入鹿と皇極、古人と中大兄・鎌足を含む暗殺者グループだけという、寂寞としか言いようのない状況である。国家的行事がこのような状況下で行われるはずもなく、またこのような異様な状況であれば、入鹿とて異変を感じるに違いない。あの状況そのものが、すでに暗殺場面の記事が造作であることを示している。

では、あのシーンは一体どこからつくられたものだろうか。入鹿が殺された例の場面からは、ある事件が思い出される。それは、唐太宗の起こした玄武門の変である。

何度も述べたように、唐の第二代皇帝太宗李世民は、高祖李淵の次男であり、皇太子は長兄の李建成であった。世民は唐帝国建国に功績があり、その声望は兄を凌ぐものがあった。皇太子の地位に不安を感じた建成は、高祖に世民を讒言し殺害しようとしたため、身の危険を感じた世民は、先手を取って宮中玄武門内で自ら建成を襲い殺害したとされる。『旧唐書《くとうしょ》』「隠太子伝」から、その経緯を追ってみよう。

世民は、建成の策謀で股肱の謀臣を遠ざけられた。さらに、侵攻してきた突厥への反攻軍の将に弟元吉が任命され、兵を集め始めた。元吉は建成の参謀役で、常に世民殺害を建成に勧めており、集められた兵力がどこへ向けられるか分からない。身の危険を感じた世民は、ついに建成と元吉の排除を決意する。彼は、あらかじめ宮中の警護責任者を買収し、父皇帝に皇太子参内の勅命を出すように仕向けた。皇太子は普段厳重な警護の中にあったが、参内して玄武門の内に入ろうとすれば、入れるのは許可証を持った者のみであり、警護兵は外に置いていくしかない。建成が少数の近臣のみをつれて門内に入ったところを、世民は兵を率いて襲撃し、建成と元吉を殺害した。世民は自ら弓で兄を射たという。戦巧者の世民は、相手を勅命で参内せざるを得ない状況に追い込み、相手を武装解除したあげく、自らは完全武装という完璧な条件下で暗殺を決行した。世民はさらに父親淵を幽閉して、自ら帝位に就いた。これが唐の第二代皇帝太宗である。

　この玄武門の変を、乙巳の変と比べると、類似点は次の通りである。

①ともに宮中で行われた。
②あらかじめ、門の警護者を籠絡しておき、
③護衛兵が入れない結界領域の中に、
④相手を勅命でおびき出し（三韓進調）、
⑤武装を解除させ（入鹿の剣を俳優《わざおぎ》に取り上げさせ）、
⑥周囲に他人のいない場所で、
⑦自らは完全装備で、

⑧主人公自らが襲撃した。

ここまでそろえば、もうこれ以上の解説は不要であろう。この後に、『周書』の宇文護殺害のシーンを加えれば、乙巳の変のプロットが出来上がる。つまり、乙巳の変とは、玄武門の変＋宇文護の変の、二つの変の概要を組み合わせて創作されたものなのである。全くよくできたストーリーと言うしかない。

暗殺の前に、俳優が入鹿から剣を騙し取るシーンは、変の経緯から見てかなり場違いな印象を受け、筆者にとって長い間頭を悩まされた問題であったが、その疑問は前記の推論から解決した。それは、玄武門の変における、相手を非武装化した太宗の策略と対応させる必要上、挿入しなければならなかった場面なのである。

結局、この暗殺シーンは、徹頭徹尾、『書紀』編者が机上で造り上げたフィクションと考えるしかない。ただ、宇文護暗殺のシーンや玄武門の変の記述と比べると、『周書』や『旧唐書』の描写が簡潔明瞭であるのに対して、『書紀』の描写はあまりに修辞過剰で、文学的ですらある。

だいたい暗殺とは、殺す者と殺される者しかいない場面で起こるものであり、また、手を下した当事者が後に手柄顔で人に語ったとも考えにくい。『書紀』の編者が、皇室内部で起こった事件を、後追い調査することもできなかったであろう。皇室内の争いは、宮崎市定の言うように、いわば神々の戦いなのであって、下界の編者ごときが調べてまわれるようなものではなかったはずである。編集責任者が、勝者に都合のいいように創造した内容を元に、『周書』や『太宗実録』などを参考にして想像をめぐらせ、暗殺シーンを創作したのであろう。

また、入鹿暗殺の後、高向臣国押が戦闘を放棄し、東漢氏もまた武器を捨てたため、他の兵も四散、蝦夷は自殺、蘇我本宗家は滅亡したとされる。高向氏、東漢氏ともにクーデターには一見消極的に見せながら、事実上荷担していたことになる。斉明紀は、宝皇女が舒明に嫁ぐ前、高向王との間に漢皇子という子をもうけ、後、田村皇子と再婚したとするが、高向王はその名から高向臣の関係者で、漢皇子は東漢氏が資養したことが分かる。したがって、皇極一家と高向臣・東漢氏との間柄はきわめて親密で、両者が加担したのはその影響が大きかったと推測される。特に、東漢氏は稲目以来長きにわたって蘇我氏を支えてきた。よほどの理由がなくては、蘇我氏本宗家と決別できなかったであろう。蝦夷・入鹿親子は、玄武門の変における李建成と同様、変以前からすでに自らの兵力を喪失していたのである。

なお、『旧唐書』によると、即位した太宗は、建成を「礼を以って改葬」し、息王に封じ隠と諡した。さらに太宗十六年、建成に皇太子を追贈し、依旧と諡している。これによって、建成は隠太子と呼ばれるようになった。依旧は古人、穏太子は古人の更名である吉野太子に通じるように思われる。なぜなら、光仁天皇の皇后であり、厭魅の罪で失脚して抹殺された井上内親王は、死後吉野皇太后と諡されており、吉野は隠れ国であることから冥界の同義語とされていたと考えられるからである。吉野太子という号は、吉野で死んだことを表しているのではないのかもしれない。

十三、蘇我氏の落日

六四五年（筆者によると、六四一年）蘇我本宗家は滅びた。さらにそれ以後も、倉山田石川麻呂一族の滅亡、壬申の乱での果安家・赤兄家の没落など凋落傾向が続いた。倉家の連子が大臣とはなったが、孫の石足の代には石川朝臣となって蘇我の氏名も失った。さらに後、石川朝臣刀子娘が文武天皇の嬪となったが、文武崩御後嬪を廃され、皇子の広世親王も皇籍を剥奪されて臣籍降下し高円朝臣となった。それ以後、蘇我氏から妃は出ていない。時が下り、やがて石川氏は中級官人となり、やがてそれからも脱落してゆっくりと歴史の中に消えていった。

だが、蘇我氏衰退の始まりは、もっとずっと早く始まっていたと考えるべきである。それは、馬子の代にあった。すでに大伴氏は忠実な配下となり、物部本宗家は滅びた。継体の皇統がこの国の実権を握ったその瞬間、実は蘇我氏の役割はすでに終わったのである。

さらに、律令国家をめざし天皇独裁に進もうとするとき、この国の副王たらんとする蘇我氏の存在は、邪魔以外の何者でもないはずであった。皇位継承を円滑に実行する、皇室の補助機関としての蘇我氏は、その意義と機能を失いつつあった。そして、蘇我氏没落の端緒となった葛城県問題は、すでに馬子の代に顕在化していた。最終的に入鹿の代に、乙巳の変で蘇我本宗家は滅亡したが、それがなくても、やはり蘇我氏の行く末はさほど変わらなかったのではないだろうか。

本宗家の消滅は、乙巳の変における入鹿誅殺ではなく、最終的には石川麻呂の変にとどめを刺すと思われる。変の原因については様々に言われているが、その中に、大化四年の古冠廃止令が出された後も、石川麻呂と阿倍倉梯麻呂が古冠を止めなかったためとする説がある。

大化四年四月辛亥朔、罷古冠。左右大臣猶著古冠（『孝徳紀』）。

筆者もこれに賛同する。ここにいう古冠とは、稲目以来、蘇我氏に伝わった大臣の印の紫冠で、石川麻呂は乙巳の変によって蘇我本宗家を自らが相続したつもりだったのである。石川麻呂が、大化の新冠制においてもそれを放棄しなかったのは、蘇我氏の大臣という地位を放棄することを拒否したということなのである。

だが、それは蘇我氏のみの問題ではなかったと考える。宣化初年、大臣蘇我稲目とともに突如登場する大夫阿倍大麻呂は、安閑の関係者であった可能性が高い。その子孫が孝徳朝で揃って左右大臣となり、ともに古冠を捨てることを拒否したのは、欽明以来の政権構成を継承する意思を示したのである。孝徳朝の政治における主要テーマは律令制の導入であり、それは天皇独裁であった。大臣も大夫も、もはやその存在を許されなくなっていたのだが、石川麻呂も倉梯麻呂も、その点鈍感であったと言わざるを得ない。二人が揃っていれば、天皇側も迂闊に手を出せなかったであろうが、倉梯麻呂が死んだ瞬間、石川麻呂は生存基盤を失ったのである。

蘇我氏は、皇室の補完氏族であったが、同時に同じ血族でもあった。それだけ皇室に近い。したがって、馬子や蝦夷のように天皇の前に立って代弁し、皇族同士の抗争にも深く関与してきた。だが、専制君主制である律令制のもとでは皇権が強化されるため、そのような形の補完氏族は邪魔にしかならなくなる。分家の老人が、いつまでも本家の若旦那に叔父面してああだこうだと言っていると、煙たがられるのである。新しい当主には、新しい取り巻きが必要である。前に立たない、中に立ち入らない、一歩下がった補佐が必要になる。その隙間を埋めたのが、藤原氏だった。筆者は先に、不比等が連子の娘娼子を娶ったあと、蘇我氏と入れ替わるようにして藤原氏が歴史上に出てくると言ったが、それは比喩でも何でもなく、事実そのものなのである。藤原氏は、いわば蘇我氏の代替品、遅れてきた蘇我氏であった。これがどういう意味なのかは後章で解説する。

蘇我の名は、菅《すが》に由来したものという説がある。菅は水を浄化する作用を持ち、すがすがしいなど神聖な意味に派生したとされる。そして先に述べたように、菅は大嘗祭に使われる菅御笠の材料でもある。この大笠は、大嘗祭の際、天皇の上に差し懸けられるもので、まさに天皇の霊威の象徴であり、同時に天皇の保護具でもある。蘇我の氏名はこれに由来するのではないかというのが、筆者の想像である。

蘇我と明日香の地名との関係であるが、アスカはア・スカで、アは接頭語とされる。このスカは、蘇我の名に由来していると考えて間違いないであろう。接頭語の意味は感嘆詞ではないかと思われるが、飛鳥は「蘇我の地」から起こったと考えられる。遠飛鳥は、蘇我氏の賜った小墾田屯倉、近飛鳥はこれも蘇我氏が賜った桜井屯倉であった。いずれも、蘇我氏の土地であったからこそそう呼ばれた。飛鳥時代は事実上、蘇我氏の時代だったのである。

以上、蘇我氏の来歴を分析した。その内容は、従来の定説とはかなりかけ離れたものとなった。だが、導き出された結論は、当時の政治的状況から考えるときわめて妥当なものであり、かつ、それを認めると、今まで謎とされていた事柄の多くが理解可能となる。

簒奪者、逆臣として蘇我氏を評価してきた史観を、根底から再構築することが要求されるであろう。今まで見てきたように、蘇我氏の功績とは、皇権の強化と古代天皇制の構築、そして律令制の導入だったからである。何より、蘇我氏が皇族だったとすると、成立しなくなる仮説が数多く存在する。というか、ほとんどの仮説が何らかの影響を受けるはずである。

考えてみると、『書紀』とは全く不思議な書物である。蘇我氏の素性を必死になって隠蔽するその一方で、逆にその出自を匂わすデータをあちこちに残している。本当に隠すつもりであれば、籾の移送の話や雀の話など、本筋と関係のない話を書く必要はなかったはずである。それをわざわざ稲目と尾張連との血縁関係をうかがわせる内容や、雀をめぐる馬子と守屋の確執、蝦夷と入鹿と白雀の話など、本来不必要な、というより書いてはいけなかったはずのことをわざわざ話を創作してまで書き残している。また、「不詳」などと、不審を持たれるような言葉をも思わせぶりにあちこちに残している。これらは、なんとかして真相を後世に伝えたかった史家の良心に由来するものなのか、それともヒントを残してもどうせ分かるまいと高をくくっての嘲弄なのか。どちらにせよ、籾の話も雀の話も、千数百年間、本当の意味を知られなかったことには違いないのだが。

第六章　追　記

以下に、本稿に組み込めなかった小論を列記する。いずれも、この問題の解答を求めているうちに、考えざるを得なくなったものである。

一、親と子の諱が同じであること

宅媛と宅部皇子の親子関係の推定に、その名前を論拠とした。直木孝次郎が、親子に同じ名前が続くことはあり得ないと論考しているため（『額田王』四六～四九頁）、これについて論考する。

諱とは、関係の深い地名か資養氏族名かのいずれかであるというのが、今までの知見であった。親子で諱を共有するということは、その土地または資養氏族を子が受け継いだということで、当時、資養氏族が家臣化、財産化していたとすれば、子が親の資産を受け継ぐことは十分あり得る話である。その実例が、舒明天皇の諱田村である。舒明の母糠手媛は、別名を田村皇女といい、舒明がその諱、田村を母親から受け継いだことは確実である。田村のいわれは、資養氏族であった河内国丹比郡田邑郷を本拠とした田村村主に由来すると考えられる。直木は田村皇女の別名が糠出媛であるという理由で否定しているが

（『額田王』）、資養氏族が親子間で引き継がれるかどうかという観点から見れば、更名（改名）かどうかは問題ではない。

その他の類例を集めてみよう。

まず、景行天皇の妃の一人、八坂入媛の父親は、八坂入彦皇子である。ただし、成務天皇の母親とされており、神話的要素が強く、実在性については疑問が残る。

次が、厩戸皇子と馬屋古女王である。『帝説』には、太子と膳女王の間に馬屋古女王という女王の存在が提示されており、おそらく、ともに厩戸氏が扶養を担当したのではないかと思われる。

舒明天皇の皇子、蚊屋皇子とその母蚊屋采女も同名である。こちらは、息子が母親の実家の名前で呼ばれたものと考えられる。

実例を並べると理解しやすいが、実例はいずれも、父と娘、母と息子という、異性の関係である。異性であれば、○○王と○○女王の組み合わせになり混乱することはないが、同性同士であれば、どちらも同じ○○王となり紛らわしい。どうも、その程度の法則だったのではないだろうか。

二、馬子の正妻について

これまでの筆者の知見にもとづくと、馬子は皇孫であったことになる。それも、母親は皇女という毛並みのよさである。ここでは馬子の正妻について考えてみよう。

馬子も子孫繁栄に、稲目と同じ方法を踏襲している。蘇我の枝族御炊氏は、『姓氏録』では「武内宿禰六世孫馬背宿禰之後也」とされており、この馬背は馬子の誤記である可能性が高い。同様に高向氏の系譜は、「武内宿禰六世孫猪子臣後也」とされ、こちらも馬子の誤記である可能性が高く、これら両氏族は、馬子から分かれた枝族と考えられる（佐伯有清『新撰姓氏録の研究』考証編二）。稲目が周辺諸族の子女の元に通い、生まれた子が蘇我の枝族を開いたように、馬子も同様の方法で自分の血族を増やしていたのである。そして、それらの枝族と比較して、馬子・蝦夷の本宗家は格段に位も高く、財力・政治力も大きい。この差は、おそらく母親の出自の違いに由来すると考えられる。枝族の家祖が諸族の女だったのに比べて、蝦夷の母はおそらく馬子の正妻であり、諸族の女に比べて格段に位が高かったのだろう。

馬子の正妻は、『書紀』では「蘇我大臣之妻、是物部守屋大連之妹也」とされている。だが、皇孫たる馬子の正妻には、物部氏の子女ではなれなかったはずである。皇孫の正妻は、また皇族でなければならない。だが、馬子の妻が女王であったことを認めては、馬子が皇族であったことが露呈してしまう。そのため、その存在と素性が史書で黙殺されたのである。

ただ、果たしてそれだけだろうか。もし本当にそれだけなら、別に馬子の正妻が物部氏の女でなくてもいいのではないかと言えそうである。つまり、他の氏族をあてることが可能だったにもかかわらず、あえて物部氏としなければならなかった理由が何かあるのではないか。『書紀』が言う馬子の正妻物部守屋の妹とは、いったい何者だったのだろう。

ここで気になるのが、『略記』の用明天皇二年六月の記事である。

大臣馬子宿禰奉炊屋姫令、遣佐伯連等率兵誅穴太部皇子、宅部皇子。此二王子、用明天皇之二兄弟也。然咒詛天皇、厭魅大臣。故及于死矣。厩戸皇子諫大臣曰。彼皇子、是天皇之天倫、児之伯叔。其罪不軽。大臣曰。大義滅親、此之謂也。太子語左右曰。大臣亦迷因果（馬子は炊屋姫の令を奉じて、佐伯連等に兵を率いて穴太部皇子と宅部皇子を誅させた。この二皇子は用明天皇の兄弟だったが、天皇を咒詛《じゅそ》し、大臣を厭魅《えんみ》したため殺された。厩戸皇子は大臣を諌めていった。「彼らは、天皇の身内で、私の伯叔である。その罪は軽くない」。大臣いわく「大義親を滅すというのは、このことだ」。太子は近臣に言った。「大臣は因果に迷っている」）。

炊屋姫《かしきやひめ》の命令で穴穂部・宅部両皇子を弑殺した馬子を、太子が非難すると、馬子が「大義親を滅すとはこのことだ」と嘯《うそぶ》く場面である。この「大義滅親」とは、この場面ではかなり違和感をともなう言葉である。

『略記』は、十一世紀末に延暦寺の僧皇円が書いた歴史書であるが、その内容は多くの典籍を引用して成り立っているとされる。右引用文に見られるように、穴穂部の殺害は推古天皇の命令であったとか、持統天皇が「明日香清御原宮藤原宅」において即位し、藤原京に移る前の八年間を送ったとかなど、独自の内容も多く含んでおり、記紀以外の資料を引用した可能性が高い。したがって、「大義滅親」にも元となる資料があったと考えるべきであろう。

周知のように、「大義親滅」は『春秋左氏伝』中の逸話で、春秋時代、兄を殺して位を奪った異腹の弟（謀反人）に加担した息子を、父親が他国の王の手を借りて謀反人諸共殺害したことで、大儀のためには父親の愛情も押し殺すという意味である。だが、穴穂部暗殺事件には、親子関係にある者は誰もいない。どういう意味で、皇円は「大義滅親」という言葉を使ったのだろう。単に身内殺しを意味するというような大雑把な解釈は不可である。当時（馬子にとっても皇円にとっても）の漢籍の解釈は、今よりずっと厳密で、彼らが「大義滅親」と言うのなら、そこには何かそれなりの意味があったはずである。突き詰めて言えば、この事件の中には、どこかに親子関係が出てこなければならない。

右引用文によると、馬子が穴穂部と宅部を殺したのは、額田部皇后の命令らしい。皇后と穴穂部とは異腹の兄弟にあたる。皇位争いで兄弟同士が殺し合っても、それを「大義滅親」とは、普通言うまい。皇后と宅部との関係は、宅部が安閑の皇子であったとすればさらに遠く、親子関係が介在する余地はない。そうすると、「大義滅親」したのは、皇后ではないことになる。

皇后の事情ではないとすると、「大義滅親」したのは、そう嘯いた馬子本人ではないか。『略記』では穴穂部皇子は馬子にとって姉妹にあたる小姉君の息子、すなわち甥となる。甥を殺して「滅親」とは、これも言い難いであろう。馬子が息子を殺した記録はないので、「大義滅親」の原義は成り立たないことになる。「大義滅親」には、特段何の意味もないのだろうか。

「大義滅親」の、もう一つの意味を考えよう。それは文章の字義そのままに、大儀が親を殺したという意味である。大儀のために殺したのは、親の情ではなく、親そのものという意味になる。馬子は自分の父親を殺したのだろうか。馬子の実父は稲目であり、馬子が殺したはずはない。馬子が殺した穴穂部皇子は、甥であって父親ではない。とすると、可能性として残るのは、宅部が馬子の義父であったケースだけとなる。

『書紀』には、「宅部皇子。檜隈天皇之子。上女王之父也。未詳」と、宅部が宣化の息子で上女王の父親だったと、殊更に書かれている。上女王はここ以外には一切史書に姿を見せない謎の女王であるが、文意から見れば、『書紀』が書かれた当時には宅部よりも有名な存在だったように読める。当時は上女王というだけで、誰もが「ああ、あの……」と納得するような、著名な存在だったのだろう。

宅部が馬子の義父で、上女王の父親だったとすれば、この上女王とは馬子の正妻にあたるのではないか。宅部が、筆者の言うように安閑天皇の皇子だったとすれば、馬子と上女王の両者は、安閑王家出身の従兄弟同士であり、ともに皇孫であった。当時の結婚相手としては、まさにぴったりであったろう。そしてそう考えれば、馬子の言った「大義滅親、此之謂也」という言葉が成り立つのである。

これ以上の根拠がないため断定することは困難だが、ただそう考えると、馬子の正妻が皇族以外ではありえないにもかかわらず、物部氏出身であったという『書紀』その他の記述が、れっきとした意味を持ってくる。すなわち、馬子の正妻は物部氏出身の女性だったのではなく、物部氏の血を引く女王だったということになり、ここに宅媛、宅部皇子、そして上女王の系譜が、無理なくぴったりと当てはまるのである。そして、上女王が、父と夫が敵味方に分かれて戦った、悲劇のヒロインとして知られていたことも。

さらに、物部守屋が宅部皇子を擁立しようとした理由がもう一つあったことも理解されよう。守屋は、宅部を擁立するのなら、その女婿の馬子も協力してくれると思ったのではないだろうか。実際にはそれは、全く逆効果だったのであるが。

蘇我蝦夷は、その上女王と馬子との間の子と考えられる。蝦夷が、入鹿に紫冠を授けたのと同時に、その弟に物部大臣という氏名を与えたという『書紀』の記述は、稲目が馬子に蘇我大臣を与え、母方の葛城臣の氏名を馬子の弟烏那羅に与えた一事を彷彿とさせる。蝦夷は、自分の母方の実家、物部の氏名を、入鹿の弟に与えたのである。

それにしても、『書紀』はどういうつもりで、わざわざ「未詳」という語を加えたのだろうか。そうしなければ、誰も何の疑惑も持たないし、勘ぐったりもされないのにと思うのは、筆者だけではあるまい。都合の悪い事実を隠蔽しつつ、なお、これ見よがしにその痕跡だけは残すという、『書紀』の定例化したパターンがここでも見られる。

三、高向王について

宝皇女の最初の夫で、漢皇子の父親とされる高向王は、斉明紀の婚姻記事以外どこにも見られない正体不明の謎の王族である。『書紀』は用明天皇の孫とするが、『紹運録』は用明の子高日王としており、これは高向王の誤写と思われる。むろん、用明紀のどこにも高向王も高日王もその名を見ることはできない。何やら、宅部皇子の場合とよく似ている。

宝皇女がその後舒明と再婚し、舒明崩御後皇位に昇って皇極天皇となり、孝徳天皇に譲位した後、さらに重祚して斉明天皇となったのは周知の事柄である。

ところで、山尾幸久は、稲目は飛鳥の漢人との間に子をなし、長ずるや氏名を与え、臣として迎え蘇我八腹を形成したとする（『蘇我氏と古代国家』黛弘道編、四二頁）。さらに佐伯有清は、高向、御炊の二氏の家祖猪子と馬背を馬子の誤記であろうとした（『新撰姓氏録の研究』考証編二）。

となると、稲目・馬子が婚姻した今来才伎の漢人と蘇我の枝族とは、一対一で対応するはずである。漢人は、陶部、鞍部、画部、錦部、訳語、それに飛鳥衣縫部、来目衣縫部、さらに檜隈にいた身狭村主、檜隈民使らが候補であり、対する蘇我の枝族は、河辺、境部、田中、小治田、高向、桜井、来目、岸田、田口、箭口、御炊の諸氏が対応するはずだが、残念ながら数も合わず、その組み合わせも多くは不明である。その中でわずかに推測されるのが、久米衣縫部と来目氏、錦部と高向氏との関係である。

久米衣縫部と来目氏との関係は、地理的対応から推測される。もう一つの錦部の根拠地は、石川郡に隣接する錦部郡である。錦部郡は、百済郷一郷と余戸とからなる一郡一郷の特殊な郡であり、かつて石川郡の一部であったと推測されることは石川錦織首の項で説明した。この百済郷には、高向氏の氏神とされる高向《たこう》神社がある。一郡一郷という事情から、高向氏と錦部氏がごく密接な関係にあることが分かる。つまり高向氏は、馬子が錦部の女の元に妻訪いしてなした、その子の一族であろうと推測されるのである。『崇峻紀』は、馬子が飛鳥寺を建立するに当たって、飛鳥衣縫造祖樹葉の家を壊して用地を得たとするが、『書紀』によると飛鳥衣縫部の居住地は檜隈の呉原のはずで、飛鳥寺の地ではなかったはずである。おそらく、この飛鳥衣縫造とは錦部氏のことで、彼らが河内国錦部郡に移住したその跡地に飛鳥寺を建立したのではないかと考えられる。

錦部氏の女が産んだ子は、馬子から高向の氏名と臣の姓を与えられ、高向氏を創設した。氏名の由来は、石川氏や田中氏の氏名等と同様、地名であろう。高向氏の実体は、中核が高向臣と錦部氏の総領一族であり、それ以外の部民が家臣団を形成したと考えられる。一方、高向臣本人は、馬子の子であるため三世王でもある。当然、王と呼ばれたであろう。名は不明なので、ここでは彼を、その出自から仮に錦部王と呼んでおく。当然ながら、錦部王は蝦夷の異母兄弟にあたる。

さて高向王であるが、今までの小論の知見からすれば、高向王とは高向氏が資養した王子という意味のはずである。通説であり、本論でも欽明以後の皇族の諱については、そう考えて大きな破綻は生じてこなかった。では、高向王もまた、高向臣氏が養育した王子だったのだろうか。そうだとすると、この時の高向臣とは錦部王のことであるから、錦部王が高向王を資養したはずである。

馬子は、敏達・崇峻・推古の三天皇の大臣として活躍した。『書紀』での初出は敏達天皇初年（五七二）であり、没年は推古天皇三十四年（六二六）というから、五十四年間という驚くべき長期間、大臣として君臨した。『略記』は馬子の薨去年齢を七十六歳とするが、そうすると二十二歳から七十六歳まで大臣であったことになり、この記述は年齢的に妥当と思われる。

一方、宝皇女は推古二年（五九四）の生まれとされているから、宝出生時には馬子は四十四歳だったと考えられる。宝の夫であった高向王も、宝と同年か数歳年上だったと考えれば、高向王誕生時の馬子の年齢は四十四歳以下となり、高向王は馬子の子の世代と重なる。つまり高向王は、上記の錦部王と年齢的にごく近く、その差は最大限に見積もっても二十歳程度であったと考えられる。二十歳に満たない若者に赤ん坊の後見をしろと言ってもとても務まるまいし、おまけに当主が二十歳では、高向氏は創設されたばかりか、まだ創設すらされていなかった可能性もある。そのような若い王と若い一族に、王子の後見を任せられるはずもない。錦部王が高向王を養育することは、事実上不可能なのである。

高向王は、高向氏に資養されたのではない。では、どう考えればいいのだろうか。この高向王の名は、諱のもう一つの意味、勢力基盤の地名と考えるしかないのではないか。高向に坐す王、高向氏の家祖という意味だったのではないか。錦部王と高向王は同一人物、つまり高向王は馬子の子だった可能性がうかんできたのである。

高向王を馬子の子とすれば、安閑の三世王にあたる。宝は欽明の三世女王であるから、両者は又従兄弟同士となり、当時としては良い釣り合いだったのではないか。稲目と雀部皇女、馬子と上女王のように。

『書紀』は、蘇我氏が王族ではないとしたため、馬子の子が女王、それも後の天皇を娶ったとはとうてい書けず、高向王を用明の子または孫としなければならなかったのではないだろうか。

四、石川氏の創設

蘇我の氏名を名乗ったのは、蘇我倉家の連子の子である安麻呂《やすまろ》を最後とする。その子石足《いわたり》にいたって、朝臣姓を賜り石川氏を創設、石川朝臣石足となった。『書紀』に個別には書かれていないため、天武天皇十年から同十一年の、二度にわたって行われた氏上改正の過程で、蘇我氏の改姓もこのとき行われたのではないかとされている。氏姓を変えること自体は、特段珍しいことではない。膳氏本宗は高橋と氏名を変え、忌部氏も斎部と変えている。藤原氏自体が、中臣氏の鎌足の家系が名を変えたものである。

だが、蘇我から石川への改姓をそれらと同列に論じてよいのだろうか。蘇我から石川への改姓の理由として、いくつかの説が出されている。蘇我氏の一族の赤兄と果安《はたやす》が近江朝の重臣として、壬申の乱で天武と戦ったことを憚ったからという説がもっとも常識的なものであろう。果安は将として出陣したが、軍中で同僚の山部王を殺害した挙げ句自害した。赤兄は戦後、乱の責任を問われて配流《はいる》された。この事件の結果、蘇我氏の名を憚った石足が、氏姓を石川と変えたという説が有力である。

だが、果たして本当にそうなのだろうか。

壬申の乱で、蘇我氏と同じく近江朝の重臣であった中臣金は処刑、巨勢比等《ひと》は配流されたが、中臣も巨勢も特に改姓などしていない。その後、中臣氏は一時藤原氏を名乗ったが、これは鎌足が藤原の姓を賜り、その同族の中臣氏がそろって藤原姓を名乗ったためであり、壬申の乱の責めを負ったわけではない。不比等の家系以外の中臣一族は、勅命でただちに中臣に戻っているし、その意美麻呂の系統大中臣氏もその後順調に繁栄している。もう一人の重臣であった紀大人は、一族の阿閉麻呂が軍を率いて天武側として戦い、改姓どころか処罰すらされていない。壬申の乱を契機に氏姓を変えた氏族など、ほかには全くない。なぜ、蘇我氏のみが姓を変えたのかという問題は、敗戦のためと考えては解決できないことになる。

そもそも、蘇我安麻呂は天智天皇の枕頭に呼ばれた大海人皇子に対して、「有意而言矣（よく考えて返事をなさいますよう）」と助言し、大海人はそのため難を逃れたとされている。『書紀』は安麻呂が天武にとって功労者であったことを認めており、つまり彼は勝利者側の人間だったのである。そのためその家系は、入鹿の血統が断絶し、石川麻呂の男系が滅び、赤兄果安日向らが姿を消した後、事実上蘇我の氏名を名乗る唯一の家系となっていた。その安麻呂の子が、なぜ蘇我の氏姓を捨てる必要があったのだろう。

石川氏の系譜は、①稲目→②馬子→③倉麻呂→④連子→⑤安麻呂→⑥石川石足となっている。稲目は皇子であるから、安麻呂は五世王にあたる。したがって、次の石足の代では皇親の資格を失うことになる。問題はここにあったのではないか。つまり、蘇我の氏名の喪失は、皇親の資格を失ったからではないのか、と考えられるのである。

通常、六世となって王籍を失った王族は、真人姓を賜って降下する。我々から見れば、蘇我氏の場合、皇別であるから、そのまま蘇我真人と変えれば良さそうに思えるが、当然のことながら、事はそう簡単ではなかった。蘇我氏が皇族の出であることは公然の事実であったはずだが、当時の政権は、記紀編纂に見られるように、それを必死に隠蔽しようとしていた。真人姓など絶対に名乗らせるわけにはいかなかったろう。蘇我氏が皇族出身であることを、後世に喧伝するようなものだからである。

さらに当時の為政者としては、継体、安閑、宣化親子が創設した大臣制が、乙巳の変で正式に終了したことを満天下に公表する必要があった。そのためには、蘇我の名を消滅させるのが最も効果的であり、五世王安麻呂の死はまさにその好機といえた。新たに石川朝臣という氏名を創設し、その子の石足に下賜することによって、蘇我の名を消滅させたのである。それは、蘇我の名を忌む存在によって強制的になされた改名だったに違いない。さらに、蘇我氏の真の出自を隠蔽するため、本来の系譜とは異なる、武内宿禰から石川宿禰、そして満智韓子へ至る捏造された蘇我氏の系譜が正史に採択され、蘇我氏の真の素性である安閑天皇の血統は、全ての正史から抹消された。蘇我の氏名はここに消滅したのである。

文政三年（一八二〇）一月、摂津国嶋上郡真上郷光徳村にある荒神山の南斜面で、一基の古代墓が発見された。中には金銅製の墓誌が置かれており、葬られた人物が石川石足の子、年足であることが判明した。平城京で死んだはずの年足が、なぜこの三嶋の地に葬られていたのか。そこには、蘇我氏の謎の根源が関わっているのである。

そして、蘇我氏に変わって藤原氏が歴史に登場してくる。筆者は先に、藤原氏は遅れてきた蘇我氏であると言った。いよいよ、その謎の解明に取りかかろう。

第七章　蘇我氏から藤原氏へ

蘇我氏は謎の豪族とされてきた。が、実際は決してそうではなく、皇室の分家という、分かってしまえば納得するしかない存在であった。そのことは、今までの説明で論理的に証明できたと筆者は考える。

だが、蘇我氏の出自が安閑天皇の子孫であるのなら、それはまた、予想もしていなかった新たな謎を生むことになる。それは藤原氏についてである。藤原氏は、実は蘇我氏以上に謎の氏族なのである。

一、鎌足の登場

蘇我氏初代の稲目は、出自も分からないまま突然歴史上に現れ、娘を二人、欽明天皇の妃とし、さらにもう一人の娘を用明天皇の妃とした。これが大きな謎とされたことは、既述したとおりである。

実はそれと全く同じことが、鎌足にも当てはまる。鎌足は突然歴史上に出現し、自らの娘氷上娘と五百重娘《いおえのいらつめ》の二人を天武天皇の妃とし、さらに『懐風藻』によると一女を天智天皇の皇子大友皇子の室に入れたらしい。鎌足は中臣氏の出身であるとされている。中臣氏は大夫の家柄ではあるが、元来連姓氏族では天皇の外戚になることはできなかったはずである。実際、鎌足以前に子女を天皇の後宮に入れた実績はない。ならばなぜ、鎌足は娘を天武の後室に、それも二人も入れることができ、さらに天智の皇子の室に娘を入れることができたのだろう。このごく当然のはずの疑問が発せられるのを、実はあまり聞いたことがない。鎌足の謎は、謎とすら認識されずに放置されているのが現状なのである。

その婚姻関係が、鎌足と天智・天武との個人的な関係によるものと考えるなら、それは当時の社会的慣習をあまりに軽視しているといえる。当時は、出自、つまりどの家系の出身かで、その人物の人生の大部分が決定した。出自には越えられない壁が存在したのである。鎌足以前、中臣氏から后妃は一切出ていない。出せない家柄だったからである。それに、もし鎌足と天智との間の個人的な友誼から娘を入内させたのなら、嫁がせた相手は、天武でなく天智のはずである。皇極紀は、鎌足が中大兄に、石川麻呂を同盟者とするため彼の娘を娶ることを勧めたとするが、それが本当なら、鎌足自身も中大兄との盟約の証に娘を嫁がせればいいはずである。ところがそれをせず、天武に娘を二人も嫁がせている。不可解と言うほかない。

鎌足の正妻、つまり不比等の母は、『公卿補任』によると車持与志古娘、『興福寺縁起』では鏡女王とされている。車持君氏は、輿輦の供奉を職務とする中級貴族で、鎌足が中流貴族だったとすれば、妻の出自としては相応しい相手である。『興福寺縁起』の鏡女王説は、当時、臣下が女王を娶ることは不可能なためあり得ないことで、後世藤原氏が権勢を確立したあと、家祖を飾るためになした造作と考えられている。両書はいずれも同時代史料ではなく、かなり後世の成立で、信憑性についてはともに問題がある。

鏡女王という名は『書紀』には見られず、天武天皇十二年七月天皇自ら行幸して見舞い、翌日亡くなった鏡姫王の名が最も近い。どちらも「かがみのひめのおおきみ」と同音となり、同一人物と考えて差し支えないと思われる。もう一人、混乱の元となっているのが、「鏡王女額田姫王（鏡王の娘、額田姫王）」である。鏡王は、近年の威奈大村蔵骨器銘文の研究などによって、宣化天皇の子孫威奈鏡公の可能性が高くなっている。孝徳紀白雉元年二月にその名が見られる、猪名公高見と同一人物と見られ、鏡姫王と額田姫王は、ともに鏡王の娘となる。両者が別人であれば本居宣長の姉妹説、同一人物であれば鏡王女即額田姫王説となる。どちらが正しいかは、決定的な資料がないため未だに決着がついていない。

『万葉集』巻二には鏡王女が登場する。天智と鏡王女との相聞歌に続いて、鏡王女と鎌足との相聞歌がある。有名な次の二句である。

玉くしげ覆ふを安みあけて行かば君が名はあれどわが名し惜しも
玉くしげ見む円山のさなきかずらさ寝ずは遂にありつかましじ

この鏡王女が、鏡姫王なのか、「鏡王の娘」の意味で額田姫王なのかは不明であるが、天智に続いて鎌足とも縁を結んだのは確かであろう。
女王と臣下の男女関係はあり得ぬことだから、宴会かどこかで読まれた戯れ歌で、現実的ではないという説がある。だが、相聞歌がつくられたということは、両者の間には男女関係が成立するという前提があるはずである。鎌足が臣下で、鏡王女とは男女関係を全く結べないなら、宴会の戯れ歌にすらなるまい（無礼千万だから）。さらに添書きには「内大臣藤原卿、鏡王女を娉《つまど》ひし時に」とある。この相聞歌の存在は、明らかに鎌足が鏡王女を妻としたことを物語っている。この鎌足の相手鏡王女が、鏡姫王なのか額田姫王なのか、それとも未知の第三の女性なのかは別にして、王族であったことは間違いない。女王と通じるには王族の身分が必要である。もし臣下の分際でそれを冒してしまえば、失脚ぐらいではすまないであろう。鎌足の婚姻関係は、多くの謎をはらんでいる。

鎌足の子、不比等の嫡妻は、蘇我連子の娘娼子であった。連子は入鹿親子と石川麻呂の死後、本宗家に代わる地位にあった。筆者の主張する蘇我氏系図によれば、連子は安閑天皇四世王であり、娘の娼子は五世女王にあたる。当時、五世女王は臣下と結婚できなかったはずである。この法は、後、慶雲三年（七〇六）に発布された「七条のこと」で緩み始め、延暦十二年（七九三）に至ってさらに緩んで、大臣を出した家柄は三世王、藤原氏に限っては二世女王でも娶れるようになる（直木孝次郎『額田王』五四〜六三頁）。だがそれは、藤原氏が皇室の外戚としての地位を確立した後のことで、不比等が娼子を娶った大宝元年（七〇一）頃の時点では、この規定はまだ有効であり、臣下が女王を娶ることは不可能なはずであった。したがって、筆者の蘇我氏安閑天皇子孫説が正しいなら、両者の結婚は不可能なのである。筆者の説が間違っているのだろうか。だが、蘇我氏が安閑天皇の子孫であることは、今までの論証で動かしがたいことに思われる。筆者としては、矛盾する原因となっている、不比等は臣下である、という前提条件を疑わざるを得ない。この親子は、その婚姻関係から考えれば、中流貴族の出などでは絶対にあり得ないのである。

では、いったいこの親子の出自は何であろうか。

鎌足は、皇子に娘を嫁がせることができた。女王と通じることも可能だった。息子の不比等は五世女王を娶れた。となれば、これ以外に解答があるなら、是非ご披露いただきたい。

この親子は王族だった、――のである。

世に不比等皇胤説がある。不比等が天智天皇の御落胤であるという説で、江戸時代にはほぼ定説化していたらしい。不比等の兄定恵（貞慧）にも、孝徳天皇の御落胤説がある。当時としてはあり得ることだったかもしれないが、それでは鎌足が二女を天武天皇の妃に、さらに一女を大友皇子の室に入れることができたことの説明がつかない。不比等が王族であったとすれば、それは不比等の代からではなく、親の鎌足からすでにそうであったと考えねばならない。

藤原氏には、奇妙に蘇我氏の影がつきまとう。

鎌足が入鹿暗殺の刺客として推挙した葛城稚犬養《わかいぬかいの》連《むらじ》網田《あみた》は、名前からすると葛城県の犬養部、つまり武力警護者であったはずである。当時、葛城県は蘇我氏の領地となっていたから、網田は蘇我氏の配下だったと考えられる。もう一人の刺客佐伯連子麻呂は、馬子が穴穂部皇子暗殺を命じた佐伯連丹経手の一族と考えられ、こちらも蘇我氏配下の武力集団の一員であろう。鎌足はその蘇我氏の配下の武人に、主筋に当たる入鹿を殺させたのである。それは鎌足の網田や子麻呂に対する支配力が、入鹿のそれより強かったことを意味している。鎌足もまた、二人の主筋であった可能性が高い。

『家傳』によると、不比等の家令は小治田《おはりだの》志毘《しび》であり、不比等の長男武智麻呂の側近く仕えた〝爺〟であった。武智麻呂の妻の一人は小治田功麻呂の娘であり、藤原氏の御曹司は小治田氏を家臣としていたことが分かる。

また『家傳』によると、武智麻呂が越前神宮寺を建立した原因となったのは、優婆塞久米勝足が神意によって高い木の上に掲げられたことであった。「武智麻呂、近江の国守になり坂田郡伊吹山に登る。滋賀山寺で神剣を鍛え天皇に献上す。田十町を賜う。神、夢に現れ、寺を造ることを乞う。優婆塞久米勝足を高枝に置き、よりて験を示す。ために、越前神宮寺を造る」。無縁の者に神意が示されるはずもないから、この久米勝足は武智麻呂の縁者であろう。

不比等の三男、宇合の妻の一人は小治田氏の娘、もう一人は久米氏の娘とされている。小治田氏も久米氏も蘇我の枝族である。蘇我の血族は、本宗家滅亡後、鎌足の家系の元に集結していたことが分かる。

不比等が娼子との死別後、後妻とした橘美千代（光明子の母）の出身氏族県犬養氏は、桜井屯倉の警護氏族であった。つまり、こちらも網田同様、元々蘇我氏の家臣筋なのである。

鎌足親子は、蘇我氏の配下の人脈に取り囲まれていたのである。

鎌足とは何者か。これが蘇我氏の謎における稲目の素性と同様、藤原氏の謎の核心である。稲目を追ったと同様に、鎌足の素性を探ってみよう。

まず、彼に関する記述を『書紀』から収集しよう。『書紀』や『家傳』などの史書に見られる鎌足に関する記事は、実は驚くほど少ない。

①鎌足の素性。
②三島の別業への隠遁。
③軽皇子との親交。

④中大兄への蹴鞠の会での接近。
⑤中大兄に石川麻呂の娘を娶ることを進言。
⑥乙巳の変における暗躍。暗殺実行者として、佐伯連子麻呂と葛城稚犬養連網田を推挙。
⑦変当日、暗殺実行者を指揮。弓を持って暗殺決行現場で待機。
⑧皇極天皇退位後の後継者選定で、中大兄へ即位しないように進言。
⑨変直後大錦冠を授けられ、内臣となって若干戸の増封を下賜された。
⑩紫冠の授与。白雉五年（六五四）正月、紫冠を授けられ、若干戸を増封された。
⑪天智三年、薨去。十月十日、天智が瀕死の鎌足を見舞い、十五日、東宮太皇弟が大織冠と大臣位、藤原の姓を授与した。十月十六日、薨去。

鎌足の父は中臣弥気子、母は大伴囓の娘智仙女郎とされる。『家傳』によると、推古二十二年に高市郡藤原第に生まれている。藤原第は、『略記』のいう明日香清御原宮藤原宅であり、鎌足の長男、定恵もここで亡くなっている。現在の明日香村小原の地と考えられ、明治初年までこの地には藤原寺があり、談山神社への表参道登り口があった。『略記』が正しければ、藤原第は飛鳥浄御原宮の一部であったことになる。鎌足一族は、王宮の中で生まれ死んでいたのである。

蹴鞠の会での中大兄との出会いは、『三国史記』の「新羅本紀」に、金春秋と金庾信との間に同様の記事があり、おそらく何か共通の原典から引用したものだと言われている。

事実とは考えにくく、造作くさい。石川麻呂の娘と中大兄の結婚についても、時期が合わないことは先に説明した通りである。そして、乙巳の変も、そのほとんどが中国の史書の逸話から構築した創作と考えられることはすでに提示した。当然このとき、鎌足が本当には何をしたかは不詳である。

乙巳の変の二年後、大化三年（六四七）、孝徳天皇は七色十三階の冠制を定めた。大錦冠はこのとき定められた官位で、⑨の大錦冠を変直後に鎌足が受けるのは不可能である。時期か記事自体の捏造であろう。

そうなると、鎌足の記事で実際に信用できるのは、三嶋の別業への隠遁記事と死亡記事、そして紫冠授与の記事しかないことになる。

問題は紫冠の記事である。私見によると本来、紫冠は副王である大臣のしるしとして蘇我本宗家に継承されたはずである。孝徳が冠位制定時、紫冠の上に織冠と繡冠をおいたのは、明らかに冠制を上に水増して紫冠の地位を引き下げ、蘇我氏の権力の象徴を毀損しようとしたものと思われる。だが、織冠は鎌足と余豊璋の二人に与えられたのみで、繡冠は授与者もなく、事実上紫冠が最上位にあった。紫冠は大小二種に分かれる。鎌足以前には巨勢徳陀古と大伴長徳の二人が大紫と小紫を授けられ、彼以後の何人かの授与者にも全て大紫・小紫が授けられた。ところが、六五四年に鎌足に与えられた紫冠は、奇妙なことに大も小もつかない、ただの紫冠となっている。『家傳』でも、やはり同じく紫冠である。

となると、鎌足が授けられたのは、孝徳朝の冠位以前の、入鹿が授けられた紫冠と同じものだったのではないかという疑いが湧く。『書紀』は、入鹿が紫冠を授けられた事実を私的と断定し、鎌足への下賜を公式に認定したものと受け取れる。つまり、鎌足が大臣の地位と蘇我氏の相続権を与えられたことを、『書紀』が公認したとも言えるのである。ここでも、鎌足には蘇我氏の影が付きまとっている。鎌足には蘇我氏の疑いが濃厚なのである。

さてここで、先に放置しておいた屯倉《みやけ》の分析にとりかかろう。筆者は、蘇我氏が安閑天皇の子孫であるという証明に、安閑の妃、紗手媛、香香有媛、そして宅媛に下賜された、小墾田屯倉、桜井屯倉、そして茅渟山屯倉と難波屯倉の位置や性格、その後の変遷などの分析を証拠として用いた。実際それだけで、蘇我氏が安閑天皇の子孫であることを証明するには十分であった。だが、もし蘇我氏の初代稲目が、筆者が主張するように、安閑と春日山田皇后との間に生まれた皇子なら、山田皇后が賜った匝布屯倉《さほのみやけ》と三嶋屯倉をも所有していなければならない。本来そちらの解析をするほうが、むしろ本筋だと言える。ところが、『書紀』のどこを探しても、蘇我氏が匝布屯倉と三嶋屯倉を所有していたことをうかがわせるような記述は見つからない。今まで筆者は、『書紀』は事実を隠蔽する記事を載せながら、同時にその実態を暴露するような記事をも密かに提示していると言った。それが事実であったことは、今までの説明である程度証明できたと思う。これが、編纂者と実際の記録者との姿勢の違いからくるものなのか、それとも両論併記の方針によるものなのかは不明であるが、真実を暗示する記事があちこちに埋伏されていた。ところが、三嶋と匝布の両屯倉については、暴露系の記事が全くない。特に匝布屯倉がひどい。山田皇后に賜ったという記事の後、正史の全てから姿を消してしまった。徹底的に隠蔽されているのである。これは非常に奇妙なことで、『書紀』についての今までの筆者の見方や分析法が全く通用しないことを意味している。したがって、この両屯倉について調べるには、『書紀』以外の記録探索が必要となる。その分析結果を、以下に提示する。

二、三嶋屯倉について

安閑紀によると、安閑は三嶋県主飯粒が献じた、上御野（三野）・下御野・上桑原・下桑原の四十町の田を総称して三嶋竹村屯倉《たかふ》として山田皇后に下賜した。三嶋は、摂津国嶋上郡と嶋下郡とに分割される前の三嶋郡のことで、現在の大阪府高槻市・茨木市・摂津市を中心とする地域である。御野、竹村の同定には問題があるが、桑原が現在の茨木市桑原であることはまず間違いないとされる。桑原は茨木市の東部、高槻市との境界近くにある。北摂山地の山塊は桑原付近で南に突出しているが、その山裾を安威川が穿って平野部に流れ出る、その直前の小盆地と周囲の山並みからなる小天地である。ここには古く、安威古墳群や桑原古墳群があり、古墳時代からかなりの政治権力が存在していたことがうかがえる。特に、安威川の蛇行しているその内側、つまり〝曲がり〟の河岸段丘にある桑原古墳群は、平成十六年からの安威ダム建設にともなう発掘調査で、古墳時代後期の二十四基以上の墳墓が発見され、うち一基が八角墳だったことで話題となった。八角墳は舒明以後の天皇の陵墓形式であり、この地が押坂王家と何か密接な関係があったことを示している。桃原にならってこの地を上桑原とすれば、下桑原は、その安威川下流域の安威地区付近に充当されよう。

御野については諸説があり、岩波版『日本書紀』は摂津西成郡三野郷かとするが、そんなに離れていては三嶋竹村屯倉と一括して呼ぶには無理がありすぎ、桑原の隣接地と考えるほうが現実的であろう。桑原自体は山裾で、農業生産を期待するより、むしろ眼下の平野を睥睨するのに適している。桑原は祀司的中心、つまり管理地として、その山裾から広がる平野部であった御野を農地として管理したと考えるべきだろう。この平野は、南の淀川に至るまで六〜七キロに及ぶ。

この平野部の、桑原の南東すぐに存在するのが、現在、宮内庁が継体天皇陵として管理している、太田茶臼山古墳である。継体天皇陵は延喜式諸陵寮では嶋上郡三嶋藍野陵とされ、この時代の天皇陵のほとんどが奈良盆地と河内平野に集中しているのに対し、本陵だけが一人離れてこの摂津三嶋の地に存在する。だが、太田茶臼山古墳は古代の嶋下郡内にあって記録と一致しないうえ、考古学的にも五世紀中葉と判定されており、六世紀初頭の継体天皇の陵とは認め難い。それに対し、その北東にある今城塚古墳は、宮内庁の治定から漏れたために考古学的調査が実施され、島上郡内にあるうえに、築造も六世紀初頭であることが確認されている。考古学的にも地政学的にも継体天皇陵にほぼ間違いないとされ、したがって、今城塚周辺が古代の藍野であったと考えられる。

この藍野を御藍野と呼び、御野となったとする森田克行の説（森田克行『今城塚と三島古墳群』）に賛同する。本来的に、ミとは単なる敬称ではなく、ミヤケ、ミアエのように、天皇と関わりが深いものに冠する尊称なのである。天皇の野であるから御野である。三嶋も、ミ・シマで、シマは領域をさすから、天皇の所領という意味ととるべきだろう。ここでは大まかに、桑原とその南に広がる平野部を三嶋竹村屯倉と想定しておこう。

問題は、なぜ継体陵が三嶋にあるのかという、その理由である。何しろ、本紀である継体紀には、三嶋の地名は一切出てこないのだから。

ところで、継体天皇の皇后手白香皇女の墓は、『延喜式』では山辺郡衾田墓とされ、現在、大和古墳群にある西殿塚古墳に治定されている。だが、こちらも考古学的には年代が合わず、隣接する西山塚古墳が真陵だとされている。埴輪が今城塚古墳と同時期に、同じく高槻市の新池遺跡で焼かれていることが、その根拠とされている。どちらが真陵にせよ、皇后の墓がこの地域にあるという事実には変わりがない。手白香皇女の父仁賢天皇の宮は石上広高宮（奈良県天理市石上町、または同市嘉幡町か）であるので、おそらくこの地域が手白香皇女の生まれ育った故地だったのだろう。その地に壮大な古墳が営まれたのは、婿入りというかたちで政権を継承した継体が、手白香皇女に皇后として十分な敬意を払ったことを天下に披露するためであったと考えられる。

とすれば、継体陵がここ摂津国嶋上郡藍野に造られたのも、同様の理由によったと考えるべきではないか。つまり、三嶋は男大迹王の本貫の地で、自らがこの地より立って天下を治めたことを記念するため、その地に巨大な自陵を造ったと考えるのが自然である。出世した人間が故郷に立派な墓を造りたがるのは、時代・身分を問わないであろう。

男大迹王の本拠が三嶋であったことには、他にもいくつかの状況証拠がある。安閑紀の三嶋屯倉の記事であるが、次の雄略紀の逸話もまたそうである。凡河内直《おおしこうちのあたい》香賜《かたぶ》は、采女を犯した罪を問われて逃げ回ったあげく、三嶋郡藍原で捕殺された。高槻市には現在でも安威や安威川の地名が残り、地名の本質は安威であって、原でも野でも違いはなく、藍原は安威と考えてよい。凡河内氏の本拠は現在でも不明であるが、香賜が逃げ込んだ所を見ると、安威は凡河内氏の勢力地の一つだったに違いない。現代でもそうだが、全く寄る辺なきところでは人は生きていけないからである。ところで、宣化天皇の妃に、凡河内直味張の娘稚子媛がいる。宣化の皇后は橘仲皇女であるが、これは継体即位後に娶った正妃で、それ以前の正妻は、稚子媛であった。両者の婚姻は、地理的結びつきに由来するのではないか。つまり、継体一族と凡河内氏とが、ごく近く、つまりともに三嶋に居住していたからではなかったか。また、三嶋屯倉の耕作は凡河内氏が河内の田部を派遣して行っていたとされるが、それは継体一族の領地の農業経営を凡河内氏が管理していたことを意味しているのではないだろうか。

さらに、桑原と今城塚古墳の間には、新池遺跡がある。五～六世紀にかけて多量の埴輪を焼き続けた巨大な窯跡で、太田茶臼山古墳、今城塚古墳、手白香皇女の真墓とされる西山塚古墳の埴輪を供給した。男大迹王一族が、この窯を百年前後にわたって運営し、自家の古墳を飾っていたことは考古学的に明らかにされている。これは、三嶋が男大迹王家の本拠であったことを示す考古学的証拠といえる。三嶋は、男大迹王一族にとって父祖以来の本貫の地だったのである。

安閑天皇は、この自らの本貫を山田皇后に与えた。その良田四十町とは、当時の感覚でどの程度のものであったかというと、かなり時代は下るが、養老令田令に、「およそ畿内に官田を置かしむこと大和摂津各卌町」とされるから、三嶋屯倉のみで摂津の官田を上回っていたことになる。実際の領域となると、紗手媛に賜った小墾田屯倉は、北は現在の四条町から南は吉野までの、軽と明日香村を含む高市郡のかなりの部分であったことはすでに述べた（筆者自身は、高市郡そのものだったと考えている）。香香有媛に賜った桜井屯倉は、石川郡全てのみならず、古市郡錦部郡など現在の羽曳野市や河内長野市などを含む広大なものだったと推定される。側室に賜った屯倉がそれほど広大なものだったのであれば、皇后であった山田皇女が賜った三嶋屯倉と匝布屯倉は、それよりさらに広大なものだったと考えねばならない。すなわち、一郡以上の領域であった可能性が高い。嶋上・嶋下両郡は、大宝律令以前には三嶋郡と総称されていた。したがって、安閑天皇の時代、三嶋郡全域が三嶋屯倉であっても不思議はない。実際に、桑原は嶋下郡、藍野は嶋上郡と、両郡にまたがっている。では、その男大迹王家領の境界はどこだったのだろう。継体天皇が皇位を継いだ直後に宮を設けた地は、三嶋の淀川対岸の、樟葉《くずは》、筒城、弟国《おとくに》であった。新天皇はまだ基盤も弱く、宮は自家の勢力圏内に置いたと考えるべきであろう。したがって、その勢力圏（領地）は、最低でもそこまでは及んでいたと考えるべきであろう。男大迹王家の本来の領地は、三嶋郡のみならず、南山城から京都盆地西部にまたがる、広大なものだったのである。

だが、『継体紀』には三嶋に関する記述は何もない。男大迹王の勢力圏は、彦主人王の別業であった近江高島郡三尾と、母方の実家であった越前三国とされ、天皇推戴の報を、彼は三国で受けたことになっている。いかにも、遠い越前で現地の経営に奮闘していたように見える。だが、三尾は別業、三国は母方の実家であり、いずれも本拠地ではないと『書紀』は断言しているわけでもある。男大迹王の本拠地がどこであったかについて『書紀』は一切明記しておらず、明らかに隠蔽していると考えねばならない。

なぜ、そのことは隠蔽されねばならなかったか。

原因の一つは、男大迹王が皇位に就く前の履歴を改変するためであったと考えられる。当時の社会体制を考えると、男大迹王は遠い越前にいたのではなく、武烈政権内の構成員だった可能性が高い。

史書には、当時の王族が官僚として政権を支えていたことが随所に書かれている。例えば、橘氏の系譜にその例を見ることができる。『公卿補任』は、橘氏の系譜を、敏達天皇→難波皇子→栗隈王→美努王→葛城王とする。難波皇子は丁未の役に登場するが、その後は不明である。その子、栗隈王は、壬申の乱のとき筑紫率であったが、近江方の使者の挙兵命令を拒否し、その子、美努王はその傍らで剣を手に父を守ったと壬申紀はいう。その子、葛城王は、光明皇后の異父兄であり、臣籍降下して橘諸兄と姓名を変え、高級官僚となったのは先に述べた。諸兄の履歴は、王族のたどる経歴の一典型と考えられる。また、威奈大村蔵骨器銘文によると、大村は宣化天皇四世子孫の威奈鏡公の第三子として朝廷に出仕し、官歴を重ね、越後の国司として急死したことが知られる。その他にも、『書紀』には朝廷に仕えていた多数の王族のことが触れられている。皇室にとって、遠い親戚ですでに皇位継承権を失っている彼らは、ある意味で信頼できる家臣でもあったはずである。継体紀には、次期天皇の推戴をめぐって、物部麁鹿火らが「妙簡枝孫、賢者唯男大迹王也

（子孫を見ると、確かに賢者は男大迹王だけだ）」と言ったとされるが、ここには、政権側が全ての王族の現況を把握していたという背景が垣間見える。五世王までを皇親として扱うということは、天皇の身内として然るべき位階と地位と扶持を与えるということである。彼らは、後の蘇我の諸氏や平安貴族のように、政権によって経済基盤としての領地を与えられ、朝廷内で官僚として働いていたと考えるべきなのである。一人男大迹王のみが、地方に割拠して独立政権をうち立てていたと考えるのは無理が大きい。男大迹王は、大和北方の摂津および山城近江の一部を支配する武烈政権内の重臣であり、皇室本宗の血脈が絶えた時には次期天皇に推戴されるほどの有力者だったのである。

三嶋は、男大迹王家の本貫地だった。それは、蘇我氏の本貫であったことをも意味する。蘇我氏の末裔、石川朝臣年足の墓が三嶋にあったのは、決しておかしなことでも不自然なことでもなかったのである。

ではなぜ、それが隠されねばならなかったのか。武烈天皇は子孫を残さず崩御した。儒教では、最大の悪徳は子孫を絶やすことである。武烈は子孫を絶やしたため、儒教が一般化した後世になって、悪徳の天皇として正史に描かれた。冤罪を見逃さなかったという聡明さと、妊婦の腹を割いたという中国史書直輸入の残虐さが同時に書かれているのはそのためである。武烈を悪徳の天皇とした以上、男大迹王がその側近く仕えていたとは書けなくなってしまった。連帯責任を負わねばならなくなるからである。結果、男大迹王が朝廷の重臣であったことは伏せられ、本拠地も大和から近い三嶋では都合が悪いので、遠く離れた越前国三国を本拠とする独立性の高い地方王族のように描かれたのであろう。このあたりの改変作業には、夏桀王と殷湯王、殷紂王と周武王による王朝交替劇のイメージが反映されているように見える。継体王朝の誕生を易姓革命と見なす説は、この改竄に惑わされたのである。三国が選ばれたのは、『書紀』編纂当時、三国が坂井郡高向郷にあたり、蘇我の諸氏高向氏の勢力拠点だったからである。

男大迹王の本拠地が隠されたもう一つの理由は、三嶋が男大迹王家の本貫であったと認めること自体が、『書紀』編纂者にとって非常に都合が悪かったからである。

三嶋は、鎌足とその同族中臣氏との縁が深い地域であった。『姓氏録』摂津国神別には、中臣大田連と中臣藍連が確認され、中臣大田連は太田茶臼山古墳のある太田に、中臣藍連は今城塚古墳のある藍（安威）にいた。両者はともに中臣氏の枝族である。また、三嶋には中臣氏の祖先神、天児屋命を祀る神社が、春日神社をはじめきわめて多い。高槻市安満にある磐手杜神社はかつて安満神社と呼ばれていたが、十二世紀頃には春日神社と改められ、明治に今の名称になった。中世までここには春日大社の荘園、安満荘があり、多くの春日神社があった。安満神社はその総本締めであり、社伝によれば、六六六年に鎌足の発願により創建されたという。祭神として武甕槌命、天児屋根命、経津主神、姫大神、安閑天皇を祀るが、注目すべきなのは、雲峰神社の祭神を移したという安閑天皇である。言うまでもなく、安閑天皇は蘇我氏の家祖である。

三嶋には鎌足の別業もあった。皇極天皇三年、鎌足は神祇伯に就くことを命ぜられたが、これを潔しとせず三嶋之別業に引き籠もったという。これによると、乙巳の変以前、既に三嶋には鎌足の勢力が及んでいたことになる。では三嶋の別業がどこにあったかとなると、探索は比較的容易である。かなりはっきりとした痕跡が残っているからだ。茨木市安威にある阿為《あい》神社は、延喜式神名帳に「摂津国嶋下郡　阿為神社　鍬靫」と記される式内社で、中臣氏の祖神天児屋根命を祀り、鎌足の勧請で創建されたと伝える。近辺には、大念寺、地福寺、さらに今はすでに失われた多数の寺院が存在した。大念寺は、神仏分離以前には阿威山大織冠堂といい阿為神社の神宮寺だったが、鎌足自身が創建し、長子定恵が第一世住職を務めたと伝える。平成二十年から二十三年にかけて行われた、茨木山麓線の工事に先立つ発掘調査の結果、阿為神社の南縁に飛鳥時代後期の寺院規模の建築をはじめとする重層遺跡が発見され、鎌足発願という寺伝がある程度裏付けられた。地福寺もやはり鎌足発願で、現在はダム工事により移転したが、創立時からこの近くにあったと伝えられている。一見してこれらの宗教施設は、桑原古墳群を中心とした地域に集中して建立されているのが分かる。この付近一帯は、三嶋において鎌足の痕跡の最も濃い地域と言え、鎌足の三嶋別業の中核だったと推定し得る。現住所は、茨木市安威であるが、桑原地区の南隣で、筆者の説による下桑原にあたる。面白いことに、安閑の三嶋屯倉と鎌足の三嶋別業とは、その中心地が同一だったのである。

また、三嶋には、不比等以来、藤原氏の所領が多く存在した。

さらに、三嶋には鎌足の墓があったとされる。『多武峯縁起絵巻』『元亨釈書』は、唐から帰国した長子定恵が、弟不比等から鎌足の墓が摂津国嶋下郡阿威山にあると聞き、遺骨を談峯に移し塔を建てたのが談山神社の創設だったとする記事を載せる。これによると、談山神社は鎌足の墓であるはずである。だが、延喜式には「多武岑墓贈太政大臣正一位淡海公藤原朝臣」と、不比等の墓となっており、前両書の記載と一致しない。どちらが正しいのか。不比等の墓は談山神社以外に伝えられておらず、他に候補地もない。談山神社は不比等の墓としてブレがないと言える。それに対して、鎌足の墓は、これら以外に山階説もあり、候補地は少なくとも三カ所あることになる。端《はな》からブレているから、まず三カ所のどこかを決定しなければならない。山階説は、遺体を火葬したとする。我が国の火葬は文武天皇四年（七〇〇）の道昭を嚆矢とし、三十年以上前の鎌足に遡らせるのは難しい。多武峰説は、記述のように、不比等と同床となるため、これも成立し難い。したがって、三嶋説が最も可能性が高い。三嶋には鎌足公古廟がある。横穴式石室を持つ古墳で、鎌足の時代から百年ほど古いらしいが、ここには明治に至るまで、鎌足の命日とされる十月十六日に、毎年九条家から祭祀の使者が使わされていたという。談山神社鎌足廟説には、九条家自身が疑念を持っていたらしい。

問題は、なぜ鎌足の墓が三嶋にあると考えられたかである。鎌足は、飛鳥で生まれ、飛鳥で活躍した。乙巳の変が、板蓋宮で行われたにせよ、筆者が考えるように百済宮で行われたにせよ、どちらも飛鳥ないしその近隣である。また、長子定恵が飛鳥藤原第で亡くなっているところを見ると、やはり鎌足の本宅はここだったのだろう。後年、遷都とともに近江に居を移し、『多武峯縁起絵巻』は、鎌足が淡海之第で亡くなったとする。鎌足にとって、三嶋はあくまで別業、一時隠棲しただけの地にすぎないはずである。なのになぜ、わざわざ多大な労力を払って遺体を三嶋に運び、葬る必要があったのか。生まれた地でもなく、活躍の舞台でもなく、終焉の地でもないとなれば、考えられるのは、継体天皇の場合と同様、三嶋は鎌足の先祖以来の本貫の地だったのではないかということである。

以上の諸点から、乙巳の変以前より、この三嶋の地には鎌足の勢力が及んでいた可能性がきわめて高いと考えるべきである。

三、匝布屯倉について

匝布屯倉については記事らしい記事が全くないので、他の基本史料の収集から始めねばならない。

一般に匝布は佐保と同じとされている（『日本書紀 全現代語訳』『日本書紀』岩波版）。匝布は聞かないが、佐保は現在も地名として残っている。まず、現在の佐保の地名を収集するところから始めよう。地名としては、奈良市法蓮佐保山、佐保台、佐保台西町の三つがある。これらはいずれも奈良市北東部の小地域の地名である。この辺り一帯が、かつて佐保と呼ばれた地の一画であることを示している。

次が、佐保山である。奈良市の北部一帯に広がる丘陵地は、古くは平城山（奈良山）と呼ばれた。その平城山の西側を佐紀山、東側を佐保山と呼んだ。つまり、佐保山とは、「佐保川北方に広がる丘陵地帯の総称」（竹内理三編『角川地名大辞典二九　奈良県』五一〇頁）ということになる。

次が、佐保川である。若草山東麓の石切峠付近に発し、若草山の北側を回って奈良盆地へ出、奈良市街北部を流れたあと、秋篠川と合流して、やがて大和郡山市南部で初瀬川に注ぐ。この流れの、初瀬川との合流点までを佐保川と呼ぶ。

最初にあったのが山の名なのか、川の名なのか、それとも地域の名なのかは不明だが、どうやら、現在の奈良市北東部一帯を、佐保と呼ぶことは理解できた。大正十二年まで、この地には奈良県添上郡佐保村があったのである。ただ例によって、古地名となると確認しておかねばならない。

佐保は、古歌謡にもよく歌われている。『万葉集』にも数歌あるが、特に有名なのは、武烈紀の影媛の挽歌である。

武烈天皇に夫平群鮪を平城山で殺された物部影媛は、物部の本貫であった石上から、弔いのために平城山まで北上する。その歌に途中通過する地名が列挙されており、当時の奈良盆地北東部の地名を知ることができる。

　いすのかみ　ふるをすぎて　こもまくら　たかはしすぎ　ものさはに　おほやけすぎ　はるひの　かすがをすぎ　つまごもる　をさほをすぎ　たまけには　いひさへもり　たまもひに　みづさへもり　なきそほちゆくも　かげひめあはれ

　いすのかみは、ふるの枕詞（神が降るで雷のこと）で、ふるは現在の天理市石上神宮付近。こもまくらは、高の枕詞で（菰枕は高いらしい）、高橋は奈良市杏《からもも》町高橋。ものさはは、ものが多い様で、おほの枕詞。おほやけは、『和名抄』の添上郡大宅郷で、現在の白毫寺町付近である。はるひ（春の日）は霞むから、かすがの枕詞。飛鳥同様、枕詞が元の地名に取って代わった例である。かすがは春日郷で、春日山以西の地、春日大社付近となる。つまごもるは、をさほ（鳴佐褒、つまり小佐保）の「を」の枕詞である。妻が家に籠もって苧を産んで（糸紡ぎして）いるのだろう。

　これらの地名を整理して並べると、布留→高橋→大宅→春日→小佐保となる。小佐保の北が目的地平城山であるから、小佐保とは春日と平城山との間ということになり、先ほど見た佐保の地名とほぼ一致する。

　だが、影媛の歌謡から考えると、ここは「小佐保」で、狭義の佐保と考えねばならない。となると、佐保とは「大きな佐保」、広義の佐保を意味するはずである。いったい佐保とは、どの地域をさすのだろう。おそらく、それこそが匝布屯倉であろう。三嶋同様、皇后の賜った屯倉であるから、相当広大なものと考えねばならない。

　このあたり、現在の佐保（小佐保）付近は、かつて添上郡の一部だった。添上郡は、古くは添下郡と合わせて、添郡と呼ばれた。『和名抄』によると、添上郡は、山村、猶中、山辺、楊生、八島、大岡、春日、大宅の八郷。添下郡は、村国、佐紀、矢田、鳥貝（鳥見?）の四郷からなる。添郡は、現在の奈良盆地北部一帯を占める地域で、かつて「曾《そ》布《ふ》」あるいは「層富《そほ》」と書かれた。

　一方、「匝布」を現代語読みでそのまま発音すれば「そう・ふ」となる。現代日本の漢字の読みは、古代中国の音をもっともよく保存している稀少な例だと言われている。したがって、この読み「そうふ」も、千数百年前の音に近いと考えられる。「そうふ」は、「さほ」よりむしろ、「そふ」や「そほ」に近い。匝布とは、添（そほ）であり、匝布屯倉とは、添郡そのものだったのではないか。

　奈良市歌姫町に、添御県坐神社がある。この神社の傍らを歌姫街道が通っているが、それは平城京の朱雀大路、つまり古代の下ッ道を北にのばした延長線でもある。その東を添上郡、西を添下郡と分割した。添御県坐神社は、その名が直接示すごとく添御県の鎮守神である。添御県坐神社は、もう一つ奈良市三碓にもあるが、西に偏りすぎており、添上・添下両郡の境にある歌姫町の添御県坐神社のほうが、本来の添郡の鎮守神として相応しい。とすると、社名から、添郡は古くは添御県と呼ばれていたことが分かる。

古代、大和朝廷は奈良盆地内に六カ所の直轄領を有し（延喜式祈年祭祝詞など）、それを六《むつ》の御《み》県《あがた》と呼んだ。それらは、添、山辺、磯城、十市、高市、葛城であり、添郡は、その一つ添御県のことだったのである。大和朝廷を継承した継体天皇が、前政権の皇女で、長子勾大兄の正妃となった春日山田皇女に分与する財産としては、相応しいものと言えよう。この屯倉は、当然、山田皇后の死後、稲目から蘇我本宗家へと継承されたはずである。この地が本宗家滅亡後どうなったのかを知ることは、この時代の政治権力の変遷を知る上で重要である。

この地域には、後、平城京が建設された。匝布屯倉のことが『書紀』に一切出てこないのは、『書紀』編纂当時、そこが首都であり、『書紀』が書かれていたまさにその場所であったからである。当時の人間にとっては、わざわざ書く必要もないほどの常識だったのだ。

岡本宮や板蓋宮がそれまでの桃原という地名を消滅させたように、平城京という巨大都市は、それまでの古い施設や地名を吹き払い、以前の歴史経過を語るべきものの多くを消し去ってしまった。したがって、平城京の遷都以前の姿を知ることはかなり難しいといえる。

だが、それでも消しきれない痕跡が残っている。平城京はほぼ正方形であったが、北東の一角に、外京という東に突出した外郭部を持っていた。これは、藤原氏の占有域をわざわざ造り出しにしたものと考えられており、事実そこには、春日大社をはじめ、興福寺、元興寺などの藤原氏の信仰した社寺が集中している。さらに外京と平城宮の間には、海竜王寺と法華寺がある。海竜王寺はかつての不比等の邸宅、法華寺は光明子の邸宅であり、この辺り一帯は平城京内でも藤原氏の勢力圏だったことが分かる。

この地における藤原氏の占有は、いつ頃まで遡れるのだろう。外京の施設で最も古いものは、間違いなく春日大社である。興福寺は鎌足の菩提を弔った山階寺の後身であり、厩坂に移され、後藤原京から平城京へと移転された。元興寺は、飛鳥寺を新たに平城京に移転したものであるから（飛鳥寺そのものは飛鳥に残ったが）、両寺はともに平城京遷都時の建立である。それに対し、春日大社の起源ははっきりしない。社殿は神護景雲二年（七六八）藤原永手が創設したとされているが、発掘結果によると、祭祀そのものがそれ以前から存在したのは間違いないらしい。天武十年の天社修理令以前には、神社は建物を持たなかったらしく、それ以前の神社遺跡を求めるのはほぼ不可能なのである。ところがある理由から、春日大社の起源はそれよりかなり古いことが分かる。

春日信仰の御神体は、春日山である。春日山は御蓋山（春日前山）とその東にある花山（春日奥山）からなり、両山が東西一直線上に並ぶという、地形的特異性を持っている。特に御蓋山（三笠山ではない）は武甕槌命が白鹿に乗ってその山頂に降臨したという伝承をもち、それは元来神が降臨する神奈備山だったことを意味している。この二つの山は、春日大社本殿とともに、平城京の三条通りを東に延長した、まさにその線上にある（千田稔『平城京遷都』一二二頁）。平城京三条通りは、興福寺の南縁であり、元興寺の北縁であった。平城京が都であった当時、朱雀大路から三条通りを東に歩いていくと、左に興福寺、右に元興寺を見つつ、正面に春日大社の神体山御蓋山が見えたのである（実際には、坂と崖による湾曲で直接見えるわけではないが）。偶然ではあり得ない。寺は建立も移転もできるが、山はそう簡単に動かせないからである。したがって平城京の都市計画そのものが、最初から春日山を取り込んでたてられたことが分かる。平城京の設計図は、南北は下ッ道を延長して朱雀大路を線引き、東西は春日山を基点に三条通りが真っ先に引かれたのだろう。したがって、この地の藤原氏の占有は、七一〇年の平城京遷都の計画段階以前からのものであったと考えられる。つまり、春日佐保（小佐保）の地の藤原氏の占有は、少なくとも七〇〇年代初頭にまで遡れるのである。

遷都以前にここが藤原氏の勢力圏だった証拠はそれだけではない。鎌足の娘氷上郎女は、天武天皇の妃となり藤原夫人（氷上夫人）と呼ばれたが、天武天皇十一年（六八二）正月十八日に亡くなり、同二十七日赤穂に葬られた（天武紀）。この赤穂を、奈良市高畑町にある赤穂神社とする説がある。春日大社のすぐ南である。藤原夫人がこの地に葬られた理由は、この地が天武十一年の時点で藤原氏の勢力圏だったからと考えるしかないであろう。

さらにもう一つ、海龍王寺の存在がある。海龍王寺は、平城京皇后宮の東南角にあったことから、隅寺、隅院などと呼ばれたが、光明子が皇后宮とする以前には不比等の邸宅であった。海龍王寺はいくつかの特性から、実は平城京建都以前からこの地に存在したといわれている。理由の一は、その立地が平城京の条坊制を全く無視していることである。本来、東二坊大路は海龍王寺の境内を貫くはずであるが、同寺の区画だけ大きく東に湾曲している。これは、同寺が平城京建設以前から存在し、それを避けて条坊制が設定されたためと考えられている。理由の二は、海龍王寺の境内から発掘された、飛鳥時代後期に遡る古瓦の存在である。現在一般には、平城京以前この地には古代寺院が存在し、建都時に不比等がこの地を下賜された際に、その寺をそのまま取り込んで宅地としたと解釈されている。だが、平城京建都以前から、この地に不比等の寺院と邸宅があり、藤原氏の勢力圏であったという考え方も当然成り立ち、そのほうがより自然であろう。

以上の諸点から、添郡は、遷都以前、七世紀末から八世紀初頭にはすでに藤原氏の勢力圏になっていたと考えられる。山田皇后の賜った匝布屯倉、添御県は、息子である稲目に引き継がれ、蘇我本宗家の領地として継承され続けたはずである。そして、六四五年（筆者の説では六四一年）までは蘇我本宗家の所領だったと推定されるが、本宗家滅亡の約四十年後には藤原氏の勢力地となっていたのである。つまり、不比等は元々添御県の所有者であり、彼は自らの領地に首都を誘致したのであった。不比等はその領地を父親の鎌足から受け継いだに違いない。鎌足は、匝布屯倉をも所有していたことになる。

四、鎌足の正体

以上の知見から、匝布屯倉も三嶋屯倉も、おそらく鎌足の生前から藤原氏の勢力圏になっていたと推測される。

筆者は先に、蘇我氏の出自を探る際に、安閑天皇から紗手媛に賜った小墾田屯倉が、ほぼ宣化天皇初年には稲目の所領になっていたことから、蘇我氏が安閑の子孫であると結論づけた。それは、その所有権がほとんど時差なしに両者の間で引き継がれていたからである。当然の帰結であろう。

それに対し、鎌足の場合はどうか。山田皇后の賜った三嶋屯倉は鎌足の生前から、匝布屯倉は七世紀末、早ければ天武十一年には藤原氏の勢力圏となっていた。それは、事実上、鎌足が山田皇后の相続人だったことを意味している。

もし違うとすれば、それは鎌足が蘇我本宗家を滅ぼしたときに、蘇我氏の財産を下賜されたとしか考えられない。だが、鎌足が単に中臣という中級貴族の出身だったとすれば、そんなことは絶対に不可能である。そんな人物に、三嶋屯倉という継体一族の本貫や、佐保屯倉という山田皇后の遺領を受け継ぐ権利などありはしないからである。何より当の天皇家が絶対に許さないであろう。

したがってこの場合も、稲目同様、鎌足も山田皇后の子孫であったと考えるのが最も合理的である。同時にそれは、彼が蘇我氏の一員であったことを意味している。彼が蘇我氏の出であれば、蘇我の八腹を側近とし、娘を皇族に嫁がせ、そして自ら女王を娶ることも可能だったはずである。また、外京三条通りの南に、興福寺と相対して元興寺が建てられていた理由も理解できる。興福寺は藤原氏の氏寺であるが、元興寺は蘇我氏の氏寺であった飛鳥寺の後身である。藤原氏は、ここで自分たちが蘇我氏の末裔であることを密かに主張したのである。葛木寺も同様である。

信じがたいことではあるが、これは信頼できる事実を集め、それらを論理的に構築して出た結論である。意図的な作為や造作などではないことは、今までの証明過程から理解可能なはずである。

鎌足は、山田皇后の直系の子孫だった。この結論をふまえると、鎌足が何者であったか特定可能となる。鎌足は、三嶋屯倉および匝布屯倉を所有していた。三嶋は継体一族の本貫であり、匝布屯倉は稲目自身が山田皇后から引き継いだはずの領地であった。そうなると、鎌足の出自は、蘇我氏の、それも本宗中の本宗でなければならない。稲目から馬子、蝦夷、そして入鹿にいたる、蘇我本宗家の一員であろう。『家傳』によると、鎌足の生年は推古天皇二十二年とされているから、世代から考えれば蝦夷の子の世代、つまり入鹿の兄弟ということになる。

ここで問題となるのが、『家傳』所載の、仲郎（ちゅうろう、なかちこ）という鎌足の字《あざな》である。当然のことながら、仲郎とは三人兄弟の次男という意味であり、鎌足の上に長男がいたことを示している。当時、蘇我本宗家には長男、すなわち太郎、大郎（たいろう、おおちこ）と呼ばれる人物がいた。林臣鞍作、入鹿である。入鹿が殺された直後、反撃しようとした漢直らを、高向臣国押が押しとどめた言葉を思い出そう。

高向臣国押謂漢直等曰。吾等由君大郎応当被戮（『皇極紀』）。

高向臣国押が、われらは君大郎のために殺されるだろう、と言ったように、入鹿は大郎と呼ばれていたのである。

鎌足は、入鹿の弟なのだろうか。確かに『書紀』は、入鹿に弟がいたことを記している。何度も引用している、あの記述である。

皇極天皇二年十月壬子。蘇我大臣蝦夷、縁病不朝。私授紫冠於子入鹿、擬大臣位。復呼其弟、曰物部大臣（蝦夷は病で参内できず、私的に入鹿に紫冠を授けて大臣とし、またその弟を物部大臣と呼んだ）。

稲目が蘇我氏の本宗を馬子に授け、摩理勢に母方の葛城氏の氏名を与えたように、蝦夷は、宅媛から宅部皇子、さらに上女王から自らに引き継がれた母方物部氏の後継者の地位を、入鹿の弟に与えたのである。蝦夷が物部大臣と呼んだ入鹿の弟、データは彼こそが鎌足であることを示している。

『家傳』には奇妙な一文がある。

嘗群公子、咸集于旻法師之堂、読周易焉、大臣後至、鞍作起立、杭礼倶坐（貴族の子弟が旻法師の堂に集い周易を学んだ際、大臣〈鎌足〉が遅れていくと、鞍作が立ち上がって挨拶し、二人はともに座った）。

これによると、両者は変以前からきわめて親しい間柄だったことが分かる。これも今までは、鎌足の非凡さを強調するための後世の造作ととらえられてきたが、実は、兄弟がともに机を並べて講義を聴いた一場面の描写だったのである。

鎌足は入鹿の弟、物部大臣であった。『書紀』が隠蔽しようとした鎌足の真の素性は驚くべきものであった。これに比べれば、蘇我氏が安閑天皇の子孫だったことなど、大して驚くようなことではない。そしてこれこそ、『書紀』が為さなければならなかった最大の捏造の一つだったのである。

『書紀』編纂に際し、茅渟王家を正当化するためには、乙巳《いっし》の変で滅ぼした蘇我本宗家を悪役としなければならなかった。そうなると当然のことながら、入鹿の弟、鎌足も悪の一族の一員としなければならない。だが、『書紀』編纂者にとって、それは非常に都合の悪いことだったのだろう。彼は、蘇我氏と鎌足の間に、厳然とした断層を設けようとした。出自を偽り、前歴を隠蔽し、鎌足を中臣という中流貴族の出身者として、乙巳の変での活躍は彼の忠誠心と中大兄との友誼によるものとした。そして彼を、悪の一族を滅ぼした英雄とすることによって事態を収拾しようと図ったのである。

そう考えると、この捏造を行った人物を特定することは容易である。言うまでもなく、鎌足の息子、不比等である。彼にとって、蘇我氏を皇位簒奪を図った一族と貶めることには同意できても、自分の父親がその一族の一人だとはさすがに書けなかったのだろう。さらに、もしそうしてしまうと、不比等自身も悪の一族の子孫という烙印を負わねばならなくなり、それは非常に都合が悪い。さらに理由はどうあれ、結果的に、鎌足は兄を殺し父を自殺に追い込んで家督を相続した、ある意味で簒奪者である。当時の倫理観から見ても手放しで誇れるようなことではなかったであろう。そこで不比等は、鎌足の出自を隠蔽工作した。手本としたのは、むろん、唐太宗の修史編纂に対する姿勢であろう。鎌足と太宗は、ある意味うり二つの経歴の持ち主である。太宗の履歴を知った不比等は、さぞ心強く思ったに違いない。鎌足自身は、鏡王女との相聞歌でも分かるように、自らの出自を隠してはいなかったようだし、また隠せるものでもなかったろう。

不比等が父親の出自を託した中臣氏は、三嶋屯倉の項で見たように、蘇我の領地を現地で管理する、蘇我の分家だったようである。鎌足の出自を託しても、文句の出る心配のない相手であった。『家傳』では、中臣とは神と人の間を取り持つ職と説明しているが、実は臣と大臣の間、つまり通常の臣より一段高位な「なかつおみ（ちゅうおみ）」というのが本当の意味ではなかったか。中臣の候補としては、高向氏と御炊氏の二氏を挙げる。蘇我大臣に対する、高向中臣と御炊中臣である。両者はともに馬子の子孫であり、江戸時代に八代将軍吉宗が御三家に対抗して御三卿を創設したように、馬子も自らの子孫の差別化を図っていたのである。

高向氏は、先に述べたように、馬子と錦部氏の女との間に生まれた高向王を家祖とする。高向神社は、古来、祭神として天児屋根命を祀るが、天児屋根命はむろん中臣氏の祖神である。『常陸国風土記』には、孝徳天皇の御世に高向臣と中臣幡織田連が総領として着任したという記述があり、高向氏と中臣氏が密接な関係にあったことが示唆されている。中臣幡織田氏とは錦部（錦織部）氏のことだったのではないか。『常陸国風土記』の作者には藤原宇合説があり、当時の実情を反映している可能性が高い。

御炊氏は、『姓氏録』に氏名があるだけで全く姿を見せないが、これは彼らが他の蘇我諸族と異なり、高市郡にも石川郡にも居住していなかったからだろう。本当に宮中の炊ぎをしていたのなら、小墾田にいなければならなかったはずである。彼らはどこにいたのか。鎌足の勢力地の一つに山階郷陶原があり、鎌足と陶部の深い関係を示すとともに、陶部がこの地域を勢力圏としていたことが分かる。陶部は、今来の才伎の筆頭にあげられた氏族であり、製陶を業としていた。三嶋新池遺跡の埴輪工場の運営にも、陶部は関与していたであろう。『談山神社縁起絵巻』には、鎌足の子定恵が自らを「陶家子」と呼ぶ場面があり、中臣氏本宗と陶部が一体であったことを示している。これに、御炊氏が馬子と才伎の女との間に生まれた王の末裔であることを考え合わせると、御炊氏が陶部の裔であり、中臣氏本宗となったことが推定される。陶原や三嶋の中臣氏とは、彼らのことだったのである。

この高向中臣氏と御炊中臣氏とが、中臣氏として擬似氏族化し、鎌足の出自はその中臣氏に内包されたのではないか。鎌足の代、中臣氏には、鎌足、意美麻呂、金の三系統があった。彼らは、鎌足とは従兄弟だったはずである。そして、壬申の乱で金が誅されて中臣氏の一家系が没落し、「陶家子」が生き残ったのであるから、高向氏が没落し、陶部すなわち御炊系中臣氏、意美麻呂の子孫が生き延びて大中臣氏となったと考えられる。『姓氏録』の両氏族の家祖、馬背・猪子という名も、おそらく誤記ではなく、作為的に馬子の名を二つに割って創られた偽名であろう。

ここで、今までの知見を総合して、筆者の考える蘇我氏の系譜を三七八〜三七九頁の図5 蘇我氏系図（C）に提示しておく。鎌足と陶部の関係の深さを考慮して、鎌足の母親を馬子と御炊氏の女王との間に生まれた女王と考えた。入鹿の母親は残念ながら不明である。鞍作という入鹿の更名からして、鞍部出身の女王であった可能性はあるが、これは想像の域を出ない。

乙巳の変とはいったい何だったのか。筆者は、蘇我氏の研究の過程で、乙巳の変に関しても様々な資料を収集して知見を得た。だが、一般に信じられている乙巳の変のイメージが、中国の史書を元にした完全な創作であったことは、すでに提示したとおりである。今となっては完全に復元することは不可能だが、言えることは、

①舒明崩御を契機に、皇室・蘇我氏の両方それぞれが二つに分かれて争った（推古崩御後の山背大兄王の変に類似している）。

②排除されたのは、古人、入鹿、蝦夷の、実権を握っていた側であり、

③生き残ったのは、軽皇子、中大兄等の茅渟王家、そして蘇我氏は本宗家の次男鎌足と分家の石川麻呂であった。

④鎌足が、変以前に軽皇子からこうむった恩沢、そして瀕死の床で天智・天武から与えられた恩寵は、彼なくしては乙巳の変が成立し得なかったからであろう、というしかない。

皇極天皇三年、鎌足は蘇我氏を滅ぼそうと決意して軽皇子に近づき、その恩沢を受けて

「誰能不使王天下耶（誰が王が天下の王になるのを妨げられましょうか）」と言うと、軽皇子はひどく喜んだとある。まるで鎌足がキングメーカーであるような、奇妙な違和感を感じさせる文である。中臣という中級貴族の一人がそう言ったとしても、天皇の義弟が喜ぶのは不可解である。これは従来、軽皇子の軽佻さと、鎌足の大物ぶりを強調するための造作と考えられてきた。だが実は、軽皇子が自ら企画したクーデターに敵の身内を引き込もうと画策し、相手がそれを承諾したための喜びだったと考えられる。彼がいなければ、クーデターそのものが成り立たなかったのであろう。『書紀』のこの記事は、乙巳の変における鎌足の功績を、さり気なく、ただし大いに強調するために組み込まれたのである。だが、実際に何が起こったかはやはり分からない。真正と考えられる記録が、全く残されていないからである。まことに乙巳の変は、歴史の闇のかなたにある。

五、男大迹王家の後継者

匝布屯倉は、六御県のうちの添御県であった。そうすると、馬子が望んだ葛城県とは、葛木御県だったことが分かる。さらに、蘇我氏の本拠であった小墾田も、同様に高市御県だったと考えられる。稲目は、蘇我氏創設に際して、大和における皇室直轄領の半分を相続したのである。

したがって、欽明が受け継いだ御県は、残りの十市御県、磯城御県、山辺御県の三つだったはずである。欽明の宮、磯城嶋金刺宮が城上郡に置かれたのは、そこが欽明の自領だったからである。

稲目は、さらに男大迹王家の故地三嶋郡をも相続した。欽明に匹敵、いや凌駕するかもしれない厚遇である。これは、稲目が単なる降下した皇子というだけではなかったことを意味している。

継体一族は、前王朝の血脈を受け継いだ欽明天皇を正宗とし、その皇統の維持に全力を傾けた。だが、自らの出自、すなわち男大迹王家は、皇室に吸収合併させることなく、長子であった安閑の子孫に継承させたのである。これは家の存続という観点から見れば、ごく常識的な手法である。その後継者が蘇我氏であり、男大迹王家の側から見れば、ある意味彼らのほうが本家だとも言える。筆者が、蘇我氏が単なる皇室の分家ではなく、副王であったというのは、そういう意味である。蘇我氏のあとは、藤原氏が引き継いだ。藤原氏千年の権勢は、彼らが男大迹王家の後継者であるという出自に由来したものだったのである。

そしてこう考えると、源平藤橘の四貴姓のうち、最大の氏族であった藤原氏のみが皇胤でないという不思議が解消されるのである。

六、阿武山古墳と桑原古墳群C―3号墓

阿武山古墳について触れる。筆者の三嶋についての解析は完了しているので、阿武山古墳が鎌足の墓であろうがなかろうが筆者の結論は変わらないのだが、阿武山古墳が鎌足の墓であれば推論の補強材料となる。

阿武山古墳は、三嶋屯倉の中核であった桑原から、安威川の対岸、わずか数百メートルのところにある、三嶋では数少ない終末期古墳である。

阿武山古墳は、昭和九年、京大地震観測所の地震計設置工事の際に偶然発見された。塚もなく、平地の地下に造られた、当時としては他に類例を見ない不思議な墓である。浅い周溝で区分けされた直径八二メートルほどの墓域が確認されたのは、墓室が発見された後であった。

切り石で囲われた石室内には、磚《せん》（煉瓦）を積み上げた台上に置かれた夾紵棺《きょうちょかん》があり、中には半ばミイラ化した六十歳ぐらいの男性の遺体が残っていた。内部に置かれていた玉枕から、埋葬者については相当高位の貴人であり、発見当時から鎌足の墓ではないかという説があった。やがて内務省の圧力で調査中止となり、墓は封印された。ところが、一九八二年、地震研の施設内から当時撮影された写真とレントゲンフィルムが発見され、一九八七年、分析の結果が発表されると、再び鎌足説が頭をもたげてきた。

天坊幸彦は、この古墳を鎌足の墓と主張し、その論拠のうち、「皇極三年紀における釜

足の三島退去記事」、「春日神社や天児屋根命を祀る社の多さ」、「藤原氏ゆかりの寺院（大念寺、地福寺）」、「島上郡内の所領［不比等野八十七町、房前野六十七町、清河野八十町の計二百三十四町］の多さ」、「安部山を禁野とし島下郡の藤原氏助の邸をご在所としたこと」をあげ、この地が古くから中臣氏の支配下にあったとした（森田克行『今城塚と三島古墳群』）。この最後の安部山の記事は、『略記』の陽成上皇による安部山（阿武山）占拠の記事である。陽成上皇は基経によって廃位されたため、その意趣返しに藤原家祖の鎌足の墓を損壊しようとしたのかもしれない。

筆者も、被葬者鎌足説に賛同する。理由は右記と同じであるが、筆者の見解として、鎌足と三嶋の関係を付け加える。鎌足の墓が三嶋にある理由は不明とされているが、既述したごとく、桑原は山田皇后の三嶋屯倉、鎌足の三嶋別業の中核である。鎌足にとっては先祖代々の本貫であり、彼が自らの本貫の地に埋葬されることを望んだのは、むしろ当然のことといえる。桑原地区には鎌足と縁の深い阿為神社があり、鎌足建立という縁起を持つ複数の古寺がある。阿武山古墳は、その東に位置する阿武山の西斜面にある。これらの宗教施設は、桑原古墳群の周辺に取り囲むように存在しており、緊密な関係にあることは間違いない。これは、阿武山古墳が鎌足墓であるという説を補強するものである。

それらの宗教施設に取り囲まれて、桑原古墳群がある。安威川ダムを造る過程で、安威川の河床を残土廃棄場とするため調査したところ、弥生時代から古墳時代末期に及ぶ複合遺跡が発見された。

桑原古墳群は、きわめて珍しい古墳群である。通常、古墳は丘の上に造られる。特に天皇陵は、○○崗陵と呼ばれるように、多くが丘の上にある。川原に造られた陵など、現在治定されている天皇陵では、崇峻陵くらいであるが、崇峻陵も延喜式で倉梯岡陵とされ、河原ではあり得ない。現在、真陵は少し離れた赤坂天王山古墳が有力候補とされており、こちらは山の稜線上に造られた、岡の上の陵墓である。洪水になれば流されるような川床に墓を造らないのは当然のことである。ところが、この古墳群は奇妙なことに、安威川の造る小さな皿状の谷の底にある。安威川が皿の底で大きくC字状に湾曲するその内側、つまり〝勾〟の地の川岸微高地に造られている。この古墳群は、安威川と周りの山稜によって二重に取り囲まれた、まるで隔離されたような墓地なのである。さらに、その外側を阿武山古墳などの宗教施設群が取り囲んでいる。阿為神社・大念寺・地福寺はともに鎌足発願とされており、阿武山古墳を含めて、鎌足はこの群集墳を取り囲むようにこれらの宗教施設を造ったことになる。これにはどういう意味があるのだろうか。

ここで特に気になるのが、桑原古墳群に一基発見された八角墓である。大阪府教育委員会文化財保護課の発掘レポート「茨木市桑原遺跡の古墳終末期群集墳」によると、C―3号墳と名付けられたこの墳墓は、六・一×一・二メートルの横穴式石室を持つ、差し渡し長約一〇メートル、一辺約四メートルの八角墳である。八角墳は、現在舒明天皇系の陵墓と考えられている。最初の例は舒明天皇陵とされる忍坂段ノ塚古墳であるが、段ノ塚が辺の差し渡し二一メートルと報告されているから、そのほぼ半分の規模となる。

発見を報じた二〇〇六年四月二十日付けの読売新聞の記事は、八角墓は舒明系の天皇の陵墓であると考えられ、この地域を支配していた中臣氏が天皇陵を真似て造ったのではないかとしている。だが、この当時、天皇専用の陵墓形式であった八角墳を、臣下が使うことなど許されることではない。地方にいくつかある八角形墳は別として、この畿内、まして男大迹王家本貫の地である三嶋において、そんなことはあり得るはずもない。被葬者は実際に、舒明天皇の近親者であると考えるべきである。舒明以後の天皇陵は延喜式に全て所在地が記載されているが、三嶋にあったとされるものはない。とすると、舒明天皇のごく近い近親者で、天皇にはならなかったが、それに準ずる人物だったと見なければならない。これを『書紀』中に求めると、候補者は唯一、古人大兄皇子以外にない。

古人大兄は、乙巳の変で失脚し、その後、謀反の罪で吉野で誅殺されたとされている。一家は倭姫を残して全滅し、その墓に関する記録は一切残されていない。入鹿親子の墓が今来の双墓と正史に記され、家族に哭礼と墓への埋葬を許した（家族が残っていた）と書かれていることと比べれば、乙巳の変における真のターゲットが誰であったかは明白である。三嶋は、蘇我氏にとっての本貫の地であるが、継体天皇家にとっても本来の出自の地である。鎌足はその故地である三嶋に古人を葬り、鎮魂のためにか封印のためにか、いくつかの寺社を建立し、また自らの墓を側近くに築いたと考えられる。鎌足は、死して後もなお古人大兄と対峙しているのである。

七、中大兄の出自に関する一考察

ここでは、『書紀』に書かれている、皇族の年齢について論じる。というのは、各人の年齢について、そのまま信じようとするときわめて不合理なことが多いのである。

舒明の年齢が田眼皇女と比べた場合、十二年以上若く改竄されている可能性についてては既述した。舒明生年は十二年以上遡らせるべきであろう。

その子、天智の年齢も混乱をきわめている。天智の年齢については、舒明紀の、舒明崩御時に十六歳で奉誄したという記事が絶対基準となっている。したがって、それから逆算すれば、天智の生年は推古三十四年（六二六）のはずである。『紹運録』は皇極の年齢を六六一年の崩御時に六十八歳とするが、これは常識範囲内におさまるので『紹運録』の生誕年は信用できる。とすると、生誕は推古二年（五九四）となり、天智を産んだ時は三十三歳となる。これだけでも当時としては高齢出産だが、その後さらに間人皇女・大海人皇子を出産したことを考えれば、簡単に納得できる年齢でないことも先に述べた。

一方、『紹運録』には、天智は「母皇極天皇推古二十二年降誕」、天武は「推古三十一年誕生」とある。これに従うと、斉明は数え二十一歳で天智を、三十歳で天武を産んだことになり、高齢出産を回避でき、医学的に納得できる。この『紹運録』所載の天智の年齢は『書紀』所載の年齢より十二歳上となり、この十二という数字は先の舒明の公式年齢と推定年齢との差にほぼ一致する。また『要記』では天智「崩年五十三」となっており、これから逆算した天智の生年は推古二十五年（六一九）となる。このように、諸史の天智の年齢記事は全く一貫性を欠いている。

一方、天武の年齢に関する記事は、『書紀』には皆無であるが、『紹運録』は「推古三十一年誕生」、「崩六十五」とする。この数字自体は当時の寿命として違和感がない。『要記』も天武「崩年齢六十五歳」としており、『紹運録』と一致する。したがって、天武の誕生年は西暦六二二年、崩御年六八六年と考えて問題はないらしい。『書紀』は天武の年齢については沈黙しているので、天武の誕生年については文献間に差違がないと言える。

こうしてみると、異論があるのは結局、天智の誕生年のみだということが理解できよう。正史である『書紀』に、舒明大葬の際十六歳で奉誄したという記事が厳然と存在するのに、この混乱はなぜなのだろう。『書紀』のこの年齢記事が、全く信頼されていなかった証拠ではないか。この奉誄自体が造作の可能性の高いものであることも、すでに述べたとおりである。となると、天智奉誄時の年齢を十六歳とするために、舒明・天智親子の誕生年をともに十二歳前後遅らせたのではないかと考えられるのである。

いったいなぜ、こんな改竄をしたのだろうか。かなり大胆な想像になるが、筆者は彼らが唐太宗の事績に倣おうとしたのではないかと考える。天智は古人、鎌足は入鹿という、各々兄を抹殺して世に出た。そのことは、「権能の地位は実力で戦いとるものだという考えが、天武朝の頃にはまだ強く残っていた」（伊藤博『萬葉集釋注』一、二四七頁）ために、変当時には大きな問題とならなかったが、後年不比等の時代になると、倫理上の問題を放置しておけなくなった。唐太宗は兄を殺して帝位を継いだが、善政を敷き繁栄期を現出させた名君とされていた。時は、その唐の最盛期にあった。不比等は、二人を太宗になぞらえようとしたのではないか。乙巳の変のプロットが、玄武門の変を下敷きにしているのがその証拠である。

その太宗の正史への初出は、雁門の戦いであった。大業十一年（六一五）隋煬帝が雁門で突厥に包囲され危機に陥ったとき、太宗は救援の将軍に偽兵の計を奨め、煬帝を救ったという。このとき太宗、わずか十六歳であった。『書紀』は、中大兄の正史初出時の年齢を、この太宗の初出時の年齢に合わせて十六歳としたのではないだろうか。したがって、舒明崩御時、天智十六歳だったという記事にはたぶんに疑問が残るのである。

もう一つの理由は、天智の年齢そのものの改竄が目的だったと考えられる。なぜなら、天智の誕生年を、『紹運録』のいうように推古二十二年に設定しようとすると、さらに厄介な問題が持ち上がってくるからである。

『斉明紀』によると、宝皇女は最初高向王との間に漢皇子をもうけ、その後、舒明と再婚して、中大兄・間人皇女・大海人皇子の三人を産んだ。だが、中大兄の誕生年を推古二十二年とすると、その時、宝は二十一歳（数え年である）となり、それ以前に高向王と結婚して漢皇子を産むことは年齢的にかなり窮屈になる。十六歳で結婚して十八歳で出産、二十歳で再婚というような経過もむろん考えられなくはない。だが、可能性から言えば、むしろ天智が宝の初出児だったと考えたほうが無理がないといえよう。だが、宝の初出児は漢皇子のはずである。これが、持ち上がってくる厄介な問題である。中大兄は、漢皇子だったのだろうか。

漢皇子は、斉明の系譜記事にただ一度だけ出現し、他には一切姿を見せない謎の皇子である。父親の高向王は用明天皇の子または孫とされているが、筆者は先に、高向王が蘇我馬子と錦部の女との間に生まれた王子である可能性を指摘した。蘇我氏の素性の隠蔽を編集テーマとする『書紀』では、馬子の子を王とは呼べないため、用明の子または孫としたのではないか。用明天皇家は、その末裔が上宮王家をはじめとしてほとんど没落しているため、出自を仮託するには都合がよかったのであろう。

天智は漢皇子で馬子の孫、果たしてこの等式は成立するのだろうか。

天智が、もし本当に漢皇子であったとするると、宝は高向王と離別後、漢皇子を連れ子として舒明と再婚したことになる。漢皇子が馬子の孫であれば安閑天皇四世王となり、皇親ではあるが、皇位継承権は本来薄かったはずである。だが、弟の軽皇子に皇位継承権を与えるために宝皇女が即位したとき、その子であった漢皇子も同時に皇子となって皇位継承権を獲得したのではないか。

天智には、以前からいくつかの謎が指摘されている。

①斉明崩後、七年間も称制をとって皇位に就かなかったこと。②『書紀』および『万葉集』には、中大兄の名に皇子の敬称が付いた例が全くないこと。③天智の娘のうち四人が同母弟とされる天武の妃になっていること。④そして、当時畿外であった近江に、唐突に遷都したことなどである。

だが、天智が漢皇子だとすれば、上記の謎のほとんどが解けてしまう。

まず①である。『天智紀』によると、斉明の崩御後、中大兄は皇位に就くことなく皇太子のままで政務を執り、六年後、宮都を近江国大津郡に移した翌年、やっと皇位に就いたという。実に七年間諒闇、皇位は空位のままであった。『書紀』の記載が正しければ、斉明崩御時、天智は三十六歳で皇位に就くのに問題のない年齢であったはずなのに、なぜか皇位に就かなかった。この謎の解答として提出されたのが、多忙説、同母妹間人皇女との近親婚説などであるが、もっとも興味深いのが大和岩雄の天武天皇漢皇子説であろう。『紹運録』の天武の年齢記述から、天武が天智より年上で、父親違いの兄として、天智の皇位継承の対抗者となったからだとする。だが、この説は、天武の年齢は『紹運録』によりながら、天智の年齢は『書紀』の記述に従うという、文献の混用をおかしている。既述したように、漢皇子は天武とするより天智であるとしたほうが可能性は高い。『紹運録』が正しければ、斉明崩御時、天智の年齢は四十八歳、天武三十九歳となる。どちらも皇位に就くのに十分な年齢だったはずである。だが、漢皇子は斉明の子ではあるが、舒明の子ではない。いくら母親が皇位に就いたからといっても、前代の天皇の血を引かない者が皇位に就けるかどうかには異論が湧いたろう。まして、舒明・斉明両天皇の血を引く天武も、皇位を継ぐに十分な年齢になっていた。斉明崩御後の皇位を巡る混乱は、そのために起こったと考えるべきであろう。斉明崩御直後に、実際に何が起こったかは不明であるが、もっとも可能性の高いものとして、舒明の皇女で天智・天武の同母姉妹、間人皇女が一時皇位を継いだ事態が考えられる。間人は、『万葉集』の中天皇の最有力候補とされている。天智・天武兄弟の「真ん中」の姉妹が即位したと考えれば、中天皇は間人皇女以外にはあり得ない。斉明の崩御と天智の登極との間の七年の空白期間は、その治世なのかもしれない。

②について、『書紀』には、山背大兄には王、古人大兄には皇子という敬称をつけた事例があるのに、同じ大兄である中大兄にだけは、『書紀』『万葉集』ともに皇子の称号をつけていない。この奇妙な事実に対する説明は、この頃になると、大兄号そのものに皇子としての権威があったとするものである（直木孝次郎『古代を語る⑧「飛鳥の都」』二四四～二六一

頁）。だが、中大兄が漢皇子であったとすれば、話は全く違ってくる。中大兄は、舒明の子ではない。皇子という称号をつけなかったのは、天智の父親が天皇ではなかったということに、『書紀』編纂者があくまでこだわったからではないか。

③について天智は天武に、太田・菟野・大江・新田部の四皇女を嫁がせている。同母でなければ兄弟婚が可能であった古代でも、さすがに四人の娘を同母弟に嫁がせた例はほかに見えない。だが、三人なら前例がある。宣化の三人の皇女が、欽明に嫁いだ事例である。欽明は、継体と手白香皇女との間に生まれた天皇であり、継体王朝の正式な後継者として予定されていた。宣化はその血筋を盤石なものとするため、自分の皇女全員を欽明に嫁がせた。天智が天武に対してしたことは、これと全く同じことだったのである。また、鎌足もその娘を嫁がせた先は、天智ではなく天武であり、また大友皇子であった。つまり、当時、舒明・斉明の正当な後継者と考えられていたのは、天智ではなく天武であり、天智一族は皇室に対する蘇我氏のように、天武を補完する立場だったのである。これも天智を漢皇子とすれば、納得できる話である。

④の近江遷都の理由は様々に言われているが、白村江の敗戦をうけて防衛上の理由が大きいというのが、一般的であろう。難波宮は海に面しており、唐・新羅の軍船が押し寄せた場合、直接攻撃され得る。また、飛鳥京も難波からはわずか一日の距離であり、攻め込まれた場合、防衛など成り立つはずもないのは同様である。したがって防衛上有利な、よ

り内陸の大津に遷都したという説である。
だが、天智が漢皇子とすれば、全く別の理由が見えてくる。
天智と近江の縁は深い。母の斉明はたびたび近江の比良宮に行幸している。『斉明紀』によると、斉明天皇は即位五年三月に近江平浦に行幸している。また、『万葉集』巻一にある、「秋の野にみ草刈り葺き宿れりし宇治のみやこの仮廬し思ほゆ」の歌は、『類聚歌林』には大化四年皇極上皇が近江比良宮に行幸したおりの御製というから、この年にも比良に行幸があったらしい。
さらに、『家傳』には奇妙な故事が伝えられている。鎌足が瀕死になると、天智は自ら見舞い、
若死者有霊、信得奉見先帝及皇后者、奏曰。我先帝陛下平生之日、遊覧淡海及平浦宮処、猶如昔日焉（もし死者に霊ありて、まことに先帝および皇后に会うを得ば、奏じて言うべし。「先帝陛下平生の日、遊覧した近江および比良浦の宮処は、なお昔日の如し」と）
という謎の言葉を伝えた。淡海及平浦宮処とは、近江宮処と平浦宮処との並列である。平浦宮処とは、斉明が何度も通った、近江比良浦のことであろう。東大寺修二会で読み上げられる神名帳には、比良には白髪神社が当てられており、平浦とは高島郡南部の湖岸あたりを指すことが分かる。
一方、近江宮処とは、常識的に後世、志賀大津宮が置かれた近江国滋賀郡錦部郷と考え

てよいだろう。ここは斉明親子にとって、まさに特別なところだったのである。滋賀郡錦部郷は錦部氏の拠点の一つであり、高向王が天智の父だとすれば、錦部一族は天智にとっては祖母の実家であり、稲目にとっての尾張氏、馬子にとっての雀部氏のような存在だったはずである。さらに、その少し北、穴太には漢氏が住んでいたが（穴は漢の同音異字で、漢氏のこと）、漢氏は漢皇子の資養氏族であった。さらに、背後の山一つ越えた山階には、従兄弟であり（ともに馬子の孫に当たる）盟友であった鎌足の陶原館があった。つまり近江国滋賀郡は、天智にとってきわめて身近な身内の固める故地として最も安全な場所だったのであり、これが大津に都が置かれた理由である。天智はそこに宮都を移して政権基盤を安定させた後、やっと皇位に就いたと考えられる。

さらに後、壬申の乱で、右大臣中臣金のみが戦後切られた理由も理解される。高向氏の出身と考えられる金は、天智一族にとりわけ近く、天智の死で後ろ盾を失った上に、その責任を問われ処断されたのであろう。

天智は漢皇子であり馬子の孫とする仮説は、どうやら仮説として成立しそうである。

ここから先は、筆者の想像である。状況証拠の積み重ねから導いた憶測にすぎないので、そのつもりでお読みいただきたい。

ではなぜ、斉明崩御後に皇位に就いたのが、天武ではなく天智であったのか。その原因は、斉明の派遣した百済救援軍の、白村江における敗戦にあったと考えられる。もし、天武が即位していれば、万一、唐・新羅の連合軍が本土に襲来した場合、天武の責任が問われる可能性があった。その結果、天武が退位のやむなきに至った場合、正嫡の血統が断たれることになる。その万一に対処するため、天智が先んじて即位したのではなかったか。欽明の基盤を確固たるものとするために、異母兄の安閑・宣化が先んじて皇位を継いだように。

現在、一般に受け取られている天智天皇は、天才的政治家にして怜悧冷酷、目的のためには手段を選ばない非情な人物と思われているようである。蘇我本宗家を滅ぼし、舅の蘇我石川麻呂を抹殺し、孝徳天皇を難波に置き去りにし、その子大津皇子を刑死させ、兵を半島に送り、若くして国政を専断したことなどがそう評価される原因であろう。

だが筆者には、その実像は、自ら敗戦の責任を負い、いかに弟に皇位をつなげるかに腐心した兄の姿であり、欽明のために道を開いた安閑天皇を彷彿させるように思われる。天智の実像は、どうやら現代もたれているイメージとはかなり異なるものだったのではないだろうか。

八、継体天皇の出自に関する一試案

本章二節で、継体の出身地が越前ではなく、三嶋であることを確認した。継体の出自が空間的に改竄されているのなら、時間的改竄も疑わねばならない。応神の五世王とされている、継体の系譜についてである。

応神から継体に至る系譜は、記紀には記載されていないが、『上宮記』からの引用として『釈紀』に書かれている。

①凡牟都和希王→②若野毛二俣王→③大郎子・意富富等王→④乎非王→⑤汗斯王→⑥乎富等大公王。

①が応神であり、⑤の汗斯王が継体紀の彦主人王、⑥の乎富等大公王が男大迹王に当たるが、果たしてこの系譜は信頼できるのだろうか。何しろ、五世王は皇親と呼ばれる最後の世代である。その、もう後のない世代の王が突然皇位に就いたという。あまりにも劇的であり、今までの『書紀』編纂者の態度から見て、相当疑わしい話だと思われるのだが、どうだろうか。そもそも蘇我氏の発祥から見てきたように、当時のこの国で氏素性の怪しい下賤な者がトップに君臨するのは不可能であった。男大迹王は、本当はもっと天皇に近い世代だったのではないか。

そう考えさせる理由の一つは、男大迹王領の地政学的位置である。三嶋から南山城、近江に至ると考えられるその支配領域は、大和王権の喉首にもあたる最重要地域である。五世王などという弱小王族の支配するべきものではあるまい。

もう一つは、三嶋の王陵の構成である。三嶋における超巨大前方後円墳は、太田茶臼山古墳と今城塚古墳の二つしかない。この二つは三嶋の他の古墳に比べてあらゆる点で隔絶しており、明らかに地生えの勢力ではなく、大和政権の有力者の墓と考えられる。今城塚を継体陵とすると、三嶋にそれに先立つ王陵と見られるのは太田茶臼山古墳一つしかなく、継体一族が三嶋を領有してから何代も経ていなかったことが推測できる。

では、現在宮内庁が継体陵として管理している太田茶臼山古墳は、いったい誰の墳墓なのだろう。

考古学的には、両古墳の埴輪は、新池遺跡の窯で焼かれたものと結論されており、年次も太田茶臼山古墳が今城塚に約八十年先行することが判明している。陵墓の大きさから見ると、太田茶臼山古墳の全長二二六メートルに対し、今城塚は一九〇メートルである。後に造られた天皇陵のほうが、太田茶臼山古墳よりやや小さい。これは、陵墓を造営する際、継体が遠慮したからと考えられている。天皇が造陵する際に遠慮しなければならない相手とは、身内の目上の者しかいないだろう。つまり、太田茶臼山古墳の被葬者は、継体のごく近い先祖であることが分かる。

八十年といえば、ほぼ三〜四世代にあたるが、継体には、やや特殊な事情が付帯する。継体の父親、彦主人王は振媛を娶ってまもなく亡くなり、かつ継体はきわめて長命で、崩年齢八十二歳とされている。つまり、彦主人王薨去と継体崩御の間には約八十年の差があることになる。これは、太田茶臼山古墳と今城塚の造営年代差にほぼ一致する。つまり、太田茶臼山古墳は継体の父彦主人王の墓と考えて無理がないと言える。

この太田茶臼山古墳にそっくりな墳墓が、他に二つ存在する。一つは大阪府羽曳野市白鳥にある墓山古墳、もう一つは同藤井寺市国府にある市野山古墳である。どちらの全長も二二〇メートル前後、後円部の直径は一三五～一四〇メートルで、同じ設計図に基づいて造られたと考えられている。他の天皇陵に匹敵する巨大古墳である。彦主人王が本当に四世王なら天皇なみの墳墓など造られるはずもないから、太田茶臼山古墳は天皇に匹敵する人物の墓と考えるべきであろう。彦主人王は、天皇でない以上、皇子クラスだったのではないかと推定できる。

また、太田茶臼山古墳と今城塚の造営年代差の八十年を挙児年齢二十で割ると、四代となる。男大迹王の素性を改竄する際に、皇子であった彦主人王との間にこの四代を付け加えて五世王としたのではないか（まあ、ここまでくれば編纂者の改竄パターンがある程度推定できるからだが）。

では、彦主人王は誰の皇子だったのだろうか。

この三つの古墳は、埴輪の年代研究などによって、造営された年代が推定されている。墓山古墳が最も古く五世紀前半、次いで太田茶臼山古墳が五世紀中葉。市野山古墳が最も新しく、やはり五世紀中葉とされている。墓山古墳は誉田御廟山古墳（応神天皇陵古墳）の陪塚、市野山古墳は允恭天皇の長野原陵（恵我長野北陵）に治定されている。

継体の誕生は允恭天皇の三十九年（四五〇）とされているから、彦主人王の薨年はその前後、すなわち五世紀中葉と考えられる。そして、それは正史で允恭天皇の治世とされている時代に一致する。

市野山古墳が、允恭の真陵かどうかについて確証はない。ただ、太田茶臼山古墳と市野山古墳が同形で、しかもごく近い時期に造られたのは間違いないらしい。そしてそれは、『書紀』の伝えともよく一致していると言える。筆者は逆に、両古墳が同形であることをもって、市野山古墳を允恭陵とすることが可能なのではないかと考える。

これらを考慮すると、彦主人王は允恭の皇子である可能性が浮上する。早世した皇子のために、允恭が自らと同じ墓を造ったのではないか。

允恭天皇とはどのような天皇だったか、記紀に履歴を見てみよう。允恭は、仁徳天皇と磐之媛命の間に生まれた。履中と反正の同母弟である。何かの病に罹っていたらしく、皇位に対しては消極的だったが、群臣と妃の忍坂大中姫命の強い要請で皇位に就いた。治世は四十二年とされる。

宮都は、なぜか『書紀』には記載がなく、遠飛鳥宮と知られるのは『古事記』によってである。允恭は、飛鳥に初めて宮を置いた天皇だったが、どうやら『書紀』はそれを読者に知らせたくなかったようだ。

皇后は忍坂大中姫命である。この忍坂大中姫は、『上宮記』に書かれた、若野毛二俣王の娘、践坂大中比弥王と同一人物とされる。両者の間に生まれたのが、雄略天皇である。允恭は皇后のために刑部（忍坂部）を置いたが、この刑部は、後、皇祖大兄御名入部の母体ないし一部になったらしい。

允恭は、葛城氏の玉田宿禰を滅ばし、盟神探湯《くがたち》をして氏姓の乱れを糺したとされるが、允恭紀を特徴づけるのは、皇后の妹、弟姫との恋物語である。弟姫は、衣通郎姫とも呼ばれ、『古事記』の藤原琴節郎女、『上宮記』の若野毛二俣王の娘布遅波良己等布斯郎女と同一人物とされる。

弟姫は、最初母親とともに近江の坂田にいたが、允恭は中臣烏賦津使主《いかつおみ》に命じて、彼女を遠飛鳥宮に呼び寄せた。烏賦津使主は、彼女の伴をして坂田から倭春日を経て飛鳥に到着する。春日が、中臣のというより蘇我氏および藤原氏の勢力圏であったことは、匝布屯倉の項で証明した通りである。弟姫の軌跡には、藤原氏の勢力地が直接的に関わっていたのである。

允恭は弟姫を入内させたが、皇后忍坂大中姫の怒りを買い、藤原宮を造って弟姫を置き、後、さらに茅渟宮に移した。藤原宮は、後の鎌足の藤原第であろう。また、彼女のために、藤原部を創設した（以後、藤原郎女と記す）。いずれも、後世の藤原氏との直接的な関係を暗示する事績である。

安閑は山田皇后の名を伝えるために匝布屯倉と三嶋屯倉を与え、紗手姫・香香有媛・宅媛の名を伝えるために小墾田・桜井・難波の各屯倉を下賜した。それは、后妃とそれぞれの子孫が生きていくための経済基盤、資産であった。同様に、允恭が藤原部を下賜したのなら、藤原郎女にも生きていくための資産を必要とする子孫がいたのではないか。

以上の所見より、筆者は、彦主人王がこの藤原郎女と允恭の間に生まれた皇子だったのではないかと考える。筆者はここで、継体が允恭の孫であったという仮説を新たに提出する。皇孫であれば、皇子が絶えたとき、直ちに皇位継承者として名が上がるのは、むしろ当然といえよう。

最後に、三つの陵墓の残る一つ、墓山古墳の被葬者については、筆者は藤原郎女を想定している。

允恭から雄略、清寧へと受け継がれた皇位は、間に顕宗・仁賢を挟みつつも、最終的には雄略の甥に受け継がれた。継体は、雄略皇統万一の時、真っ先に皇位を継ぐべき皇族であり、皇位はごく順当に受け継がれたのである。それを改竄したのは、父鎌足の正当性を主張するために男大迹王家と三嶋との関係を断とうと企んだ不比等の陰謀であった、というのが筆者の結論である。

終章　安閑天皇と蔵王権現

蘇我氏の家祖である安閑天皇の、その後の変遷をたどってみよう。『書紀』によると、安閑天皇は死後、大阪府羽曳野市古市の古市高屋丘陵に埋葬された。ここは桜井屯倉の中心部で、蘇我氏の領地であった。安閑天皇は直系の子孫である蘇我氏の領地内に葬られ、子孫の祭祀を受けたのである。ここまでは、他の天皇とさほど変わらない。だが、安閑天皇はそれだけでなく、その後、長く蔵王権現として祀られ続けた。

蔵王権現は、正式には金剛蔵王権現と呼ばれる、異形の仏神である。憤怒の顔貌で、左手を腰に当て、右手に高く法具を掲げ、右足は宙を踏み、左足のみで立ち上がる独特の姿をしている（石山寺の脇侍のように、両足を地につけている像も稀にはある）。唐天竺に起源を持たない、日本で創造された仏神だと言われているが、奇妙なことに、この仏神が安閑天皇と同一の神格とされ、明治の廃仏毀釈にいたるまで延々と祀られ続けた。『紹運録』にも「金峰山権現是也又名勾大兄」とされ、かなり古い時代から同一神格化されていたことが分かる。明治の神仏分離にいたって、蔵王権現を祀っていた寺院の多くは、安閑天皇を祀る神社とされた。

蔵王権現は、役小角《えんのおづぬ》によって祠祭され、修験道の本尊にもなった。祀られている吉野山の金峯山寺は、近世以前には、金峯山寺と山上ヶ岳山上の大峯山寺の、二つの堂宇からなる寺であった。前者を山下の蔵王堂、後者を山上の蔵王堂と呼び、金峯山寺とは本来、これら二つの蔵王堂と関連子院などを含めた総称である。蔵王権現は、この寺の本尊であり、各地に分祀され千数百年間、修験道の信仰の対象として祀られ続けた。

役小角は、修験道の開祖として現代に至るまで尊崇され続けている伝説的人物で、後世、『霊異記』をはじめとする様々な書物に、神的能力を発揮する人物として登場する。あまりに神秘化されているため実在の人物かどうか疑わしいほどであるが、正史である『続日本紀』にただ一カ所ながら記事があり、実在したのは間違いない。

文武天皇三年（六九九）五月丁丑、役君小角流于伊豆嶋。初小角住於葛木山。以咒術称。外従五位下韓国連広足師焉。後害其能。讒以妖惑。故配遠処。世相伝云。小角能役使鬼神。汲水採薪。若不用明。即以咒縛之。

これによると、役小角は、君姓を持ち、歴とした貴族階級（律令貴族ではないが）の出身らしい。『霊異記』では賀茂氏の末裔とされている。小角は、葛城山を本拠として何かの宗教を主宰し、政府の役人にまで支持層を広げていたのである。政府が配流せねばならないほど危険思想だったのだろうか。ついでにいえば、韓国連は物部の枝族で采女臣と同祖とされており、広足はこの件では失脚せず、後、典薬頭に任ぜられている。処分が片手落ちだった理由は不明である。伝承をそのまま信じるなら、この役小角が蔵王権現信仰を創立し、それが小角の生前から政府内部にまで浸透していたことになる。だが、役小角の事績は分厚い神話のベールに包まれており、また蔵王権現の信仰もいつ頃始まったのか、いやそもそも、本当に小角の宗教が蔵王権現信仰だったのかどうかについても不詳である。

蔵王権現の最古の像は、滋賀石山寺の本尊、如意輪観音の右脇侍、金剛蔵王像と思われる。左脇侍の執金剛神像とともに、その由来が『正倉院文書』に記載されており、それによると、この脇侍は天平宝字六年（七六二）に製作されたものらしい。塑像であり、原形はすでに失われているが、心木が今も石山寺本堂に保存されている。右手と右脚を高く上げた姿は、現在の蔵王権現の姿とよく似ている。胸木に穿たれた空洞から、飛鳥仏と天平仏が発見され、像の由来を裏付けている。

だが、正倉院文書では両脇侍の名称を、蔵王権現ではなく「神王」としている。金剛蔵王の名称は、平安時代になって現れるのである。とすると金剛蔵王、すなわち蔵王権現は、本来は「神王」と呼ばれていたことになる。この神王が、後に何らかの契機で、蔵王権現に昇華したらしい。では、「神王」とは何か？

神王という神格は、正史にはたった一度登場する。それも、天平宝字六年を二百年近く遡る崇峻天皇即位前紀に、対物部戦争で窮地に立った馬子が、諸天諸仏に勝利を祈念する場面にである。

蘇我馬子大臣又発誓言。凡諸天王・大神王等、助衛於我、使獲利益、願当奉為諸天与大

神王、起立寺塔、流通三宝（馬子もまた誓って言った。凡その諸天王・大神王たち、我を助け衛り勝たせてくだされば、願わくば当に諸天王と大神王のために寺塔を起て三宝を広めましょう）。

ここに、凡諸天王とならんで、「大神王」という神名が唐突に出現する。凡諸天王とは四天王をはじめとする全ての仏法の守護天であるから、これと並び称される大神王は、相当強力な神格と信じられていたに違いない。だが、これ以降、大神王の名は正史に全く見られなくなる（『続日本紀』に出てくる神王は「みわのおおきみ」で芝基親王の王子である）。

大神王とはいったい何なのだろうか。名前の意味からすれば、「神の中の王」とも「神のように偉大な王」ともとれる。馬子が祀るぐらいであるから、蘇我氏の守護神であったのは間違いない。その加護か、馬子は丁未の役に勝利し宿願を果たした。馬子が誓約を守っていれば、大神王は、凡諸天王とならんで飛鳥寺に祀られたはずである。飛鳥寺は、一つの塔と三つの金堂を持つ特異な意匠であったから、もしかしたら金堂の一つには、大神王が本尊として祀られていたかもしれない。もし、この大神王が、石山寺の神王と同一の神格だったとすれば、神王は後、蔵王権現となり、大神王→神王→金剛蔵王権現という変遷が成立する。これに蔵王権現が安閑天皇の霊格であるという、近世まで伝えられた伝承を重ねると、大神王すなわち安閑天皇という等式が成立する。丁未の役で、物部氏、実は難波屯倉の宅部皇子一族との戦いで、窮地に陥った馬子が加護を祈念した大神王とは、安閑天皇を神格化したものだったのである。本論のテーマは、安閑天皇が蘇我氏の家祖であったということである。それに基づくと、安閑天皇は馬子にとっては祖父に当たる。馬子が加護を祈念する相手として、これ以上の存在はあるまい。右の等式は、本論考の補強材料となろう。

蘇我本宗家滅亡の後、飛鳥寺は皇室所有となった。その際、大神王の祭祀がどうなったかについては全く資料がない。天智が安閑の子孫だったとすれば、ごく穏健に考えて、皇室によってそのまま祀り続けられたと考えるべきだろうか。

その後、神王は石山寺の本尊脇侍仏として再降臨する。石山寺は聖武天皇の勅願寺であり、皇后光明子は不比等の実娘である。不比等は鎌足から蘇我本宗家を継承したと考えられ、光明子にもその事情は伝えられていたであろう。おそらく、馬子が祀った神王は、光明子によって祖先神として祀られ、本尊十一面観音を守護する存在として皇室自らが祀る存在となっていったのではないか。

やがて、神王はいつの頃からか金剛蔵王権現となり、修験道の守護仏として、さらに広く一般の尊崇を集めた。その経過は筆者には未詳とするしかないが、その後、千数百年間、蔵王権現が安閑天皇の霊格を付与されたまま、広く一般大衆の尊崇を受け続けてきたのは歴史的事実である。我々は、蔵王権現や役小角を信仰するとき、その背後に存在する安閑天皇の霊格に祈念しているのかもしれないのである。

『古事記』には、名前だけでほとんど何の記述もなされていない安閑天皇であるが、その存在はこの国の歴史上、かくも巨大であった。

付記　厩戸氏の研究

前論で、厩戸の名の意味を資養氏族膳氏の別称とした。本論は、その証明である。少し長くなるので別章を立てた。

文献的には、太子には多くの名があったと伝えられている。太子の事績を記した史料には、『日本書紀』『伝暦』『帝説』『七代記』『補闕記』『上宮皇太子菩薩伝』など数多くの文献があるが、そのうち最も太子の時代に近く、かつ信頼性が高いとされているのは、当然ながら『書紀』である。その『書紀』には、太子の名として、豊耳聡聖徳、豊聡耳法大《とよとみみのりのおお》王《きみ》、法主王《のりのうしのおおきみ》、そして厩戸皇子の四つが挙げられている。

豊耳とは、一時に十人の訴えを聞き分けたという太子の逸話からきたもの。また、法大王や法主王とは、仏法をこの国に拡げる上で大きな役割を果たした太子に与えられた、後世の尊称であろう。したがって、太子生存当時から使われていた呼び名、すなわち諱は、厩戸皇子だろうといわれている。この点についての諸家の意見は一致しており、ほぼ異論はない。問題は、この厩戸の意味がよく分からないことにある。

一般には、厩戸の名は、太子の母后が馬屋で出産されたからそう名付けられたと信じられている。『用明紀』の次の一節がその説明とされる。

皇后懐妊開胎之日巡行禁中監察諸司至于馬官之当厩戸而不労忽産之（皇后は、ご出産予定日に禁中を巡行し役所を監察しておられたが、馬官《うまのつかさ》に着かれたとき、厩の戸にあたって安産された）。

だが厳密に解釈すると、この文には皇后が厩の戸に当たったからお産は安産だった、という意味しかない。生まれた子馬はすぐに自力で立ち上がり歩き出すため、馬は安産のシンボルとされた。この文は、単に戌の日に腹帯をすれば安産になる、という現代の風習と同種のことを言っているにすぎない。さらに言えば、太子が馬小屋で生まれたとは、実はどこにも書かれていない。読んだ側の勝手な思いこみなのである。だいたい、太子は間人皇女の初出児である。医学的には、初産の場合、陣痛が始まってから出産するまでには、十二時間から場合によっては二十四時間以上かかる。そんなことは、産屋で産婆の手を借りて出産した古代の人間なら誰でも知っていたはずの知識であり、産気づいたならば、さっさと産屋に運べばいい。時間は十分あるのだから、なにも馬小屋みたいな不潔なところで（馬糞は破傷風菌の温床である）、未来の皇后たるべき皇女が出産しなければならない理由などどこにもない。実際には、間人皇女は産屋に運ばれ、きちんと介助を受けて出産した、と考えるべきだろう。もう一つ、厩の戸に当たったから安産であったとは書かれているが、そのため生まれた子が厩戸皇子と呼ばれたとは、どこにも書かれていない。つまり、この文は、厩戸の諱が、なぜつけられたかという点については、実は全く何も説明していないのである。

厩戸とは、当時の諱としてはかなり異例である。諱はその人物に由来の深い地名か、資養を担当した氏族名を冠して呼ばれることが一般的であり、特に、額田部皇女以後、ほとんどの皇族の諱が後者由来であることは、前論で示したとおりである。したがって厩戸の名も、常識的には「関係する地名又は氏族名によるのであろう（『日本書紀（四）』岩波文庫版、五三頁）」と考えるのが妥当である。だが、現在厩戸の意味を説明する説の多くは、この常識からはみ出ているのが現状である。まず、現在唱えられている主な仮説を挙げてみよう。

①干支説。まず、圧倒的に優勢なのが干支説である。太子の生年が午年で、それに由来したとするもの。これによると、生まれは敏達天皇三年（五七四）の甲午となり、現在、歴史書に記載されている太子の生年はほとんどこれによっている。したがって、現在かなり有力な説と言っていいだろう。

②馬子由来説。太子の大叔父で、当時の政治を主導した蘇我馬子の名との関連を説く。馬子の名を貰った、または間人皇女が蘇我氏の屋敷に宿下がりして太子を産んだため、馬子の舎で産まれた皇子、厩戸皇子と呼ばれた、とする（田中嗣人『聖徳太子信仰の成立』）。

③キリスト生誕神話説。はやく久米邦武が主張したように、キリスト生誕神話との関係を指摘する説である。当時、唐の都長安にはヨーロッパを追われた異端のキリスト教ネス

トリウス派が伝えられており、景教と呼ばれていた。その教えの中で伝えられたキリスト生誕神話が、わが国に伝えられ、聖徳太子の生誕のエピソードに取り入れられたとする説である。

④地名由来説。太子ゆかりの地名から名付けられたとする説である。比定される場所としては、飛鳥橘寺東南辺当たりと、大和国北葛城郡にあったとされる馬屋戸の二カ所が候補として挙げられている。

⑤資養氏族説。太子の資養を担当した氏族名であるという説である。前記の岩波文庫註も地名か氏族名かとしているが、その氏族名とは資養氏族を想定していると考えられる。

一体どの説が正しいのだろうか。

まず、①から分析しよう。もし①であるとすると、当時、皇族の名を生年の干支にちなんで名付けるという風習がなければならない。そこで太子の時代前後で、干支から名付けられた実例を探してみると、実はそういう事例は全く見当たらない。つまり当時、生年干支を諱とする習慣があったという証明は全くできないのである。そうなると、なぜ太子だけが干支を諱としたか、という新たな問題が出てくるが、その説明は全くなされていない。それに、厩戸と午年生まれとはかなりニュアンスが異なる。厩戸とは、「うまやと」であって、午年を示すだけなら「うま」だけでよく、「や」も「と」も不要である。したがって、厩戸の由来を誕生日の干支年に求めるのはきわめて困難とするしかない。筆者からみれば、なぜこんな根拠不明の説を論拠にして、太子の生年を算定しているのか不思議である。

次に②であるが、これが正しいとすると、今度は親族の名を諱にした実例を探さなければならないし、馬子の馬が何の意味かも説明しなければならない。また当時、生まれた舎の名前をつける習慣があったことを証明しなければならないが、いずれも他に全く類例がない。であれば、なぜ太子だけが特別にそうであったかという疑問がまた出てくるのだが、それに対する解答は、これまた用意されていない。それに馬子の名には、後世作られた蔑称という説があり、名前自体が改竄された疑いもある。筆者は、前論でも述べたように、馬子は皇族で王と呼ばれていたはずで（おそらく嶋王）、馬子という名は、『書紀』編纂時に慌ててつくった名だと考えている。そうなると、馬子が厩戸の名の元になったという説は成立し得ないことになる。

次の③であるが、この説など一見異様ではあるが、突飛なだけに反論が難しそうだ。個人的には、干支説に比べると馬ではなく馬小屋が出てくるだけ、まだ少しましかと思える。だが、もし太子の生誕がキリスト生誕に擬したものなら、同時にそれに付随する他の要素も存在しなければなるまい。キリスト神話の骨格は、処女受胎、洗礼、伝導、受難、托死、そして復活などの要素で構成されている。生誕だけでなく、その他の事象も系統的にともなっていなければならず、ただ一つの類似点だけでは、単なる偶然の一致にすぎない。太子の生涯には、他の要素が全く付帯しておらず、キリスト生誕神話で厩戸の名を説明することは、きわめて困難である。片岡の飢人の寓話をキリスト復活譚に擬す向きもあるが、あれは中国の古典に多少でも通じた人ならすぐ理解できるように、道教の尸解仙《しかいせん》であることは明白である。この説もまた根拠薄弱と言うしかない。さらに「戸」の意味も説明できない。馬小屋で生まれたなら、太子の名は厩皇子で十分であろう。

次に④であるが、大和国北葛城郡の地と太子がどういう関係にあったかは全く不明である。橘寺は太子生誕の地とされてはいるが、それなら橘皇子でいいわけで、その東南の地がどうして太子の名とされたか、それも説明できない。また、生まれた地名を自分の名とした皇族は、大来皇女・大津皇子兄弟など確かに存在するが、これらの名は半島遠征にともなう天皇親征の過程での記念碑的なもので、特殊な事例である。推古天皇以後の皇族の諱は、地名を負うことはきわめて少なくなる。地名説は、厩戸の名に合う地名のほうを無理やり探してきてしまった可能性が高い。

こうして見てくると、今までの説はどれも根拠が薄弱で、これという決定的な決め手はないように見える。さらに、いずれも厩戸の〝戸〟の説明ができない。どうやらこれは、決して小さな問題ではないようである。

最後に残った⑤の資養氏族説はどうか。皇族の諱は資養氏族に由来することが多い。太子の周囲の方々はどうであったか。太子には来目皇子、殖栗《えぐり》皇子、茨田《まんだのみこ》皇子の三人の弟がおられたが、来目皇子は来目氏、殖栗皇子は殖栗氏、茨田皇子は茨田氏が資養したらしい。来目臣は蘇我氏の枝族の一つであった。殖栗連は山城国久世郡殖栗郷に名を残す氏族で物部氏系の一族と考えられる。茨田連は河内国茨田郡茨田郷を本拠とする氏族で、茨田堤に名を残す土木技術を持った渡来集団とされる。太子の兄弟の諱は、どうやら全て資養氏族名に由来するものであり、その他の当時の主要人物、田村、宝、軽などの諱も資養氏族の氏名に由来している。

そうなると、厩戸の名も太子の資養氏族に由来するのではないかと考えたくなるのは当然である。さらに、太子の娘に馬屋古女王という方がおられるところをみると、その可能性はさらに高くなる。娘の資養をその氏族が引き継いだと考えられるからである。皇族の資養を特定の氏族が引き継ぐことには類例があり、皇極天皇の祖母糠手媛皇女（別名、田村皇女、『古事記』では宝王）の資養氏族が、田村が田村皇子に、財部が孫である宝皇女に引き継がれている。厩戸の名が資養氏族に由来するという説は、諸説の中でももっとも常識的なもので、事実そう説く研究者も多い。

『書紀』の太子誕生譚の記述に戻ってみよう。先入観なしに読むと、これは大変奇妙な記述である。間人皇女の夫大兄皇子は、当時、最も有力な皇位継承者で、事実上の皇太子であったはずである。明日の皇后になるべき皇女が、出産間際に宮中の役所を巡察し、馬官の屋敷に行かねばならなかったとは、不思議というしかない。だが、厩戸氏が資養氏族だったとすれば、不思議でも何でもなくなる。臨月の女性が急いで行かねばならない場所とは産屋しかない。間人皇女は、出産予定日に出産のため馬官の屋敷に向かったのである。後世、摂関政治の時代、后妃となった藤原氏の子女は、臨月が近づくと、宿下がりして実家で出産した。それから数百年前の飛鳥時代に同じことが当てはまるかどうかは不明だが、当時、出産は不浄とされ、神聖な宮中では忌避されたことを考えると、資養氏族の館に宿下がりして行われた可能性は高い。すなわち、馬官とは今から生まれるはずの皇子の資養氏族であり、『用明紀』のこの一節は、資養氏族の責任がすでに出産以前から始まっていたことを示しているのである。

では、この常識的ともいえる資養氏族説がなぜそれ以上進展しないかというと、当時の記録のどこにも、厩戸氏という名の氏族が見当たらないからである。存在しない氏族に比定することは不可能である。だが逆に言えば、厩戸氏という氏族が存在すれば全てが解決するともいえる。

筆者は、この名はある氏族の別名だったのではないかと考えた。戸とは陵戸・神戸などに見られるように、何らかの施設に付随させられ、その管理を負わされた家を意味する。したがって、厩戸も厩の管理を負わされた氏族だったのではないかと考えたのである。

古代大和朝廷の構成氏族には、臣系と連系があった。臣は一般に土着の氏族が支配地名を氏名とし、連は朝廷における職掌を氏名とした。厩戸を連系氏族に当てはめようとすると、本姓が厩戸となり、充当する氏族が見当たらないという、従来からのジレンマから抜け出せない。とすると、厩戸氏は臣系氏族だと考えるしかない。

氏名《うじな》には複姓氏姓がある。ある氏族の中で、特定の家族がその居住地や職掌によって、氏の中で区別化されるのである。蘇我倉山田石川麻呂の名を例に挙げれば、「蘇我」は氏名、「倉」は朝廷の財務を担当したその職掌に由来し、「山田」「石川」はその居住地を示すと考えられる。厩戸氏も同様に、本来は氏名＋職掌で、厩戸がこの職掌に当たり、何かの理由で本姓が記録から抜け落ち、職掌名のみが残ったのではないかと考えたのである。最終的な問題は、「厩」とは何か、に収束する。

実は、「うまや」と呼ばれた施設は、古代に実在した。それも国家の基本法、律令の実施細則法である延喜式に規定された、純然たる国家機関であった。西暦六〇〇年前後という太子の時代と九二七年に完成された延喜式との間には、三百年以上の時間差があるが、ここでは少しの間そのことに目をつぶって調べてみよう。

『延喜式』でいう「うまや」とは、駅のことである。

当時、日本各地には官道が網の目のように張り巡らされていた。官道とは国家が運営する道路で、その主要なものが駅馬《はいま》路と伝馬《つたわりうま》路であり、延喜式兵部省諸国駅伝馬条により運営された。

伝馬路は、律令に規定された用途や、新任の国司や国分寺僧が任地に赴任する際の交通手段として使われた、本来的に人を運ぶための制度であった。郡家を中継所とし、そこには馬五頭が常備され、旅行者に馬匹や食事宿泊所を提供した。

それに対し、駅馬路は、駅馬制によって運営された、「中央と国との間の情報伝達のために設けられた緊急通信制度」（中村太一『日本古代道路を探す・律令国家のアウトバーン』二一三頁）であった。現在も使われている、山陽道、山陰道、東海道、西海道等の地域名は、本来は駅馬路の名称であり、同時にその官道が支配した地域名をあらわしている。

駅馬が運ぶものは文書であるが、一人の使者が直接情報を運ぶ専使方式と、文書を駅ごとまたは国ごとにリレー方式で送る逓送使方式とがあり、さらに、最重要な情報を通常よりもさらに短期間で届ける急使があった。急使の場合、どうやら北九州から都までを五、六日で踏破したらしい。

この古代の高速道路というべき官道、駅路は、現在の感覚からは驚嘆すべきいくつかの特徴を持っていた。

第一は、その幅の広さである。都付近では、幅二四メートルほどもあったとされている。都から遠く離れた地方では一二メートル程度となったが、それでも現代の東名・名神の高速道路に匹敵する幅であった。

第二は、その異常とも言える直進性である。通常、道路は地形による影響だけでなく、地域の生産拠点や人口密集地などの重要地点とを結ぶように造られている。したがって、その走行はあちこちの町や他道路との交差点などの要地を拾って行くため、少なからぬ屈曲をともなうのが常である。ところが、駅路は、そんな利便性など端から全く考慮しないように、できる限りの直線で構成されていた。これは、その役割が単一で、他の用途を意図していなかったことを意味している。つまり、駅路は都と目的地を最短距離で結ぶという、ただそのためだけに造られた道だったのである。

この駅馬路に付随したのが駅である。駅は駅路に沿って三十里（約一六キロメートル）ごとに設置された。駅の建物は駅屋、それに付随する労働力は駅戸《うまやど》と呼ばれ、財源として駅田が給され、駅長が駅子と呼ばれる部民を使って運営した。やっと「うまやど」の登場である。

近年の考古学的成果から、駅は現代から見ても相当巨大な建造物だったことが分かってきた。現在、発掘調査が進んでいる播磨国布施駅家の場合、駅の中心施設である駅館院の敷地は一辺約九〇メートルの正方形で、白塗りの壁に取り囲まれ、内に十数棟の朱塗りの柱と漆喰の壁、瓦葺きの屋根を持つ建物が並んでいた。周辺には馬を飼う牧場も付随していた。

山陽道山城国唯一の駅であった山崎駅を例に挙げよう。山崎駅は、淀川による京都と難波間の水運の要地であった京都府乙訓郡山崎にあり、京都の川港としての機能をも備えていた。山崎駅は嵯峨天皇の狩猟時の行宮とされ、やがて離宮となり、山崎離宮や河陽宮と呼ばれたが、貞観三年（八六二）には山城国の国府として下賜された。当時の駅とは、国府が置けるほど巨大な施設だったのである。このような駅が、多少の規模の差こそあれ、駅路に付随して日本中に造られていた。

ではなぜ、当時の政権は、財政的にも大きな負担となったに違いない、このような巨大な施設群を建造したのか。それは、当時の官道が緊急の連絡用だけではなく、外交にも大きな役割を果たしていたからである。

駅路は大中小の三つにランクに分けられていたが、大路はただ一本で、都と北九州にあった太宰府とを結ぶ道であった。これは山陽道全てと西海道の一部からなり、他の道とは明確な差がつけられた。通常、駅は三十里ごとに造られたが、大路のみはその半分十五里ごとであり、都から太宰府までに五十数カ所設置された。馬匹の数も、中路が十匹、小路が五匹のところを、大路は二十匹を配備されていた。都から太宰府に至る間に千頭以上の馬匹が配備されていたことになる。

この道がなぜ重要視されたかは、『日本後紀』に「本より蕃客に備えて――」と書かれたように、大陸半島との対外交渉や通商に重要であったからである。外国から来た使節は、まず北九州に上陸、太宰府にあった鴻臚館に入り、ここで入国の手続きをして都に向かう。駅は、その際の使節の宿泊施設となり、宿舎と食事と替えの馬匹を提供した。すなわち、迎賓館の役目をも併せ持っていたわけで、そのため山陽道の駅家は、特に数も多く規模も大きかったのである。

「厩」とは、駅のことだったのではないか。厩戸氏とは、官道に付随する駅を管理統括する氏族だったのではないかというのが、筆者の最初の思いつきであった。思いつきが説として成立するには、検証が必要である。

まずこの駅と官道という施設が、太子の時代にすでに存在したということを証明しなければならない。史書の中から、太子の時代の官道と駅に関する記事を探してみよう。

まず『書紀』である。最も古い記事は、欽明天皇三十二年天皇が臨終に際して皇太子を呼び寄せるために駅馬を走らせたとある。敏達天皇十四年には、物部守屋が我が国初の尼僧であった善信尼らを海石榴市の駅家館に繋いで鞭で打った。海石榴市は現在の桜井市金屋付近にあり、当時、多くの道が交わる交通の要衝で、初瀬川の水運にも近く、この国最大の繁華街であった。市で刑を執行するのは中国古来の習慣で、中国には棄市（市に廃棄するという意味で、日本の打ち首獄門に近い）という刑罰があった。ここにすでに駅家館の名が見える。崇峻天皇四年、天皇暗殺に際して、九州に渡っていた新羅征討軍の将軍に、急を知らせる駅使の使いが発せられた。

推古天皇二十一年（六〇二）十一月、難波より京に至る大道を置く、とある。この大道とは、難波から南下する難波道と、丹比で東に向かい竜田越えを通る大津道であった可能性が高い。斑鳩を通り、太子道と呼ばれる斜行道路をたどって飛鳥に至る最短路であった。

皇極天皇元年、百済から帰国した阿曇連比羅夫が、百済から舒明天皇崩御の弔問使の来朝と同時に、百済内部の政争の情報を早馬で知らせた。ここでも、飛鳥と北九州の間の駅馬が使われている。刻々と変化する半島情勢。それに対処するためには、情報の高速な伝達手段が必須であり、それが駅馬制であった。当時、早馬がすでに存在していたとの『書紀』の記事は、十分信用できると考えられる。後の完成された制度ほど整ったものではないにせよ、太子の時代以前から、早馬の制はあったと考えてよいだろう。

孝徳紀大化二年正月には、改新の詔に、駅馬・伝馬を置き鈴契を造れとある。鈴は駅に馬を供出させるための印であり、契は伝馬を使用する際に用いる伝符である。ここまでいくと律令の駅馬の規定とほとんど変わりがなく、駅伝制が一応の完成を見たのはこの時点であったのかもしれない。

天智崩御後、吉野に隠棲していた大海人皇子が、東国に走り挙兵を図った吉野脱出行に際して最初にしたことは、飛鳥の高坂王のもとに駅鈴を求める使者を立てたことであった。拒否された大海人一行は、その直後東に向かい、隠（名張）駅家から伊賀駅家三重郡家を経て、鈴鹿の関に走った。いずれも馬匹を常備していた施設である。すでに駅と運搬手段である馬匹、そしてそれを運営するシステムが完成していたことが分かる。

『書紀』以外では、『出雲風土記』に駅路の項が見え、野城、黒田、千酌、宍道、狭結、多伎の六つの駅が記録されている。『出雲風土記』は、天平五年（七三三）に太政官に提出されているから、少なくともこの時点で、出雲国には駅馬路が整備されていたことが分かる。太子の時代の約百年後には、駅と官道についての公式記録が残っているのである。

また、『隋書』東夷伝倭国条には、倭を訪れた隋使裴世清に向かって、倭王が「今故清道飾館、以待大使」と述べたという記事が見える。この場合の「清道」は新しい道を造り、「飾館」は迎賓館—馬家館を造ったことであろうと言われている。海外使節を迎えるのに駅路を整備したのである。

どうやら、文献的には官道も駅馬も太子以前から存在し、太子の時代にも稼働していたと考えてよいらしい。

では、そのことは考古学的に証明できるのか。

先ほどから何度か話題にしているが、奈良盆地には太子道と呼ばれる道がある。斑鳩から飛鳥まで、大和盆地を北西から南東に斜め約二〇度の角度で直線的に貫く奇妙な走行の道であり、斜行道路とも筋違道《すじちがいみち》とも呼ぶ。奈良盆地は条理制が色濃く残るところで、土地は方形に区画され、道は綺麗に東西南北に走っているが、この条里制は奈良盆地のほとんどの河道を付け替えるほど徹底的に実施されたらしく（実際に完成したのは中世興福寺領だった頃らしいが）、最近の発掘で藤原京の条坊が条里制に破壊されたことが分かっている。にもかかわらず、太子道はそれらを斜めに横切るはなはだ非常識な走行をとったまま、現在までその一部を残している。

この道は、地元では太子が斑鳩宮から飛鳥の小墾田宮へと通うために造った道と伝えられているが、実態は古代の官道である。斑鳩から飛鳥に突き抜ける極端な直進性という、駅路としての特徴をそのまま持っている。この道がいつごろ造られたかは、ある事情から推測可能である。この道の南北軸との傾きは、法隆寺の前身とされる若草伽藍の傾きと比較的近い。また、法隆寺東院遺跡（斑鳩宮）の敷地もほぼ同じ確度で傾いており、太子道、斑鳩宮、旧斑鳩寺（若草伽藍）はいずれも地軸と反時計回りに約二〇度傾いている。同じ頃、同じ目的で、同じ組織によって造られたと考えられる（ついでに言えば、豊浦宮と、舒明天皇の前岡本宮跡とされる伝板蓋宮下層遺跡も同様の傾きをとっているらしい）。

中村太一によると、「筋違道の建設は、斑鳩宮の造営と一緒に行われた可能性が高（中村太一『日本の古代道路を探す・律令国家のアウトバーン』一三〇頁）く、太子道は太子の時代の産物と考えてよいらしい。

この道の走行は、斑鳩の地政学的特徴をよく表している。奈良盆地と大阪平野とは金剛生駒の両山地に隔てられているが、唯一大和川がその間を穿っている。この谷間が竜田地峡であり、ここを通るのが、大阪平野と奈良盆地を繋ぐ主要ルート竜田越えである。現在も、国道二五号線（奈良街道）、JR大和路線、近鉄奈良線が通る重要ルートである。大阪側から竜田を越えて奈良盆地に入ると、すぐ斑鳩の地である。斑鳩は、当時の奈良盆地の入り口、表玄関なのである。太子道は、この斑鳩と小墾田宮とを最短距離で結ぶ古代の官道であり、当時の首都飛鳥と、国際港であった難波津を直線で結ぶ、最も重要な官道の一部であった。

では、この時代の官道に駅は付随していたのか。

敏達天皇十二年、百済からやって来た日羅を、天皇は阿斗桑市館に住まわせた、とある。阿斗は現在の川西町、桑市館は駅家館と考えられている。また、善信尼らが鞭打たれたのも、海石榴市の駅家館であった。この当時、すでに駅と官道はセットになっていたようだ。

推古天皇十八年には、任那の使者を阿刀河辺館に宿泊させたという記事がある。河辺館は桑市館と同様、外国使節の歓迎用の館であり、初期の駅家だったと思われる。

それ以外にも、別の形をとった駅家ともいうべきものが存在した。それが、四天王寺と法隆寺という二つの巨大寺院である。外国からの使節団が、北九州から瀬戸内海を旅して、畿内に上陸する港が難波津であり、そこには大郡《おおごおり》・小郡《こごおり》という迎賓施設があり、使節団はまずここに入った。大和に向かうべく難波道を南下すると、やがて右手に四天王寺の伽藍が見えてくる（近年の瓦の研究から、最初期の四天王寺の瓦は、舒明天皇の百済大寺とされる吉備池廃寺と同笵で、若草伽藍よりやや遅れると考えられ、四天王寺は太子の時代にはまだ存在していなかったかもしれない）。さらに南下して、丹比で東に転じ大津道を行くと竜田越えに至る。竜田を越えて奈良盆地に入った使者を最初に迎えるのが、斑鳩寺と斑鳩宮であった。つまり、四天王寺と法隆寺は、当時の港湾から都に至る官道に沿って造られていた。この二つの寺は、海外からの使節に偉容を誇ってこの国の文化水準を示すと同時に、その旅行を支援する役割を持っていたと考えられる。駅と呼ばれずとも、その役割を担っていた。

以上、総括すると、太子の時代、官道も駅家もすでに存在したことが分かる。当然、それを管掌する管理者もいたはずである。

さらに、隋使や半島国家から来た使節たちは、荘馬《かざりうま》に乗った貴族たちに出迎えられた。『続日本紀』にも、外国使節を歓迎する儀礼用に諸国から数十頭単位の馬を徴用したという記事がいくつか見られ、慶雲二年十一月十三日には、新羅からの使者を迎えるため諸国から騎兵を徴発したとある。馬は、外交儀礼には不可欠だったのである。

駅家を管掌し、馬の管理をし、そして海外使節団の応接を職掌としていた氏族、それが厩戸氏だったのではないか。

今でも外国使節の応接は、外交と国家の威信をかけた重要なものである。歓迎の礼式、応対、饗応等、担当官の責任は重い。当時、大陸からの使節は官僚で、科挙に合格した文人であった。対応するには相当の教養が必要だったろう。文化的素養がなければ責任は果たせない。厩戸氏の仕事は、かなり特化したものだったはずである。

もう一つ、厩戸氏の性格には、重要な要素が考えられる。律令国家時代の駅は白壁の塀に囲まれ、建物は朱塗りの柱に白壁、瓦葺きであった。太子の時代にも、外国使節の手前、相当な施設であったと想像される。当時の水準では砦であり、中には馬匹と食料が貯蔵されていた。馬は完全な軍事資材で、食料は兵糧である。一朝事あるときには、駅はその全てを軍用に転用可能だった。それが太子の時代、都から北九州までの、この国の大動脈上に何カ所か存在していた。いったん反意を抱く者の手に落ちれば、国家の土台が揺り動かされる。この危険な施設を管理していたのが厩戸だったとすれば、厩戸氏とは政権にとってよほど信頼できる氏族であったはずである。太子の資養氏族であれば、その条件は十分に満たされるであろう。

では、その厩戸氏はいったい何者なのか、という問題の解明に取りかかろう。だが、特定するための手がかりは乏しく、蘇我氏の場合のように、わざとらしい手掛かりは与えられていない。では、どうすればよいのか。方法論としてはきわめて原始的であるが、候補対象全てを条件に合うかどうか一つ一つ当てはめてみればよい。つまり、厩戸氏の持っていた特性、すなわち道路、駅、馬、外交、応接等の条件を、候補となる全ての氏族にあてはめ、適合するかどうか検討するのである。多少手間はかかるが確実である。対象は推古紀に登場する全二十三氏族、参考文献は佐伯有清『日本古代氏族事典』である。以下、出典順に検討する。

まず境部氏である。蘇我氏の分家で、初代摩理勢は馬子の弟とされ、実戦派の武人であり、新羅征討軍の大将軍であった。国家の境界を祀り、外交も受け持ったとされているが、道路や馬とは関係なさそうである。

穂積臣は、欽明・推古・天武朝に活躍する氏族である。こちらも軍人系らしく戦争場面にはさかんに登場するが、道路や馬とは関係はなさそうである。

難波吉士はどうか。彼らは渡来系の氏族で、大阪湾沿岸には彼らが居住した「きしのさと」という地名が散在している。彼らは外交が専門で、外交使節としてさかんに活躍するが、駅や馬との関係は見られない。沿岸部を勢力圏にしていたため、舟との関係ならありそうではある。

大伴氏は、古代から王権を支えた一族で、物部氏とならぶ大連の家系であった。大伴噛は、推古天皇九年（六〇一）に高句麗に使いしたとされており、外交経験はある。だが、本来的には軍事の家柄で、さらに品部を統括する大族であり、供応を業とする厩戸氏からはかなり遠い存在である。また、臣姓ではないかとする、当初の予想にも反する。

坂本臣も、本質的には軍事氏族である。物部守屋討伐に活躍した糠手や、壬申の乱で天武方として活躍した財、文武朝に征夷将軍となった宇頭麻佐などを輩出しており、軍事が専門で、馬や応接との関係は認められない。

大友村主高聡と山背臣日立は、六〇二年にともに観勒から天文遁甲と方術を学んだ人物だが、どちらも学者の系統らしく、これも馬にも外交にも関係はないようである。

土師氏は葬送を専門にした氏族で廐戸とは考えにくい。何より土師娑婆連猪手は、上宮王家襲撃に加わって返り討ちにあっており、論外である。

秦造川勝は、太子の経済官僚だったと言われ、渡来人の生産技術力を体現したような人物であった。仏教や道教に造詣が深く資産家だったが、駅馬には関与した形跡がない。

鞍作の一族は、鞍を作ることを家業とし、また仏教に関わりが深く、特に鳥（止利仏師）は優れた仏師であったが、応接や外交に関与した記録はない。

推古天皇十五年、遣隋使となった妹子を輩出した小野臣は、和珥氏の分家で、外交使節になってはいるが、馬との関係は認められない。

中臣宮地連烏摩呂、凡河内直糠手と船史王平は、隋使裴世清が来朝したとき、これを接待したが、中臣氏の正体は前論の通りであるし、凡河内直は、継体王家と縁の深い国造系の領地管理を職掌とする氏族であり、ともに駅家とは関係が認められない。また船氏は、渡来系の氏族で、蘇我稲目に抜擢され船舶の関税徴収に携わったが、やはり馬や駅には関係なかったようである。

額田部連比羅夫は、隋使歓迎式典で荘馬《かざりうま》に乗って最初に裴世清を迎え、廐戸氏の候補としての資格はあるが、推古天皇の資養氏族で、太子の資養氏族も兼ねたとは考えにくい。

物部依網連は、依網屯倉を管理した物部の枝族とされ、連姓であるうえ、馬に関与した記録はない。

膳氏は、膳臣大伴が半島への使節となり、任那の客の荘馬長となっている。外交と馬の両方に関係しており、厩戸氏の可能性は十分あり得る。

間人連には、推古天皇十七年、任那の使者の導者となった臨蓋（塩蓋）がいる。間人連は太子の母后間人皇女の資養氏族であったと考えられるが、駅馬との関係は見当たらない。

阿倍臣は、当時有数の有力氏族で、宣化天皇初年、稲目が大臣に任命されると同時に、阿倍大麻呂が丈夫に任命された。大麻呂が実質的初代であったことを考えると、蘇我氏と同様、安閑天皇の縁者なのかもしれない。推古朝の内麻呂、孝徳天皇の左大臣となった倉梯麻呂をはじめとする多くの顕官・高官を輩出しているが、駅や馬に関与した形跡はない。

河内漢直は、東漢直とならぶ渡来人の雄であるが、西文と書かれるように、東漢直が蘇我氏の兵力であったのに対して、どちらかと言えば文人系であったらしい。駅にも馬にも関係した要素はない。

錦織首は、阿倍氏とともに任那の客を迎えているが、本来錦を織る渡来系の特殊技能者で、馬とは関係なさそうである。

犬上君御田鍬と矢田部造は、ともに推古天皇二十二年遣隋使になって隋に使いしている。犬上氏は近江の豪族、矢田部氏は摂津の豪族で、ともに駅とも馬とも関係なさそうである。

倭漢坂上直は、東漢氏の一族である。東漢氏は古代史上様々な活躍をした渡来系の一族で、蘇我氏の兵力としても働いたが、厩戸氏に相応しいような実績はない。臣姓とする予想にも反する。

以上、推古紀にその名を残す氏族は二十三氏族、これで全てである。その中で、厩戸氏の可能性を持つのは、唯一、膳氏しかないことが分かる。では、膳氏が本当に厩戸氏なのだろうか。

膳氏は、太子の姻戚でもある。史書によると、太子には四人の后妃がいた。菟道貝蛸媛、橘大郎女、馬子の娘の刀自古娘女、そして膳大娘女である。嫡妻菟道貝蛸媛は推古天皇の実娘、橘大郎女は推古天皇の孫で、尾張皇子の娘とされる。刀自古郎女は蘇我馬子の娘で、自説によると安閑天皇三世女王となる。ここまでは皆皇族である。それに対して、膳大郎女は臣下の出身である。名は菩岐岐美郎女《ほききみのいらつめ》といい、膳臣傾子の娘であった。先に厩戸氏の候補とした膳大伴は、膳大郎女の兄弟とされる。鎌倉将軍の乳人の子弟からは、多くの側近や側室が出た。幼児期ともに育った乳兄弟は、そういう形で将軍を支えた。彼女もまたそうだったのだろうか。

『帝説』によると、膳大郎女は太子の妃の中で最も太子に愛された女性と言われ、死の床まで太子とともにいたという。彼女が太子の幼馴染みから後室に入った資養氏族の子女だと考えれば、この絆の深さも頷けるであろう。諸本に大郎女と書かれているのも問題である。通常、大郎女とは皇族に奉られる称号であり、臣下出身の妃としては異例である。何しろ、馬子の娘刀自古郎女ですら、ただの郎女なのである。菩岐岐美郎女には、よほど大郎女と呼ばざるを得ない事情があったようだ。膳大郎女との関係を見ても、膳氏が厩戸氏であった可能性は高い。

逆に、もし膳氏が厩戸氏だとしたら、膳氏の素性と経歴は、厩戸の特性を満足させ得るだろうか。厩戸の特性とは、馬と駅を管理し、さらに外国使節の応接と饗応を担当できるほどの文化的素養を持っていたことである。膳氏の一族の経歴とその活動記録から、厩戸の特性に適合するか調べてみよう。

『書紀』記載の祖先伝承では、膳氏は第八代孝元天皇の第一子大彦命の子孫とされている。阿倍氏と同祖というのはこのためである。

景行天皇五十三年、天皇は日本武尊を偲んでその遠征路を辿られたが、上総国安房（当時、安房は上総国に含まれていた）で、磐鹿六雁命が堅魚と蛤を膾にして献じたため、その功で膳大伴部を与えられ、膳氏の祖となった。磐鹿六雁命は現代でも料理人の神様とされている。高橋氏文によると、彼は高齢のためそのまま上総に留まり、大和朝廷の東国経営の橋渡しをしたという。磐鹿六雁のイワカ、ムツは接頭詞で、本体はカリ、狩りの神ではないかとされ、実際には、安房大神ではないかという説もある。

履中天皇三年、天皇が磐余池で船遊びをしていたとき、膳臣余磯が献じた杯の酒に桜の花びらが浮かんだ。これを奇とした天皇が、物部長真胆連に飛来元を調べるように命じ、連はそれが葛城の掖上室山から飛来したことを突き止めて報告した。天皇はその功で、長真胆連に稚桜部造の名を与え、また余磯を稚桜部臣としたという。不思議な記事ではあるが、とりあえず我々に必要な情報は、膳氏が天皇に酒を献じていたという一事である。

雄略天皇八年、膳臣斑鳩が任那派遣軍の将となった。斑鳩の地が元々は膳氏の本貫だったのではないかと言われる論拠となっている人物である。もしこれが本当なら、厩戸氏膳氏説の有力な証拠になるのだが、残念ながら証拠はない。斑鳩は、新羅が高句麗と戦った際に、奇計を用いて高句麗を討ち新羅を助けたとされ、優れた武人でもあったらしい。

安閑天皇元年、内膳卿膳臣大麻呂は勅命を受けて真珠を上総の夷隅に求めさせた。命令を果たせなかった夷隅国造稚子直は、大麻呂に責められて宮中に逃げ込み、春日山田皇后を脅して、償いとして夷隅屯倉を献上した。上総国となると、これは磐鹿六雁命にも関係する。膳氏は、安閑朝においても大和政権の関東支配の代理人であったようだ。

欽明天皇六年（五四五）、膳臣巴提便は遣百済使に任命された。対外使節であり、外交に通じていたと考えられる厩戸氏の仕事としては相応しい。虎退治の武勇伝が書かれているが、使節の本来の役目については、その二年後の五四七年に百済から僧道深ら七人が来日しているため、その要請だったのではないかとする説がある（山尾幸久『蘇我氏と古代国家』黛弘道編、五〇頁）。もしそうなら、文化人でもあったのだろう。

欽明天皇三十一年（五七〇）、膳臣傾子は饗高句麗使使に任命された。越に漂着した高句麗使節を供応する役目で、こちらも厩戸氏の仕事として妥当であろうと思われる。彼は菩岐岐美郎女の父親とされる人物である。用明天皇二年（五八七）、傾子（賀施夫）は丁未の役に馬子麾下《きか》の武将として、守屋征討軍に参加している。

推古天皇十七年（六〇九）膳臣大伴は、迎新羅客荘馬之長とされた額田部連比羅夫とならんで、迎任那客荘馬之長となっている。菩岐岐美郎女の兄弟と思われる人物である。

こう見てくると、膳氏とは単なる料理番ではなく、外国使節の応接に長じ、対外使節や対外遠征軍人として働いた氏族だったと言えそうである。饗高句麗使使となった膳臣傾子は、当然のこととして高句麗使のために山城国相楽に造られた迎賓館の管理者でもあったろう。迎任那客荘馬之長に任命された大伴といい、膳氏は二代にわたって海外使節を迎える役に就き、馬の管理をした。まさに、馬官と呼べる。特に、新羅任那の使節の歓迎に際しては、額田部連と横並びで荘馬長とされており、推古と太子のそれぞれの資養氏族が、同じ役目に就いたと考えれば釣り合いがよい。

大化元年、膳臣百依は、国造の馬を他人の馬とすり替え、牧場の牧草を私したとして、孝徳天皇に叱責された。先祖と比べると、随分品が下がりスケールも小さくなっているが、これなども膳氏が官馬やその牧草地の管理に関与していたからこそ可能だったのではないか。

斉明天皇二年（六五六）、膳臣葉積が高句麗に大使として派遣された。これも対外使節である。

加藤謙吉によると、太子の周囲には、膳の一族や、膳氏の同族とされる阿倍氏の関係者が多いという（上宮王家と膳氏『大和政権と古代氏族』一五〇〜一六二頁）。太子は、濃厚な膳氏の人脈に取り囲まれていたわけだが、これも膳氏が太子の資養氏族であれば、当然のことと言えよう。

どうやら、膳氏を厩戸氏と断定しても、特に齟齬も矛盾も起きないようだ。厩戸とは、膳氏の別名、職掌名だったと結論づけてもよさそうである。

膳氏は傾子・大伴と二代にわたって馬官の地位に就いた。傾子が饗高句麗使使となった欽明天皇三十一年（五七〇）の時点で馬官と呼ばれたとすると、太子の誕生はそれ以後の数年以内と考えられる。現在、太子の誕生年は、午年生誕説に基づき五七二年とされているが、これは右記の想定誤差範囲内である。どうやら午年説には偶発的要素が味方したらしい。

加藤謙吉によると、六世紀の倭王権の最高決定会議は、大王、大臣、大連と大夫による合議制であった。大夫を構成する氏族は、阿倍臣、紀臣、巨勢臣、膳臣、葛城臣、平群臣、坂本臣、春日臣の八つの臣姓氏族と、大伴連、物部連、中臣連の連姓氏族、それに三輪君を含めた十二氏族であったという。これらの氏上は、今でいう閣僚にあたるであろう。膳氏は、当時の倭政権の中核的構成員であったことになる。

膳氏の本拠地膳夫は、横大路と呼ばれた、奈良盆地を東西に走る古代の大動脈に面していた。南は天香具山、東は阿倍氏の本拠であった阿倍に隣接し、やや南には紀氏の氏寺、紀寺がある。東には、近年舒明天皇の百済大寺の有力候補とされている吉備池廃寺があり、百済大宮もこの近くにあったと考えられている。膳氏は当時の政治の中心地にいたのである。

このように、膳氏は対外出兵の将や外国使節の供応役を歴任した。そして、聖徳太子の外戚となり、一時は国政の中心近くにまで駆け上った。もし膳氏にその気があれば、同族とされる阿倍氏と語らって、「天下を左治」できたかもしれない。だが、膳氏には、そのような動きは一切なく、太子の死とともに、やがて政治の表舞台から姿を消した。

その後、膳の名が再びクローズアップされるのは、天武天皇十一年（六八二）、膳臣摩漏の卒去記事においてである。彼は壬申の乱で相当な功績を立てたらしく、その死に臨んで、天武天皇は草壁・高市の二皇子を病床の見舞いに使わした。さらにその死の報に接して、天武は驚き大いに哀しみ、壬申の功を称えて大紫の位を追贈し、皇后も物を賜ったとある。壬申の功臣が死んだときに皇后が下賜した記事はほかに見えないので、摩漏の功績は天皇皇后のごく身近に仕えてのものだったと思われる。だが、『壬申紀』には、どこにも摩漏の名は見えない。摩漏の事績はどこかに消えてしまったのである。確かに、『書紀』における壬申の功臣の全てが、即位前紀に功績を描かれているわけではなく、褒賞を受けたとされている功臣のうち、功績を書かれているのは五人にすぎない。また功臣の多くは報償記事をも省かれているわけであるから、摩漏の功績が書かれていないのも不自然ではない。

だが、それでもなお正史を辿っていくとき、我々は膳隠しともいうべき奇妙な動きに気づかされる。

それは、推古天皇十七年（六〇九）、小野妹子とともに我が国に渡来した隋使裴世清の歓迎式典に、膳臣の名が全く見えないことである。隋使を海石榴市の路上で荘馬で迎えたのは、中臣宮地連烏摩呂、凡河内直糠手、船史王平の三人であった。式典で挨拶の言葉を述べたのは額田部比羅夫、隋使の案内役となって式場に導いたのは阿倍鳥臣・物部依網連抱の二人であり、さらに裴世清から書を受け取ったのは阿倍鳥臣、それを帝前に届けたのは大伴囓連であった。この一連の過程に膳氏が全く出て来ていない。膳臣は、本当に関与していなかったのだろうか。

他の式典では、膳氏はどのような役目を果たしたか、類似の事例を調べてみよう。翌推古天皇十八年、新羅・任那の使節の歓迎式典では、膳臣傾子は額田部臣比羅夫とともに荘馬長をつとめた。そこで、隋使歓迎式典に戻ってみると、隋使も同様に荘馬に迎えられているが、その荘馬長の名がどこにも書かれていないのに気づく。太子の資養氏族であった膳氏が、この式典で何の役目も担わなかったということはまず考えられない。そこで、膳臣傾子が荘馬長として隋使を迎えたのではないかと考えるのは、ごく常識的な発想であろう。おそらく膳氏が隋使歓迎式典における荘馬之長だったのであろうが、膳氏の功績は記録の上から削除されていたのである。

天武天皇十三年（六八四）、膳氏は朝臣の位を賜った。この叙位は、五十二氏族が同時に朝臣の位を賜ったもので、膳氏はこのときには、すでに五十二分の一の、その他大勢の一人となってしまっていた。大夫として大和朝廷の中核にいた、かつての面影は全くない。そして、持統天皇五年（六九二）の『書紀』の次の記事を最後に、史書から膳の名は消えた。持統天皇五年、大三輪・雀部・石上・藤原・石川・巨勢・膳部・春日・上毛野・大伴・紀伊・平群・羽田・阿倍・佐伯・采女・穂積・阿曇の十八氏に詔して、その祖らの墓記を上進させた。各氏族が伝えていた、氏族の歴史記録を提出させたのである。石上は物部、藤原は中臣、石川は蘇我の、それぞれ末裔であるから、この十八氏には、かつての大夫氏族が全て含まれていることになる。各墓記は、おそらく『書紀』などの正史編纂の資料とされたのであろうが、逆にいえば、公式な歴史、すなわち『書紀』の記述以外は認められなくなってしまった。『書紀』の内容がいかに隠蔽と改竄に満ちたものであるかは、前論で説明した通りである。

後、膳氏本宗は高橋氏と氏名を変え、膳の名は『書紀』から消えた。膳氏は、歴史だけではなく、氏名も奪われたのである。高橋氏となってからの事績は、膳氏のそれには及びもつかない。その後、本当に宮中の料理番となって、内膳司の地位を阿曇氏と争い、勝ったもののやがて歴史から姿を消していった。これを見ると、賜姓そのものが歴史から膳臣の名を消去する手段であったとさえ思える。

『書紀』は膳氏の事績を抹消する方向に動いた。隋使の歓迎式典での役目や壬申の乱での功績を隠蔽し、氏名を変え、家史を取り上げ、最終的にそれこそ宮中の料理番にしてしまった。これは、古い氏族の処分法のようで、蘇我は石川氏、物部は石上氏となり、古代からの有力氏族は、ほとんど同様の経過をたどった。そして最終的に、阿倍臣は陰陽師の家系として（違うとも言われているが）、紀氏は紀伊の地方豪族としてわずかに名を残しているが、かつての倭政権の大夫は、全て表舞台から消えてしまった。残ったのは藤原氏だけであり、その素性は前論で述べたとおりである。

ところで、もし膳氏が駅馬を管掌して厩戸氏と呼ばれ、太子の諱の元となったのなら、いったいなぜ、それが隠蔽されたかということが新たな問題となる。『書紀』が書かれた時点では、厩戸の意味は、母后が馬小屋の戸に触れて安産だったから、などというわけの分からないことにされているのだから。

理由の一つは、膳と太子との関係にあったと考えられる。もし、膳が厩戸の本称なら、聖徳太子は当時の習慣に従って膳皇子と呼ばれたはずである。だが、国家的に顕彰しようとする聖人の名に膳の氏名を冠して呼ぶことは、膳氏の政治的地位の向上に貢献することになる。古代有力氏族の再興に力を貸すことになりかねない。『書紀』編纂者にとって、太子を膳皇子として正史に記載するわけにはいかなかったのだろう。そこで、膳氏の職掌にすぎなかった厩戸の名を太子の名に冠し、その呼び名を無害なものとした。そして、妊婦が厩の戸に当たったから安産だったという、苦しいこじつけで誤魔化そうとしたと考えられる。

もう一つ、それをさらに加速することになったのが、『書紀』編纂の少しあと、神亀二年（七二九）に起こった長屋王の変ではないかと筆者は考える。この変は、時の左大臣長屋王が左道をなした（天皇を厭魅した）との罪で、妻の吉備内親王、子の膳夫王《かしわでのおおきみ》、桑田王、葛木王、鉤取王とともに密殺された事件である。

変の原因としては、長屋王の存在が光明子立后の邪魔になったという説がほぼ定説化しているようだが、ほかにもいくつか有力な説がある。その一つが、長屋王の長男、膳夫王謀殺説である。

和銅八年（七一五）、長屋王の三人の男子は、皇孫に叙された。これによって三人は皇位継承権を得たが、とりわけ長子の膳夫王は年齢的にも聖武天皇に近く、聖武の有力なライバルとなったと推測される。聖武は文武の後継者ではあるが、母親は藤原宮子という非皇族とされている（筆者の説によると、不比等の娘であるから六世女王である。問題となったのは六世がすでに皇親にあらずとされていたことであろう）。それに対して、膳夫王の父親の長屋王は、天武の長子で太政大臣であった高市皇子の子であり、母親の吉備内親王は、草壁皇子と元明天皇の次女で、文武・元正両天皇の同母妹という立場にあった。血統の高貴さに関しては、膳夫王は聖武を凌駕しており、もし聖武に何か事あれば、即皇位に就くべき立場にあった。聖武政権、とりわけ藤原氏にとって、きわめて危険な存在だったのであり、そのために殺されたとする説（寺崎保広『人物叢書「長屋王」』二四二〜二六九頁）である。実際、長屋王には、吉備皇女以外にも数人の妻とその子女がいたが、殺されたのは長屋王と吉備皇女との間の男子のみであったという事実が、変の目的がどこにあったかを明白に示している。上宮王家、古人王家の族滅と同様のケースなのである。聖武政権には、膳夫王謀殺という負の刻印があった。

もし聖徳太子が膳皇子と呼ばれていたとすると、その名を呼ぶたびに、「かしわでのみこ」、または「かしわでのおおきみ」と同名で呼ばれる、殺された長屋王の王子が想起されることになり、聖武政権はその負の刻印を思い出さねばならなくなる。それは政権の中枢を占める人々にとってかなり辛い記憶であったろうし、また霊的な支障も危惧されたであろう。名を呼ぶことは、モノを呼び寄せることでもある。そのため、厩戸皇子の真諱の封印作業は、さらに徹底して推し進められたのではないか。

『書紀』奏上は、長屋王の変に九年先行する。だが、平安時代に創作された漢風謚号の挿入などに見られるように、『書紀』の内容がその後も改変を受け続けたことは明らかである。さらに、法隆寺に対して聖武天皇とその周辺がとった態度を見ると、その確信はますます強くなる。

斑鳩寺は天智天皇九年に焼亡し、後再建された。それに対して、山背大兄の変で焼亡した斑鳩宮は、その後うち捨てられたままであった。『法隆寺東院縁起』によると、天平十一年（七三九）、僧行信はその衰亡ぶりを嘆き、太子を供養するために新たに堂宇を建立した。上宮王院と呼ばれ、当時は独立した一寺院であったが、その後平安時代になって法隆寺がこれを吸収併合し、東院伽藍とした。当時から瓦葺きの八角堂だったようで、これが太子の伝説と入り交じって、やがて夢殿と呼ばれるようになり現在に至っている。

この上宮王院の建立には、聖武天皇の一家が多大な貢献をした。行信を援助したのは、東宮坊安倍内親王、後の称徳天皇であり、光明子も多くの施入をしている。また、堂宇の一つ伝法堂は、聖武天皇の夫人の一人、橘古那加智（橘佐為の娘）の住居を施入したものという。上宮王院は、聖武天皇一家あげての帰依を受けたのである。

聖武天皇にとって上宮王院の創設は、当時すでに聖人化がすすんでいた太子の子孫を自らの先祖が滅ぼしたという懼れと、自らが手をかけた従兄弟への鎮魂が複雑に絡み合ってなした事業だったのではないか。同名の太子を祀ることによって、従兄弟の鎮魂をも図ろうとしたのではないだろうか。

これにより、厩戸が膳の別名であるという事実の隠蔽は、さらに厳重なものとなった。そして、厩戸という、意味不詳な名の聖人が歴史の表に出、太子の真の姿は厚いベールの向こうに隠されてしまったのである。


以上、聖徳太子の諱、「厩戸」の意味について解析した。厩戸の名には、太子の資養氏族、膳氏の職掌名という、きわめて合理的な意味が隠されていたのである。

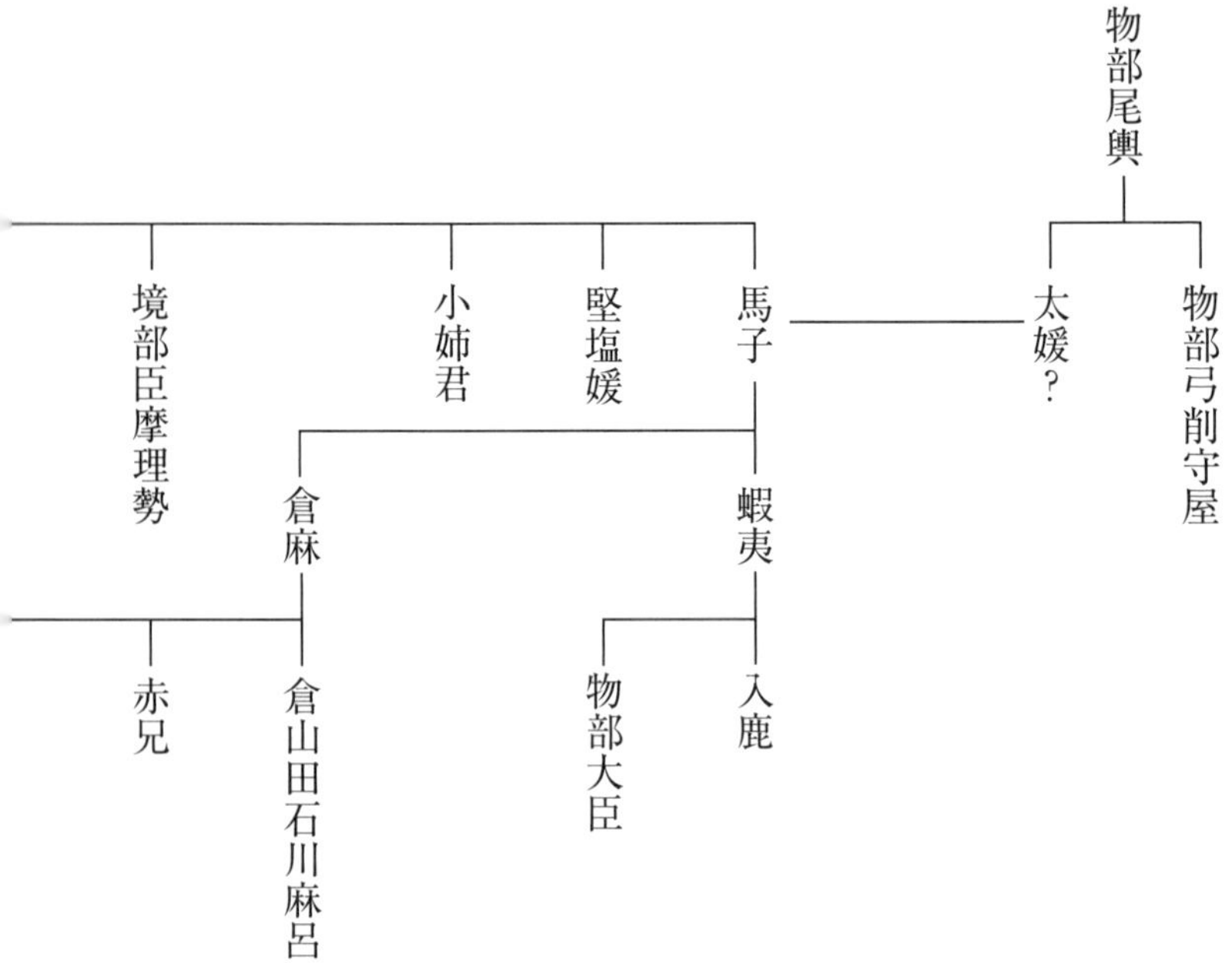
物部尾輿
物部弓削守屋
太媛?
馬子
堅塩媛
小姉君
境部臣摩理勢
蝦夷
倉麻
入鹿
物部大臣
倉山田石川麻呂
赤兄

図1　蘇我氏系図（A）

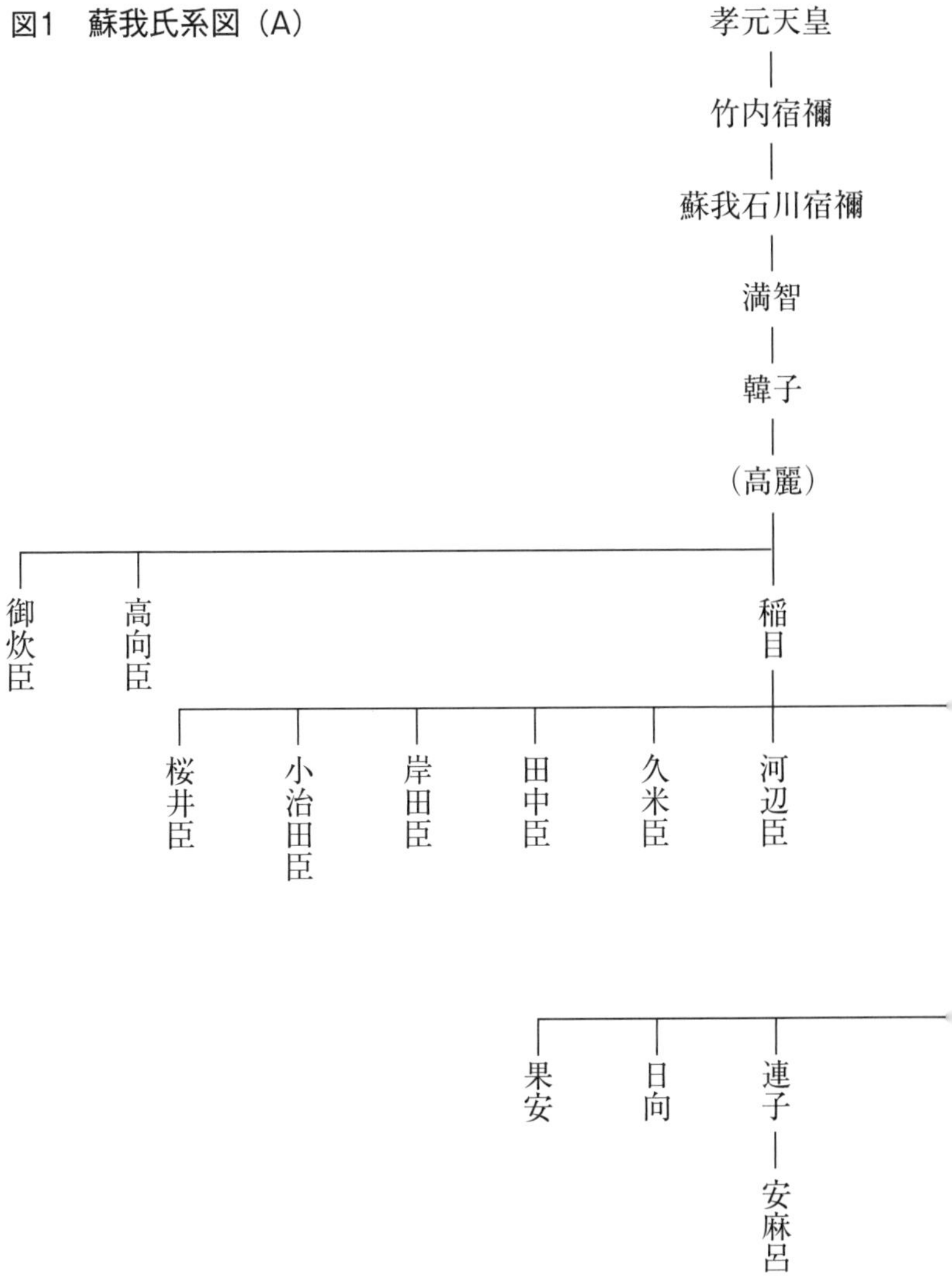
孝元天皇
竹内宿禰
蘇我石川宿禰
満智
韓子
（高麗）
御炊臣
高向臣
稲目
桜井臣
小治田臣
岸田臣
田中臣
久米臣
河辺臣
果安
日向
連子
安麻呂

図2　蘇我氏系図（B）

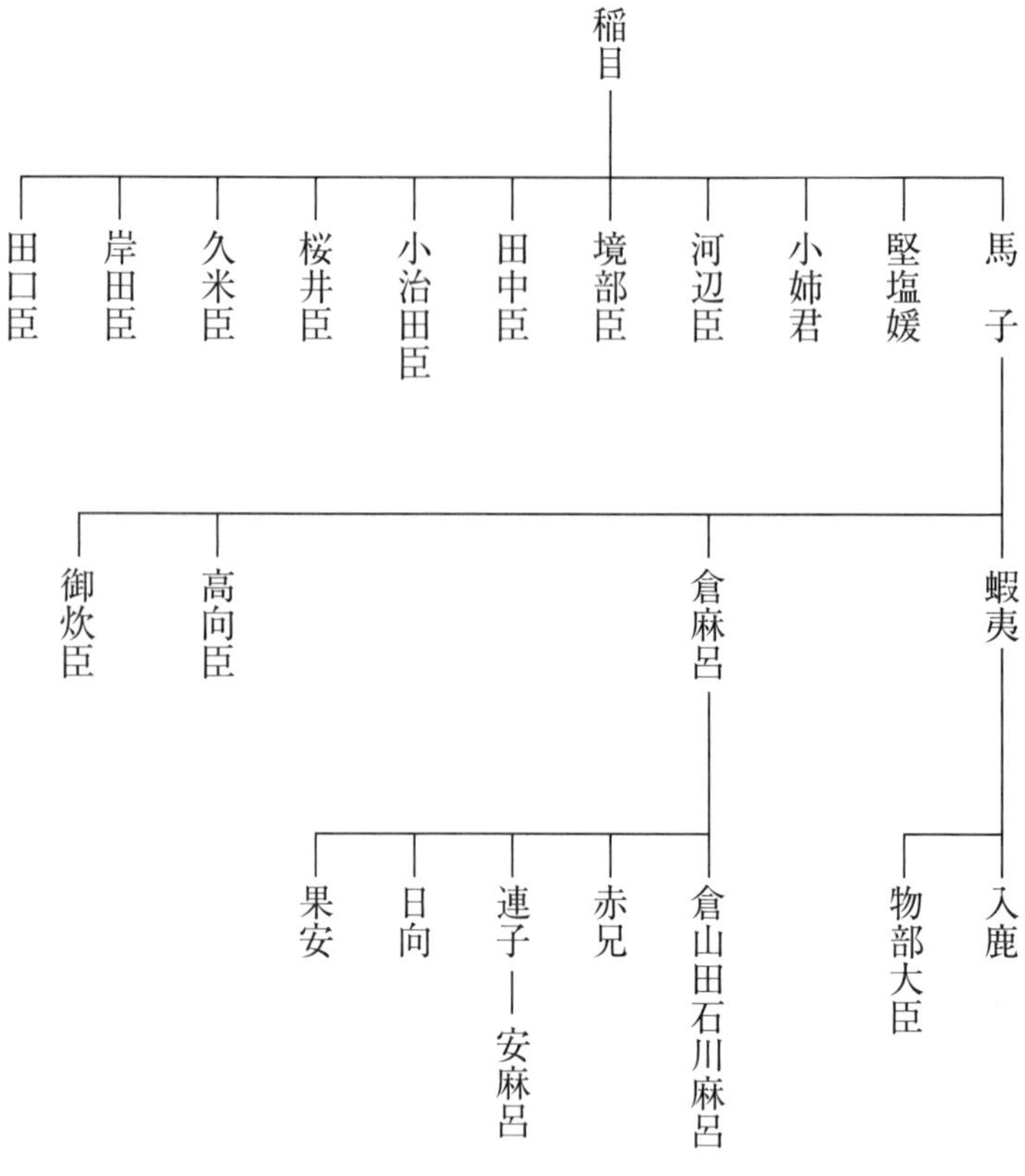

稲目
田口臣
岸田臣
久米臣
桜井臣
小治田臣
田中臣
境部臣
河辺臣
小姉君
堅塩媛
馬子
御炊臣
高向臣
倉麻呂
蝦夷
果安
日向
連子
安麻呂
赤兄
倉山田石川麻呂
物部大臣
入鹿

図3　山田皇后系譜

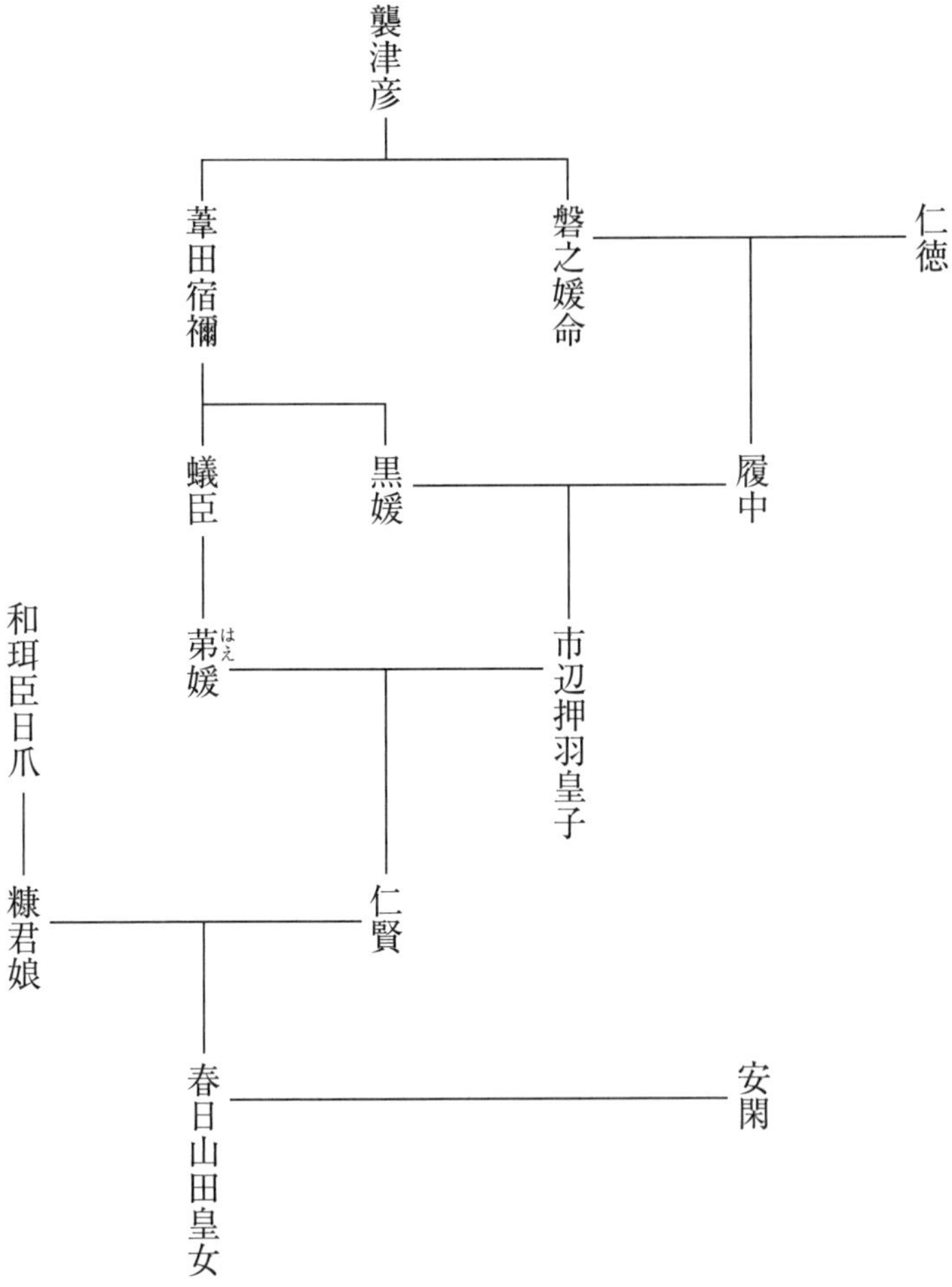
襲津彦
葦田宿禰
磐之媛命
仁徳
蟻臣
黒媛
履中
和珥臣日爪
茀《はえ》媛
市辺押羽皇子
糠君娘
仁賢
春日山田皇女
安閑

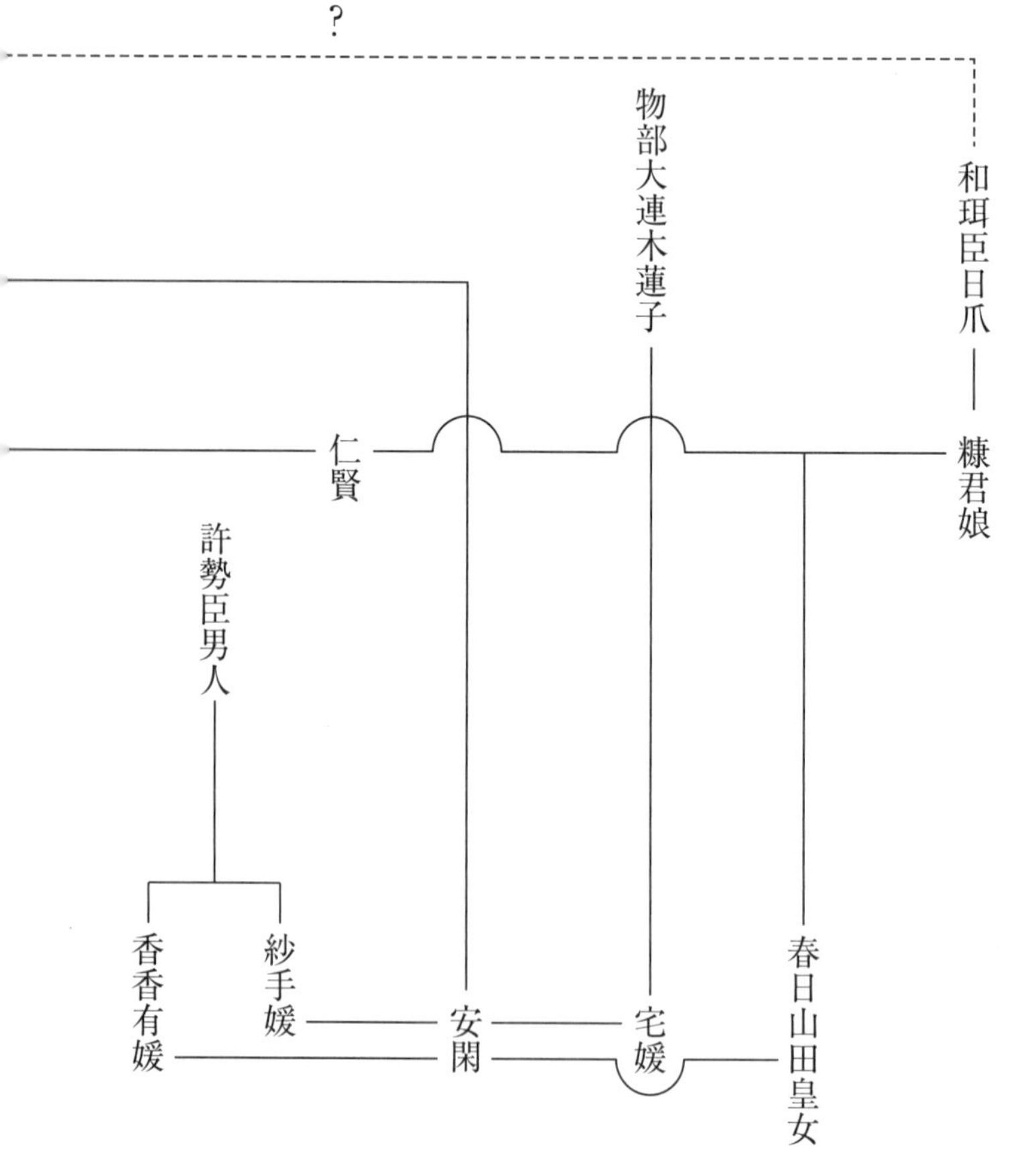
?
和珥臣日爪
物部大連木蓮子
糠君娘
仁賢
許勢臣男人
春日山田皇女
宅媛
安閑
紗手媛
香香有媛

図4　継体天皇家系図

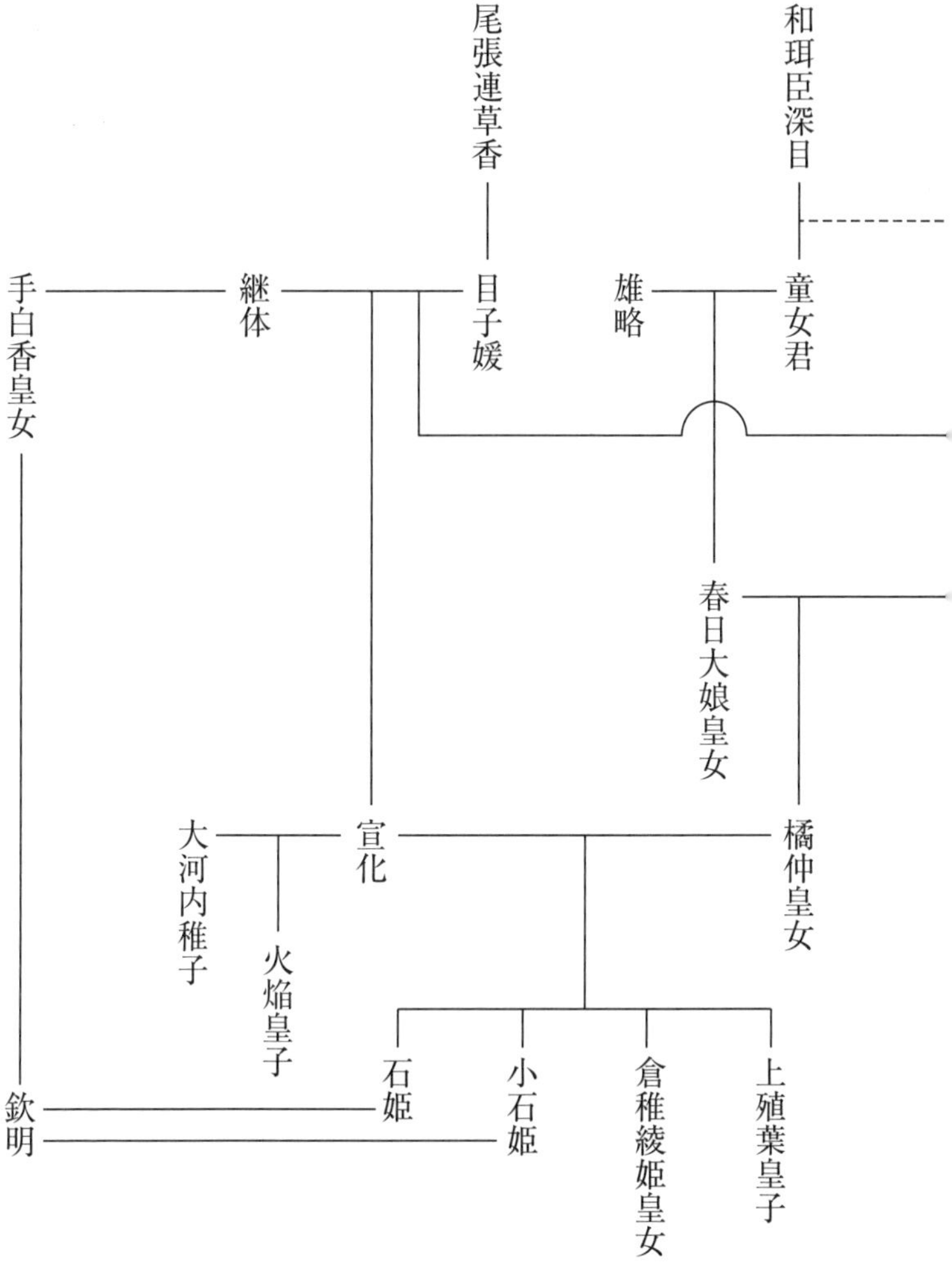

和珥臣深目
尾張連草香
童女君
雄略
目子媛
継体
手白香皇女
春日大娘皇女
橘仲皇女
宣化
大河内稚子
火焔皇子
上殖葉皇子
倉稚綾姫皇女
小石姫
石姫
欽明

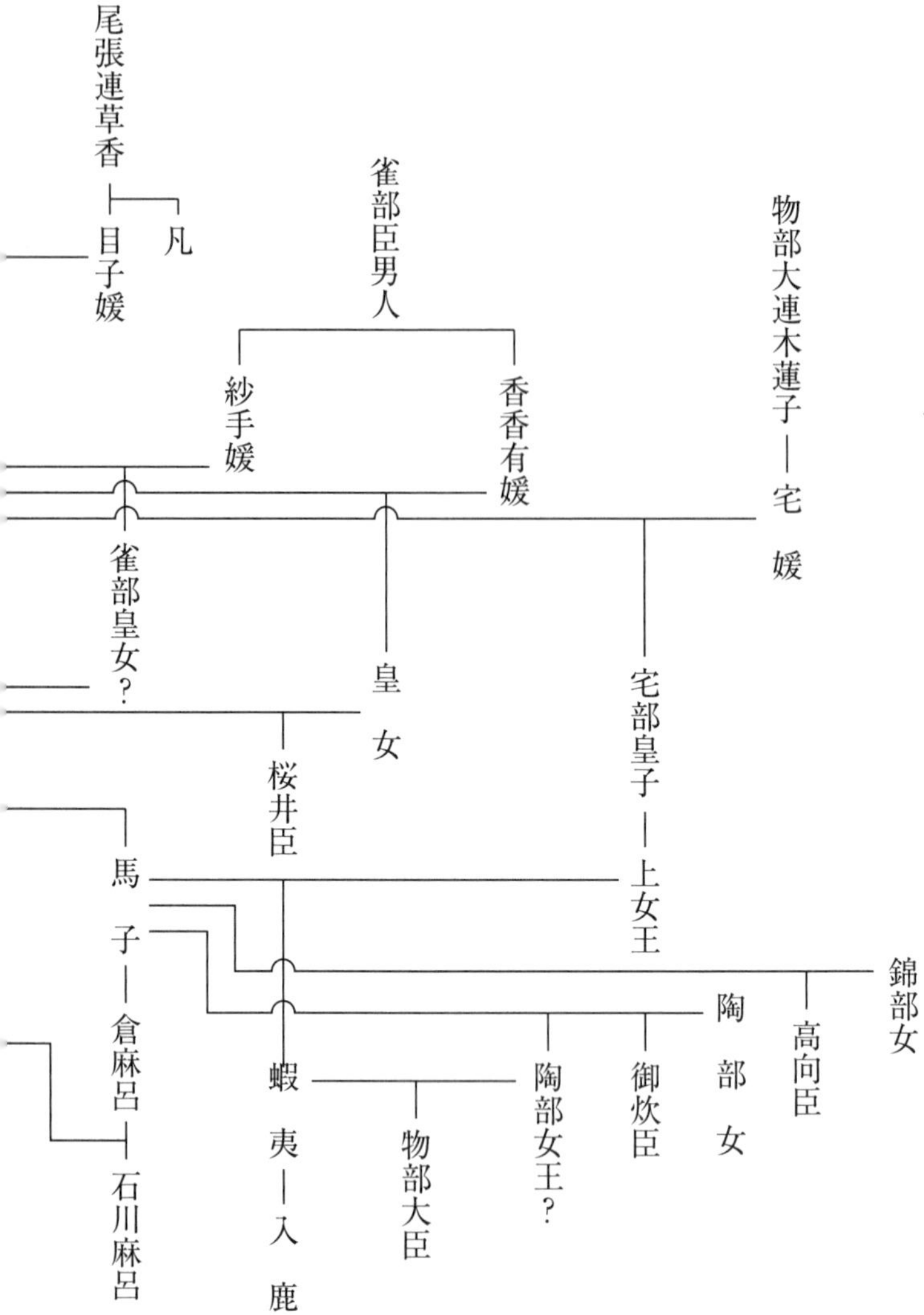

尾張連草香
凡
目子媛
雀部臣男人
紗手媛
香香有媛
物部大連木蓮子
宅媛
雀部皇女？
皇女
宅部皇子
上女王
桜井臣
馬子
倉麻呂
石川麻呂
蝦夷
入鹿
物部大臣
陶部女王？
御炊臣
陶部女
高向臣
錦部女

図5　蘇我氏系図（C）

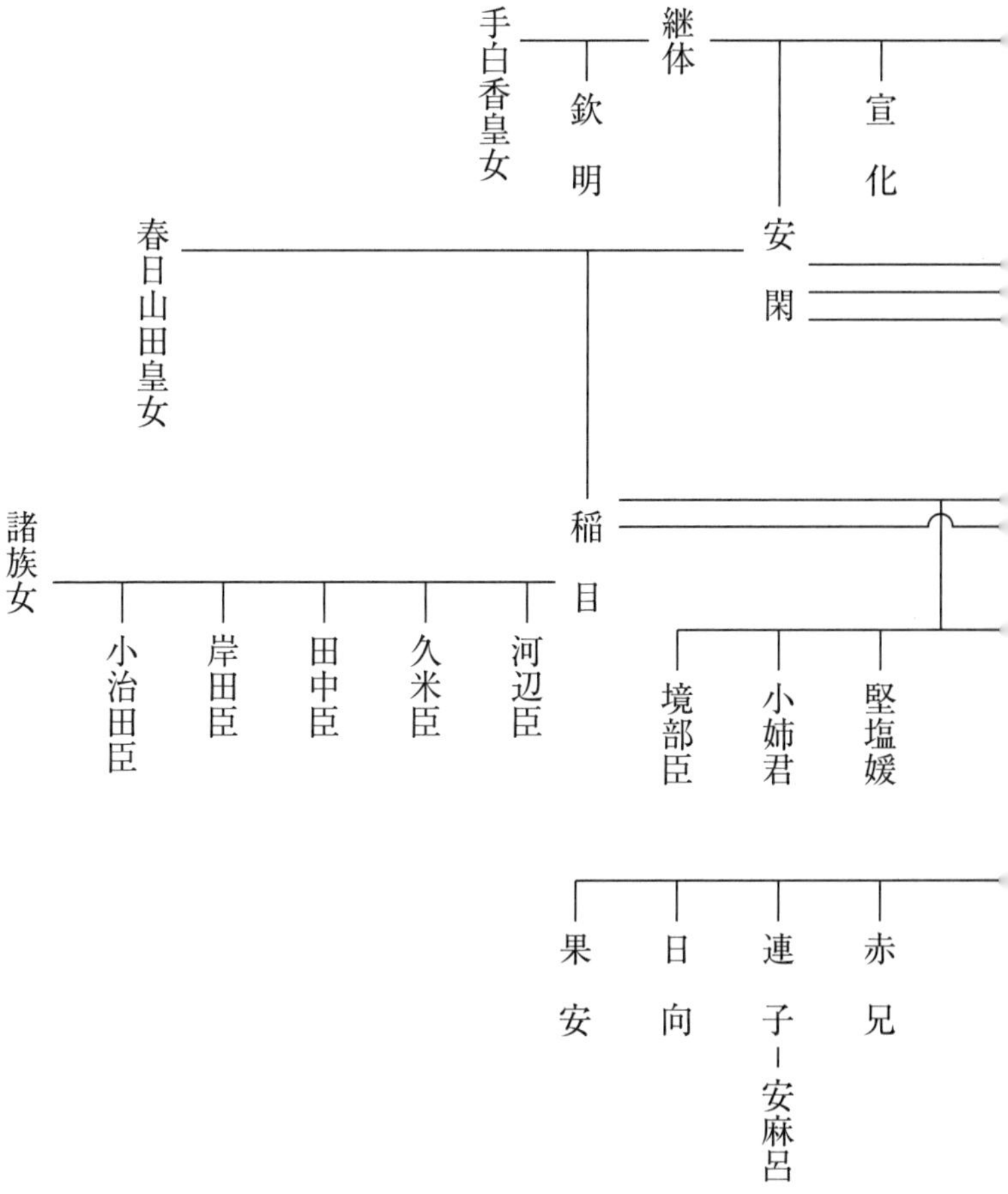
継体
手白香皇女
欽明
宣化
安閑
春日山田皇女
稲目
諸族女
河辺臣
久米臣
田中臣
岸田臣
小治田臣
堅塩媛
小姉君
境部臣
赤兄
連子
安麻呂
日向
果安

著者プロフィール

客野 宮治（きゃくの みやじ）

昭和27年、愛媛県生まれ。
昭和54年、大阪大学医学部卒。
泌尿器科医、腎移植医。
傍ら医学的思考法で古代史読解を試行中。
大阪府在住。

蘇我氏の研究

2015年 4 月15日　初版第 1 刷発行

著　者　客野 宮治
発行者　瓜谷 綱延
発行所　株式会社文芸社
〒160-0022　東京都新宿区新宿1－10－1
電話　03-5369-3060（編集）
03-5369-2299（販売）

印刷所　株式会社フクイン

ISBN978-4-286-16093-1